Harald Welzer

Alles könnte *anders* sein

Eine Gesellschaftsutopie
für freie Menschen

S. FISCHER

Erschienen bei S. FISCHER
6. Auflage September 2019

© 2019 S. Fischer Verlag GmbH,
Hedderichstr. 114, D-60596 Frankfurt am Main

Satz: Dörlemann Satz, Lemförde
Druck und Bindung: CPI books GmbH, Leck
Printed in Germany
ISBN 978-3-10-397401-0

Inhalt

I. *Wiedergutmachen* 11

Es war nicht alles schlecht im Kapitalismus 21
Gelebte Illusionen 24
Gesellschaften für freie Menschen sind
  widersprüchlich 30
Die Moderne, wie wir sie kannten 32
Die Zukunft 41
Produktivkräfte des guten Lebens (und von
  Zukünftigkeit) 49
Mythen 52
Quellen eines Realismus des guten Lebens 59
Zeit für Wirklichkeit 70

Zwischenspiel I: Realismustraining 73

II. *Alles könnte anders sein* 79

17 Legos. Mit diesen Steinen können Sie bauen! 84
Lego 1: Die Wirtschaft 86
Lego 2: Autonomie. Selbst sein können und wollen 90
Lego 3: Fähigkeiten, persönliche Möglichkeiten und
         Bedürfnisse 98
Lego 4: Warum eigentlich immer arbeiten? 109

Lego 5: Nachhaltigkeit (ist von gestern. Wirtschaften in der Zeit ist von morgen) 124
Lego 6: Gerechtigkeit. Woran alle Menschen glauben möchten 130
Lego 7: Gemeinwohl 132
Lego 8: Solidarität 136
Lego 9: Mobilität 143
Lego 10: Boden, Pässe, Grenzen. Antimodernes aus der Moderne 147
Lego 11: Beziehungen, Kommunikationen, Liebe. Die menschliche Welt ist zwischenmenschlich 155
Lego 12: Freundlichkeit 160
Lego 13: Zeit 163
Lego 14: Institutionen 166
Lego 15: Infrastrukturen 170
Lego 16: Verschiedenheit und Erfahrung 175
Lego 17: Sinn 181

Zwischenspiel II: Modulare Revolutionen 185

III. *Der neue Realismus* 193

Sinn realistisch 195
Migration realistisch 199
Solidarität realistisch 206
Wirtschaft realistisch 215
Stadt realistisch: Die analoge Stadt 244
Arbeit realistisch: Das bedingungslose Grundeinkommen 254
Zeit realistisch 265
Digitalisierung realistisch 268

Bildung, realistisch 272
Wiedergutmachen, realistisch 276

Zukunftsbilder, realistisch 284

11 Merksätze zum neuen Realismus 295

Anmerkungen 296
Dank 305
Bildnachweis 306
Register 307

Stoffwechsel.

*Als **Stoffwechsel** oder **Metabolismus** bezeichnet man die gesamten chemischen und physikalischen Vorgänge der Umwandlung chemischer Stoffe bzw. Substrate (z. B. Nahrungsmittel und Sauerstoff) in Zwischenprodukte und Endprodukte im Organismus von Lebewesen. Diese biochemischen Vorgänge dienen dem Aufbau, Abbau und Ersatz bzw. Erhalt der Körpersubstanz sowie der Energiegewinnung für energieverbrauchende Aktivitäten und damit der Aufrechterhaltung der Körperfunktionen und damit des Lebens.*
(Wikipedia)

Man muss tatsächlich erst mal daran erinnern: Menschen sind Lebewesen, daher brauchen sie trinkbare Flüssigkeiten, essbare Substanzen und Sauerstoff, um ihre Überlebensfunktionen aufrechtzuerhalten. Der Stoffwechsel erfordert Böden und Gewässer und Atemluft. Daten, Autos und Kreuzfahrten kann man weder essen noch trinken, sie produzieren auch keinen Sauerstoff.

Jede Gesellschaftsutopie muss davon ausgehen, dass das Überleben *aller* Menschen sichergestellt ist. Das ist nicht trivial. Erstens: Weil das in der Gegenwart keineswegs für alle Menschen schon so ist. Zweitens: Weil in hochgradig fremdversorgten Gesellschaften vergessen wird, dass Leben Voraussetzungen hat, die nicht künstlich sind. Drittens: Weil der gesellschaftliche Stoffwechsel heute durch eine Wirtschaft organisiert wird, die an den grundlegenden Voraussetzungen des Lebens nicht interessiert ist. Was viertens anders werden muss.

I.
Wiedergutmachen

Vor einigen Jahren hatte ich das große Vergnügen, eine traumhafte Flussfahrt zu machen, geführt von einem Fischer in seinem kleinen Boot, auf das gerade mal acht Passagiere passten. Das Licht war großartig an diesem frühen Tag, und wir sahen Scharen von Seeschwalben und Bekassinen auf dem Wasser, Milane und Fischadler hoch am Himmel, Biber am Ufer und sonst noch alles Mögliche. Zwischendurch picknickten wir, und der Fischer holte Räucherfisch, Hechtsalat und Bier aus seinen Kühltaschen. Ich dachte: Das Leben kann schon sehr gelungen sein!

Der Fluss, den wir herabfuhren, war nicht der Amazonas, es war auch nicht der Mississippi, obwohl das Grundgefühl schon sehr Mark-Twain-mäßig war. Es war: die Havel, und wir fuhren von Havelberg (wo Elbe und Havel zusammenfließen) in Richtung Berlin. Die Havel wird gerade renaturiert, das heißt: Uferbefestigungen werden beseitigt, abgeschnittene Flussarme wieder angeschlossen, Überflutungswiesen wieder mit dem Fluss verbunden. Daher diese beeindruckende Landschaft; irgendwann einmal, wenn dieses größte Flussrenaturierungsprojekt Europas abgeschlossen ist, wird man einen Eindruck bekommen können, wie so ein Fluss aussieht, wenn er nicht industriell genutzt wird. Aber auch jetzt schon war die Natur überwältigend.

Als wir gegen Nachmittag zurückfuhren, fragte ich meine Mitreisenden, allesamt ökobewegt und beim NABU oder beim WWF oder so, was sie denn im tiefsten Innersten antreibe, sich für die Umwelt zu engagieren (und, wie wir alle, tief berührt von so einem Ausflug zu sein). Die Antwort, die mich am nachhaltigsten beeindruckt hat, war die von Rocco Buchta, der für den NABU das Projekt der Renaturierung leitet und der uns auf unserer kleinen Reise auch am meisten über die Havel erzählt hatte.

Rocco stammt nämlich aus der Gegend. Sein Großvater war ein Kind dieser Region, kräftig, vital – eine Art Traumopa für kleine Jungs, die zu so einem Großvater aufschauen. Der kannte die Havel noch im ursprünglichen Zustand, aber dieser Fluss, sein Fluss, war immer weiter verschwunden. Mit ihrer zunehmenden Nutzung als Wasserstraße in DDR-Zeiten, ihrer Begradigung und Vertiefung und auch ihrer Verschmutzung wurde die Havel immer trüber und armseliger, und genauso erging es, wie Rocco erzählte, auch seinem Großvater. Der wurde immer verdrießlicher und trauriger, und die Veränderung betraf nicht nur die Stimmung. Auch körperlich baute der gewaltige Mann stark ab, wurde »immer weniger«, und Rocco litt mit ihm, aber natürlich konnte er ihm nicht im Geringsten aus seiner Misere helfen. Der Mann ging mit seiner Landschaft zugrunde. Und der Zwölfjährige, der den Zusammenhang klar verstand, sagte dem verzweifelten Großvater: »Opa, ich verspreche dir: Ich mach das wieder gut!«

Und tatsächlich: Da saß er nun, Rocco, und machte die Havel wieder gut.

Mir scheint, das ist eine gute Geschichte, um dieses Buch zu beginnen. Das ist nämlich ein positives Buch. Was nicht gleichbedeutend ist mit: ein optimistisches Buch. Es geht nur, wie Rocco, davon aus, dass ziemlich viel falsch gelaufen ist in der Vergangenheit, was aber nicht heißt, dass man das Falsche nicht korrigieren, wiedergutmachen kann. Und es bedeutet auch nicht, die Vergangenheit als so etwas wie einen Irrtum zu betrachten; denn wirtschaftlich machte die Nutzung der Havel zu jener Zeit, als ihr Ökosystem angegriffen wurde, Sinn. Auch das DDR-Regime war ja interessiert daran, den Wohlstand seiner Bürgerinnen und Bürger zu erhöhen.

Das alles war übrigens nicht anders als im Westen in der Nachkriegszeit, auch nicht, was den brutalen Umgang mit den natürlichen Gegebenheiten anging: Dort verwandelte man buchstäblich Flüsse in Abwasserkanäle, wie die Emscher im Ruhrgebiet, und als sie zu sehr stank, packte man Betondeckel drauf; da ist die Havel sogar noch gut weggekommen. Die Wirtschaftswunder beiderseits des Eisernen Vorhangs, versinnbildlicht in Wachstumskennziffern und Neubauten, in Autobahnen und Schulgebäuden, machten das Leben und dessen Standard für die Menschen besser, ob sie nun aufstrebende Mittelschichtler im Westen waren oder verdiente Genossen im Osten.

Die Natur war lediglich Mittel zum Zweck ihrer maximalen und oft gnadenlos rücksichtslosen Ausbeutung. Aber eben: Genau diese Ausbeutung hob die Lebensqualität, auch wenn Roccos Großvater und gewiss nicht wenige andere darunter litten wie die Hunde.

Wir befinden uns heute in viel größerem Maßstab in Roccos Situation: Denn was »wiedergutzumachen« ist, das ist ja wahnsinnig viel. Mehr noch: Der besinnungslose Raubbau, der die europäische und US-amerikanische Nachkriegszeit prägte, findet heute global, also in noch viel größerem Maßstab statt. Aber trotzdem: In Roccos Lebenszeit hat sich so viel zum Positiven verändert, dass sein eigentlich ganz unmögliches Versprechen schließlich doch einlösbar wurde.

Man könnte auch sagen: Aus etwas ganz und gar Unrealistischem wurde eine Wirklichkeit. Und die konnte es nur werden, weil sich zwischenzeitlich die Gesellschaft so entwickelt hatte, dass sie andere Prioritäten zu setzen in der Lage war: Die Verfechter eines durch nichts gebremsten Wirtschaftswachstums waren angesichts offensichtlicher ökologischer Desaster in die Defensive geraten, und nur Illusionisten wie FDP-Politiker und manche Wirtschaftswissenschaftler träumen heute noch von Märkten, deren Wachstumsdrang durch nichts beschränkt wird. Das ist wahrlich unrealistisch. Ganz im Gegensatz zu Roccos Realismus der Hoffnung. Der hat viel mehr Wirklichkeit auf seiner Seite.

Denn die Zeiten haben sich geändert. Aber natürlich nicht genug. Im Gegenteil: Die Veränderungsdynamik, die mit der Ökologiebewegung der 1970er aufgekommen ist, ist längst abgeebbt, ja, der modernen Gesellschaft insgesamt scheint jegliche Vorstellung abhandengekommen zu sein, dass sie anders, besser sein könnte, als sie ist. Sie hat keinen Wunschhorizont mehr, sondern ihre Zukunft offenbar schon hinter sich. (Die Einzigen, die Zukunft anzubieten haben, und dafür ordentlich Reklame machen, sind die digitalen Konzerne, aber deren Zukunft ist total von gestern – sie dynamisieren nur das gestrige fossile Konsumverhalten.)

Keine Zukunft zu haben ist kein Zustand, der gute Laune macht. Und genau deshalb ist unsere Gegenwart vor allem durch schlechte Laune gekennzeichnet, was ein bisschen absurd ist: Warum ist man denn so furchtbar reich geworden, wenn man am Ende doch nur so mies drauf ist wie schon seit Jahrzehnten nicht mehr? Oder man, wie die Glücksforschung zeigt, etwa in den USA heute, trotz vervierfachtem Bruttoinlandsprodukt unglücklicher ist als vor einem Vierteljahrhundert. Oder wo die digitale Gesellschaft Nr. 1, nämlich Singapur, hinsichtlich des empfundenen Lebensglücks nur einen traurigen 26. Platz belegt. Wozu der ganze Aufwand, wenn er das Glück nicht hebt? Oder sogar noch Angst vor allem Möglichen gebiert, obwohl man zum Beispiel in Deutschland (Glücksindex Platz 14) in der sichersten Gesellschaft lebt, die es menschheitsgeschichtlich jemals gegeben hat.

Wovor wir Angst haben – eine total unvollständige Sammlung

»Vor der Finanzkrise und der Bankenkrise. Dem Euro. Griechenland. Überhaupt vor Europa. Vor dem Klimawandel. Dem Ökofaschismus. Überschwemmung. Wassermangel. Vor Überfluss. Vor Knappheit. Vor Terroristen. Fundamentalisten. Idealisten. Kommunisten. Kapitalisten. Dem Antichristen. Christen. Moslems. Juden. Hindus. Sekten. Insekten. Langeweile. Amerikanern. Chinesen. Indern. Pakistanis. Polen. Negern. Überhaupt Ausländern. Nachbarn. Männern mit Bart. Frauen mit Bart. Der Wissenschaft. Verblödung. Vor Gutmenschen. Vor bösen Menschen. Unmenschen. Übermenschen. Untermenschen. Überhaupt vor Menschen. Vor Bakterien und Viren. Vor der Zerstörung der Umwelt. Vor Staus. Vor der Kernkraft. Davor, dass der Strom ausfällt. Vor Windrädern. Monokultur. Vielfalt. … Vor Armut. Demütigung. Dem Teufel. Gott. Der Jugend. Dem Erwachsenwerden. Dem Alter. Vor Giften. Medikamenten. Peinlichkeit. Kleinlichkeit. Heimlichkeit. Engen Räumen. Weiten Plätzen. Zu fett werden. Anorexie. Alzheimer. Nicht vergessen können. Liebe. Einsamkeit. Vor dem Chef. Den Kollegen. Vor Mobbing. Teilnahmslosigkeit. Vor Isolation. Vor Sattheit. Vor dem Hunger. Dekadenz. Askese. Vor dem Internet. Davor, kein Netz zu haben. Vor Arbeitslosigkeit. Stress. Burn-out. Langeweile. Der Zukunft. Der Vergangenheit.« Usw.[1]

Ängste treiben die Menschen in einer Welt um, in der die Lebenserwartung so hoch und die Gewaltkriminalität so niedrig ist wie niemals zuvor. Der Prozess der Zivilisierung ist, wie Steven Pinker (2012) einerseits und Yuval Noah Harari (2015) andererseits gezeigt haben, dadurch charakterisiert, dass das Niveau der körperlichen Gewalt, die Menschen gegenüber anderen Menschen ausüben, beständig absinkt. Nie war es, besonders in funktionierenden Rechtsstaaten, so unwahrscheinlich wie heute, Opfer einer Gewalttat zu werden. In modernen Gesellschaften liegt das insbesondere daran, dass der Staat das Gewaltmonopol hat, weshalb jede Form der willkürlichen und nicht gesetzlich legitimierten Gewalt verfolgt und bestraft wird. Im Ergebnis hat das zu einer drastisch gesunkenen Gewaltrate geführt. Aber nicht nur statistisch leben wir heute in der friedlichsten aller Zeiten, auch ein kurzer Blick auf das, was wir für normal und was wir für kriminell halten, hat sich allein im letzten halben Jahrhundert radikal verändert.

Ich bin wie viele Altersgenossen zum Beispiel in der Schule bis in die 1970er Jahre hinein noch von Lehrern geschlagen worden – wobei übrigens die politische Einstellung keine Rolle spielte: Ein späteres Gründungsmitglied der GRÜNEN und Anhänger der antiautoritären Erziehung schlug damals ebenso schmerzhaft zu wie ein beliebiger Altnazi. Auch in den Familien wurden Kinder noch verprügelt, ebenso wie das Verhältnis zwischen den Geschlechtern nicht selten von körperlicher Gewalt geprägt war. Die Vergewaltigung in der Ehe gilt in der Bundesrepublik erst seit 1997 als Straftat, und die #metoo-Debatte, die gerade auf Hochtouren lief, als ich dieses Buch schrieb, dreht sich vor allem um Fälle, die drei, vier Jahrzehnte zurückliegen – was nichts anderes heißt, als dass damals Gewalt weit alltäglicher und somit akzeptierter war als heute.

Der Skandal kommt in diesem Licht genauso verspätet wie umgekehrt die Vorstellung, dass Gewalt ständig zunehme. Das Gegenteil ist der Fall. Jedes einzelne Gewaltdelikt fällt gerade darum besonders auf, weil die direkte Gewalt aus unserem Alltag so weitgehend verschwunden ist.

Die Berechnungen, die Steven Pinker akribisch durch die Menschheitsgeschichte hindurch anstellt, weisen mit Nachdruck darauf hin, dass selbst im berüchtigten 20. Jahrhundert mit zwei Weltkriegen, einem Holocaust und mehreren anderen Völkermorden relativ weniger Menschen eines gewaltsamen Todes gestorben sind als in den Jahrhunderten davor. Es gibt heute auch in globaler Perspektive weniger Gewalt als je zuvor. Dasselbe gilt für die medial hyperpräsente und geradezu hyperventilierende Terrorgefahr: Wie groß ist die Wahrscheinlichkeit, in Deutschland Opfer eines Terroranschlags zu werden? Jährlich gibt es weltweit etwa 25 000 Terroropfer, die allermeisten in armen islamischen Ländern, nur gerade ein Prozent davon im reichen Westen. Jedes Jahr sterben in Deutschland fast 10 000 Menschen an Haushaltsunfällen, über 3000 im Straßenverkehr (das sind neun jeden Tag), 400 000 werden durch Verkehrsunfälle verletzt, bis zu 6000 sterben infolge von Feinstaubemissionen. Das Auto tötet massenhaft, dem Terror hingegen fielen in der Bundesrepublik im Jahr 2016 vierzehn Menschen zum Opfer, in den Jahren 2017 und 2018 kein einziger. Trotzdem geben in Umfragen zwei Drittel der Deutschen die Angst vor dem Terrorismus als ihre größte Angst an (und die Politik instrumentalisiert diese Angst, womit sie den Terrorismus über jedes von ihm selbst erreichbare Maß hinaus erfolgreich macht).

Überall dort, wo keine funktionierende Staatlichkeit herrscht, wo die Behörden und die Polizei korrupt sind, hat man es mit alltäglicher Gewalt zu tun. Und in Diktaturen sowieso: Dort schützt kein Recht vor willkürlicher Gewalt durch die staatlichen Organe; die Bürgerinnen und Bürger sind ihr in jeder Form ausgeliefert: als permanente Drohung, als sexuelle Gewalt, als Entführung, als Verhaftung, als Folter, als Totschlag. Schauen Sie in die Türkei und überlegen Sie, was Ihnen als unbescholtener Bürgerin dort passieren kann, wenn es jemandem einfällt, Sie als Anhängerin der Gülen-Bewegung, der PKK oder auch nur als Gegnerin der Regierung zu denunzieren. Von dem Augenblick an haben Sie keine Kontrolle mehr über Ihr Leben. Ebenso wie im Mittelalter die meisten Frauen und Männer keine Kontrolle über ihr Leben hatten: Der Gutsherr vergewaltigte nach Lust und Laune, Armeen hoben Rekruten aus, Gewalt war ein alltägliches Geschehen. Fragen Sie in der eigenen Familie, wie das früher war. Mein Großvater zum Beispiel war ein uneheliches Kind, und niemand weiß bis heute, wer seine extrem junge Mutter (also meine Urgroßmutter) geschwängert hatte. Das Baby wurde als »Wechselbalg« auf einen anderen Hof gegeben und wuchs dort auf, verhasst und ganz unten in der sozialen Hackordnung. Das war nicht im Mittelalter und auch nicht in Afghanistan. Das war im protestantischen Norddeutschland, vor gerade mal drei Generationen.

Was für ein unglaublicher Fortschritt also: Sie leben heute in einem modernen liberalen Rechtsstaat sicherer an Leib und Leben als je ein Mensch vor Ihnen. Deshalb ist übrigens auch Ihre Chance, länger zu leben als ihre Vorfahren, erheblich größer. Es ist ja ein weitverbreiteter Irrtum, die heute gegenüber dem 19. Jahrhundert verdoppelte Lebenserwartung hauptsächlich auf die Segnungen der Medizin, des iPhone-überwachten Morgensports und die bessere Ernährung zurückzuführen. Früher wurden einzelne Menschen genauso alt wie heute. Es kamen nur weniger dahin; die meisten wurden vor dem Erreichen ihres natürlichen Lebensendes totgeschlagen, verhungerten oder starben im Kindbett. Und natürlich war die im Vergleich zu heute exorbitant hohe Kindersterblichkeit ein wesentlicher statistischer Grund für die durchschnittlich geringe Lebenserwartung – noch vor einem halben Jahrhundert starb jedes fünfte Kind vor seinem fünften Geburtstag.[2] Ein wesentlicher Grund ist auch der Rückgang der Armut: Vor 200 Jahren lebten 84 Prozent aller Menschen in extremer Armut, heute sind es etwa 10 Prozent.[3]

Dass man heute mehrheitlich ein hohes Lebensalter erreicht, hat primär eine gesellschaftliche Ursache: Mit dem modernen Rechtsstaat ist eine Form von Gesellschaft geschaffen worden, die ein weitgehend sicheres und unbeschädigtes Leben für alle ermöglicht. Das ist, man muss es deutlich sagen, nicht Nichts.

Es war nicht alles schlecht im Kapitalismus

Nicht Nichts ist übrigens auch der Sachverhalt, dass ein Land wie Deutschland seit mehr als 70 Jahren mit seinen Nachbarn in Frieden lebt. Ein Blick auf die simple Animation »Europe in the last thousand years« auf Youtube zeigt eindrücklich, was das heißt: Dieser kleine Kontinent befand sich mehr als 900 Jahre lang in beständiger Veränderung, weil andauernd ein Reich ein anderes bekämpfte, weil Herrschaft mit Eroberungen ausgebaut und gesichert wurde. Zwei Drittel eines Jahrhunderts Frieden wäre den Menschen ganz undenkbar erschienen, ein Drittel eines Jahrhunderts Krieg hatte es dagegen durchaus schon gegeben. Seit dem Ende des Zweiten Weltkriegs mit seinen Millionen Toten, Ermordeten, Deportierten und Vertriebenen ist hierzulande – nichts mehr passiert. Das ist historisch betrachtet eine Sensation. Es ist historisch betrachtet auch die einsame Ausnahme. Zwar gibt es Länder, die – wie zum Beispiel Schweden – noch viel länger an keinem Krieg mehr beteiligt waren. Aber auf der Ebene eines ganzen, national und regional höchst diversen Kontinents ist eine Friedenszeit, die mehr als zwei Generationen umspannt, einzigartig.

Jaja, ich weiß natürlich, dass das nur ein Teil der ganzen Geschichte ist – dass europäische Länder viele Stellvertreterkriege und Gewaltregime in Afrika oder Südamerika mit zu verantworten haben, dass deutsche Unternehmen wie die Volkswagen AG Diktatoren unterstützt und Zwangsarbeiter beschäftigt haben und dies bei sich bietender Gelegenheit vermutlich auch heute tun würden. Aber Kritik können wir alle sehr routiniert. Weniger geübt sind wir im Aufzählen dessen, was positiv zu Buche schlägt. Oder anders gesagt: bei dem, was es Rocco ermöglicht hat, sein Versprechen wahr zu machen.

Ist Ihnen, um gleich weiterzumachen, eigentlich klar, dass Ihr persönlicher Lebensstandard weit besser ist als der von Ludwig dem XIV.? Okay, Sie haben keinen Hermelinmantel und nicht so schicke Schühchen. Aber Sie haben: fließend Wasser, warm und kalt, Heizung, ein dichtes Dach, Fenster, durch die es nicht zieht, regendichte Kleidung, Schuhe für jede Jahreszeit, Fortbewegungsmittel aller Art, einen Zahnarzt, Betäubungsspritzen, minimalinvasive Chirurgie, Gleitsichtgläser, Zahnspangen, Schulen, Universitäten, Vereine, Schwimmbäder, Urlaubsreisen und insgesamt so viel mehr, dass die Aufzählung dessen, was Ihnen ganz allein und ganz persönlich verfügbar ist, den Umfang dieses Buches sprengen würde. Jedenfalls hungern Sie nicht, und Ihre Wohnung ist komfortabel geheizt, was man vom Versailler Schloss nicht sagen kann.

Und: Sie durften in die Schule gehen, eine Ausbildung machen, vielleicht studieren. Ihr Studium abbrechen. Ein anderes beginnen. Unglaublich: Wir leben in einer Gesellschaft, die Menschen – nach einer Drogenkarriere, nach einer lebensgeschichtlichen Verwirrung – zweite und dritte Chancen gibt. Wir hatten einen ehemals Molotowcocktails werfenden Außenminister, der hohes internationales Ansehen genoss. Einem ansonsten erfolglosen Kanzlerkandidaten wurde zugutegehalten, dass er seine Alkoholsucht überwunden hatte. Wir leben in einer Gesellschaft, die Fehler verzeiht. Das ist historisch neu. Einzigartig.

Und diese Form von Gesellschaft – die offene moderne Gesellschaft – eröffnet ihren einzelnen Mitgliedern die größtmögliche Freiheit, über die Menschen je verfügen durften. Sie können tun und lassen, denken und sagen, was sie wollen, und um es mal ganz deutlich festzuhalten: In solch einer Gesellschaft braucht es überhaupt keinen Mut, seine Meinung zu äußern, für andere einzutreten, eine Bürgerinitiative zu gründen oder was auch immer. Mut braucht man in Diktaturen. Hier ist Mut ersetzt durch ein Gesetzbuch und Institutionen, die Ihre Freiheit schützen.

Da ist es kein Wunder, dass die Oma einer Mitarbeiterin von mir jedes Jahr den Tag ihrer Ankunft in Deutschland feiert. Sie war vor mehr als einem halben Jahrhundert aus Rumänien geflohen und lebt seither in diesem Land. Sie ist sehr glücklich darüber. Merkwürdigerweise feiern die restlichen 80 Millionen Deutschen nie, dass sie in diesem Land leben. Im Gegenteil: Wie verwöhnte zu groß geratene Kinder sind sie chronisch unzufrieden und machen irgendwen – Angela Merkel, das Großkapital, die Flüchtlinge, die Vogonen – dafür verantwortlich.

Und dabei habe ich vom unglaublichen Reichtum, von der Kaufkraft, von allem, was man an Produkten und Dienstleistungen konsumieren kann, noch gar nicht gesprochen. Das will ich auch gar nicht, Sie wissen selbst, dass Sie von allem zu viel haben und dass das meiste davon nichts taugt. Ich habe genug dazu geschrieben und gesagt, Wiederholungen sind langweilig. Nur eins noch: Die Welt beginnt sich im globalen

Maßstab gerade erst in eine Konsumhölle zu verwandeln und soll bald überall genauso aussehen wie Oberhausen oder der zum Konsumgulag degradierte Alexanderplatz in Berlin. In diesem Prozess wird sie, wie Roccos Großvater, zugrunde gehen. Wenn nichts dagegen unternommen wird. Nein, falsch: Wenn Sie und ich nichts dagegen unternehmen.

Gelebte Illusionen

Das Problem ist: Alles, was die unglaublichen zivilisatorischen Fortschritte möglich gemacht hat, die ich eben aufgezählt habe, basiert auf der Vorstellung, dass die Naturressourcen, aus denen wir Autos, Häuser, Nahrungsmittel, Smartphones, Kleider, Alexanderplätze und Raketen machen, unbegrenzt vorhanden sind. Diese Vorstellung ist sogar so irre, dass die meisten Ökonomen und Politiker glauben, dass die Materialmenge, die für die Verwandlung in Produkte jeder Art nötig ist, immer noch anwachsen kann, genauso wie die Menge der Energie, die für die Umwandlung gebraucht wird. Das widerspricht, so hat es der Historiker Yuval Noah Harari formuliert, so ziemlich allem, was wir über das Universum wissen. Ja, es widerspricht dem, was Kinder in der Schule lernen und damit auch der allgegenwärtigen Reklame, wir lebten in einer »Wissensgesellschaft«. Nichts könnte falscher sein: Wir leben in einer Gesellschaft, in der Wissen gelehrt und Unwissen praktiziert wird, ja, in der Tag für Tag gelernt wird, wie man systematisch ignorieren kann, was man weiß. So wird in den Tagen, da ich dieses Kapitel schreibe, unter zähem Ringen ein Koalitionsvertrag – das ist ein Regierungsprogramm – verabschiedet, der ohne jede Rechenschaft gegenüber den naturalen Bedingungen unserer wirtschaftlichen Existenz auskommt – und zwar der gegenwärtigen wie der zukünftigen.

Und dabei sind es gerade die Bedingungen einer künftigen Wirtschaft, die neu entwickelt werden müssen: Denn all die großartigen Errungenschaften, auf die man zurückblicken kann, sind nur um den Preis zu haben gewesen, dass man weder auf die natürlichen Gegebenheiten noch auf die Lebenssituationen von Menschen in anderen Teilen der Welt Rücksicht genommen hat. Ulrich Brand und Markus Wissen haben das zutreffend als »imperiale Lebensweise« bezeichnet; Stephan Lessenich nennt unsere Gesellschaft die »Externalisierungsgesellschaft«: Wir holen alles, was wir zur Erzeugung unseres Wohlstands brauchen, von außen, und genau dorthin schaffen wir auch das meiste weg, was nach dem Gebrauch der Dinge übrig bleibt: Schrott, Abfall, Emissionen.

Die paradoxe Lage, in der wir uns befinden und über die ich mir seit Jahren den Kopf zerbreche, sieht so aus: Wir können als Bewohnerinnen und Bewohner der Moderne auf eine – vielfältig gebrochene und oft ambivalente, aber doch – atemberaubende Geschichte humanen Fortschritts zurückblicken und einen zivilisatorischen Standard in Sachen Freiheit, Teilhabe, Sicherheit und Wohlstand genießen, der historisch beispiellos ist. Aber der Stoffwechsel, auf dem dieser Fortschritt beruht, ist nicht fortsetzbar im 21. Jahrhundert, dazu ist er – für das Erdsystem, das Klima, die Biosphäre, die Meere, viele Menschen – zu zerstörerisch. Darüber gibt es eine Unmenge von Studien, Büchern, Filmen. Wir haben keinen Mangel an Wissen über den Zustand der Welt, aber Mangel an Willen, diesen Zustand zu verbessern. Aus meiner Sicht gibt es eine Verantwortung, die idealistisch betrachtet für alle Mitglieder einer solchen Gesellschaft gilt, eine Art minimalistischer kategorischer Imperativ:

Du musst helfen, diesen zivilisatorischen Standard zu bewahren.

Es ist klar, dass mit »zivilisatorischem Standard« nicht der materielle Überfluss gemeint ist, sondern die immateriellen Güter: Freiheit, Sicherheit, Recht, Institutionen der Bildung, Gesundheit, Versorgung. Wenn wir das alles erhalten und – weil die Welt sich verändert – modernisieren wollen, dann müssen wir unseren materiellen Stoffumsatz verändern. Man könnte in Abwandlung eines berühmten literarischen Zitates auch sagen: Wir müssen alles verändern, damit vieles bleiben kann, wie es ist.

Eines der größten Probleme beim Suchen nach einem Ausweg aus dieser paradoxen Lage besteht darin, dass die wenigsten Menschen sie als paradox empfinden. Denn die komfortablen Lebensverhältnisse haben sich so sehr in uns eingelebt, dass sie gar keine Voraussetzungen zu haben scheinen. Als ich etwa bei einer Führung durch ein Hightech-Unternehmen, das ganz vorn in der Robotik ist, den Geschäftsführer fragte, wo denn die Rohstoffe für seine Geräte herkämen, schaute er mich irritiert an und antwortete: »Die werden hier angeliefert!« Solches *bewusstes Unwissen* ist unter den gesellschaftlichen Eliten – also den sogenannten Entscheidungsträgern in Wirtschaft, Verwaltung, Medien und Bildung – weit verbreitet. Die allermeisten bevorzugen den Aberglauben, dass alles irgendwie schon so weitergehen wird, wenn man nur regelmäßig Glaubenssätze (»Ohne Wachstum ist alles nichts«) wiederholt, Rituale befolgt (»Wir haben hochkarätige Speaker eingeladen«) und bloß niemals über Gründe spricht (»Wir müssen die Fluchtursachen bekämpfen«).

Kleiner Exkurs über »Entscheidungsträger«

Wirtschaftsmagazine sind die Pornoheftchen von heute. Auf jeder dritten Seite gibt es das Porträt eines Mannes (seltener einer Frau), der oder die mit irgendetwas besonders erfolgreich sein soll. Sehr hoch gehandelte Pornostars sind im Augenblick Männer wie Elon Musk oder Peter Thiel, Sie wissen schon, venture capital, paypal, Tesla usw. Der bundesdeutsche Entscheidungsträger sieht nicht so gut aus, sondern mehr wie Joe Kaeser, der Siemens-Chef, der sich gelegentlich durch scham- und haltlose Anschleimerei an noch größere Entscheidungsträger auszeichnet. Super sind auch die Vorstände von Daimler, die kollektiv seit einem Besuch im Silicon Valley, wo man ja bekanntlich keine Schlipse trägt, keine Schlipse mehr tragen.

Abb. 1: Schlipslos nach Führerbefehl: Daimler-Vorstand.

Sind Menschen Entscheidungsträger, wenn sie sich nicht mal alleine anziehen können? Warum sprechen wir eigentlich nicht darüber, dass wir in einer Welt mit einer Wirtschaft, die sich in Richtung Nachhaltigkeit transformieren muss, diese Sorte Leute mit einem komplett anachronistischen Selbstbild und einer ganz und gar veralteten Berufsauffassung nicht gebrauchen können? Wir brauchen Menschen, die nicht Idealen des bedingungslosen Funktionierens, der Effizienz und der Optimierung huldigen, sondern solche, die in hohem Maß wertschätzende Sorgfalt gegenüber materiellen Dingen und soziale und kulturelle Kompetenz haben. Und autonom denken, sprechen, analysieren und handeln können. Mit den heutigen Typen kann man praktisch nichts Zukunftsfähiges anfangen.

Unter Federführung solcher Leute findet gegenwärtig ein globales Experiment statt: Es wird in allen Daseinsbereichen ausprobiert, ob man klar definierte Grenzen der Nutzung naturaler Gegebenheiten überschreiten kann, ob man, einfacher gesagt, in einer endlichen Welt unendlich wachsen kann. Das ist der weltweite Versuchsaufbau. Und obwohl diese Grenzen mit zunehmender Übernutzung immer deutlicher zutage treten, entscheiden sich täglich weltweit mehr Menschen dafür, an diesem Experiment teilzunehmen. Obwohl sein Ergebnis – nämlich Kollaps – klar absehbar ist, gibt es keine Mehrheit, die für einen Abbruch stimmen würde. Alle Vernunft und alles Wissen sprechen für einen Abbruch und für das Experimentieren mit Alternativen, aber nirgendwo findet sich eine Mehrheit, die von ihrer Vernunft und ihrem Wissen Gebrauch machen würde. Ganz im Gegenteil: Diejenigen, die andere Formen des Wirtschaftens und Lebens ausprobieren, müssen sich ständig dafür rechtfertigen, da das alles ja nie funktionieren könne. Seltsam: Das Experiment mit dem absehbar negativen Ergebnis steht nie unter Rechtfertigungsdruck, aber die, die andere Wege ausprobieren, müssen sich ständig dafür rechtfertigen. Warum? Weil sie als lebendige Beispiele dafür, dass die Sache mit der Alternativlosigkeit nicht stimmt, kleine, aber lästige Systemstörungen darstellen.

Das ist zwar idiotisch, aber psychologisch nicht verwunderlich, denn wachstumswirtschaftlicher Kapitalismus erlaubt Menschen, die von ihm profitieren können, die Aussicht auf ein besseres Leben. In den Schwellenländern entstehen Mittelklassen, Bildungs- und Gesundheitsstandards steigen – und vor allem: Die, die noch arm sind, können hoffen, dass es ihren Kindern und Enkeln einmal bessergehen wird. Hungersnöte, noch vor wenigen Jahrzehnten eine häufige Katastrophe, sind nahezu abgeschafft, die Kindersterblichkeit ist, wie gesagt, radikal zurückgegangen; Schulbildung hat sich global verbreitet. Und mit den von der UNO verabschiedeten »Sustainable Development Goals« (SDGs) werden diese Entwicklungen fortgeführt. Es ist also keineswegs alles schlecht im Kapitalismus.

Das Problem ist nur: Alle diese begrüßenswerten Fortschritte finden bislang eben auf der Grundlage eines zerstörerischen Naturverhältnisses statt. Wir folgen einer Ökonomie, die ihre eigenen Voraussetzungen konsumiert. Dass das nicht lange gutgehen kann, ist trivial. Die Folgen zeigen sich denn auch allenthalben: Am dramatischsten in den rasant wachsenden Zahlen von Menschen, die auf der Flucht sind. Heute sind das rund 69 Millionen Menschen, das UNHCR (das Flüchtlingshilfswerk der Vereinten Nationen) prognostiziert eine Steigerung auf etwa 250 Millionen in den nächsten drei Jahrzehnten. Dabei ist die sich zeigende wachsende Dynamik des Klimawandels noch gar nicht eingerechnet, genauso wenig wie die voraussehbaren Ernährungs- und Wasserprobleme. Kapstadt zum Beispiel erlebt gerade eine noch nie dagewesene Wasserknappheit, Kalifornien ist von nie gesehenen Bränden geplagt, die Karibik von stärkeren Hurrikans denn je. Tornados und Starkregen treten auf, wo es sie zuvor nie gegeben hat, in Deutschland gibt es neuerdings verheerende Winterstürme, in Schweden tropische Temperaturen und unkontrollierbare Waldbrände.

Und so weiter: Die Wetterstatistik verzeichnet fast jedes Jahr einen neuen Rekord in der Höhe der durchschnittlichen Temperatur, es ist unabsehbar, wie sich das Insektensterben und dessen Konsequenzen für Flora und Fauna entwickeln werden. Kurz und sehr einfach: Mehr Gegenden der Welt werden in den nächsten Jahrzehnten unbewohnbar, gefährlich, ungeeignet für sicheres Leben.

*Gesellschaften für freie Menschen
sind widersprüchlich*

Der Flüchtling ist die säkulare Figur des 21. Jahrhunderts. Das 20. Jahrhundert war von sozialen Bewegungen geprägt: Arbeiterbewegung, Frauenbewegung, Bürgerrechtsbewegung, Ökologiebewegung. Ja, und auch der faschistischen Bewegung und der kommunistischen. In jedem Fall ging es darum, die Gesellschaft, so wie sie war, zu kritisieren, zu verändern oder abzuschaffen, reformistisch oder revolutionär, friedlich oder mit Gewalt.

Soziale Bewegungen entstehen von unten, dort, wo Ungerechtigkeit empfunden wird. Die Flüchtlinge sind eine globale Bewegung, einstweilen komplett unorganisiert, aber jede Minute kommen statistisch 24 dazu. Was für eine Verdrängungsleistung, das als »Krise« zu bezeichnen. Diese Bewegung wird unser Jahrhundert prägen. Einer zukunftslosen Gesellschaft fällt in einer solchen Lage nicht mehr ein als: Mauern zu bauen, Obergrenzen für Flüchtlinge festzusetzen und Untergrenzen der Humanität zu ignorieren. Damit ist das Selbstbild jener Gesellschaften im Kern betroffen, die sich viel darauf zugutehalten, freiheitliche und humanistische Werte zu pflegen und zu verteidigen. Es stellt sich, besonders angesichts der mit dem wachsenden Stress zusammenhängenden neurechten und autoritären Strömungen, die Frage, ob Gesellschaften irgendwann einen Punkt erreichen, an dem die Diskrepanz zwischen ihren Selbstbildern und ihrer Praxis so groß wird, dass sie selbst daran zerbrechen. Wie viel Lebenslügen, wie viel doppelte Moral, wie viel Ignoranz kann eine Gesellschaft verkraften, bis sie schließlich selbst an den offenbaren Widersprüchen zwischen Anspruch und Wirklichkeit zugrunde geht? Die Wiederkehr der Menschenfeindinnen und -feinde, die wir heute sehen, ist ein Verfallssymptom.

Aber wenn niemand das zivilisatorische Projekt der Moderne und der offenen Gesellschaft weiterbauen mag, dann finden ihre Gegner Raum und Gelegenheit, ihre niederen Absichten gesellschaftsfähig zu machen. Das heißt: Die Menschenfeinde bilden nicht nur eine Gefahr für die Ausgegrenzten und Diskriminierten, sondern für alle jene, die eine liberale, freundliche, friedliche Gesellschaft wollen. Daher sollten auch Sie sich angegriffen fühlen.

Oder besser: aufgefordert, unsere moderne Gesellschaft weiterzuentwickeln.

Ich glaube nämlich, dass der starke Wille zur Entwirklichung der Welt auch deshalb ungebrochen ist, weil das zivilisatorische Projekt der Moderne ab dem Moment nicht mehr weitergedacht worden ist, als es sich über alle Erwartungen hinaus als erfolgreich erwies. 1989 ist das Jahr, mit dem die Modernisierung aufhörte. Es ist offenbar gerade der Erfolg der kapitalistischen Moderne, der ihre beständige Fortentwicklung und Modernisierung verhindert hat. Man glaubte sich schon angekommen, als die Probleme gerade erst deutlich wurden. Da schien es aber schon unmöglich, sich anders zu denken, als man gedacht worden war. Anders zu leben, als man gelebt worden war. Schon Oscar Wilde hat gesagt, sobald man das Land des Überflusses erreicht habe, müsse man den Blick erneut gen Horizont richten: Fortschritt sei die Verwirklichung von Utopien. Also: Haben wir genug, um alles wiedergutmachen zu können?

Ja. Auf jeden Fall. Und um das zu begründen, muss ich noch ein paar Sätze zum zivilisatorischen Projekt der Moderne sagen.

Die Moderne, wie wir sie kannten

Das, was wir die Moderne nennen, ist Ergebnis einer Konstellation, in der eine Philosophie der Vernunft, die Zurückdrängung religiös begründeter Schicksalsgläubigkeit, technologische Neuerungen (zunächst insbesondere in der Landwirtschaft, dann in neuen industriellen Produktionsweisen), neue Medien, Verstädterung und anderes mehr zusammenkamen. Diese Konstellation setzte eine zuvor ungekannte wirtschaftliche und gesellschaftliche Dynamik in Gang, die bis heute anhält, unter anderem deshalb, weil der gegenwärtige Globalisierungsschub sie zusammen mit der Digitalisierung nochmals mit erheblicher Dynamik versehen hat.

Die gesellschaftlichen Entwicklungsprozesse waren dabei nicht gleichzeitig, sondern fielen abhängig von regionalen Unterschieden und Traditionen, von natürlichen Gegebenheiten und nicht zuletzt von der Herrschaftsorganisation der jeweiligen Gesellschaften langsamer oder schneller aus. Manche Gesellschaften modernisierten – und industrialisierten – sich früh, wie England und dann Frankreich, Belgien und Deutschland, andere zogen schnell nach, wieder andere blieben noch lange so, wie sie schon seit Jahrhunderten waren.

Erst mit dem Globalisierungsschub seit dem Zusammenbruch des Ostblocks und dem Wegfall der Systemkonkurrenz zwischen Markt- und Planwirtschaft schwenkten beinahe alle Länder der Welt auf den wachstumskapitalistischen Pfad ein. Egal, welchem politischen Regierungssystem sie folgen: Kapitalistisch sind sie heute alle, und Konsumgesellschaften werden sie alle.

Es ist vor diesem Hintergrund übrigens Blödsinn, wenn dauernd mitgeteilt wird, dass die Welt komplexer geworden sei und noch werde. Das Gegenteil ist der Fall. Wir verzeichnen ja eine rapide und tiefgehende Angleichung der Lebensweisen und Kulturformen; alle Hotels, alle Einkaufsstraßen, alle Infrastrukturen weltweit sehen sich heute weit ähnlicher, als es vor zwanzig, dreißig, vierzig Jahren der Fall war. Es macht auch keinen Sinn mehr, irgendwo auf einer Reise eine Spezialität, einen bestimmten Stoff, ein Werkzeug oder ein Kunstwerk zu kaufen – es gibt ja alles überall. Mr Leary, die Romanfigur von Anne Tyler, der Reiseführer für Leute schrieb, die es überall möglichst genauso haben wollten wie zu Hause, wäre heute arbeitslos. Es ist ja längst überall sowieso schon wie zu Hause.

Abb. 2: Mr Leary: Gehen Sie einfach zu Starbucks, das ist überall.

Das heißt: Differenzen verschwinden zusehends, und wenn das der Fall ist, ist eine niedrigere Stufe von Organisation erreicht, keine höhere. Wie leben also im 21. Jahrhundert in einer niedriger komplexen Weltgesellschaft als im 20., und es könnte sein, dass auch dieser Sachverhalt das Vermögen einschränkt, sich andere Zukünfte vorzustellen als bloß die einer Gegenwart plus. Ohne Differenzerfahrung – überall nur noch Starbucks – reduziert sich das Potential an möglichen Erfahrungen, das nötig ist, um einen eigenen Sinn zu entwickeln, wofür man da ist. Und eigene Ideen, wie es weitergehen sollte.

Die Moderne war immer beides: Sie hat Menschen emanzipiert und Unterschiede nivelliert. Aus Traditionen befreit und die Menschen vereinzelt. Zu unglaublichen Steigerungen der Lebensstandards geführt und ihre ökologischen Voraussetzungen zerstört. Sie war völlig selbstzentriert und naturentfremdet. Und sie hat jenen Gesellschaften, die sich früh industrialisiert und modernisiert haben, Organisations- und damit Machtvorteile verschafft, die lang anhaltend sind. Zwar treten Imperien wie etwa das britische von der Weltbühne ab, aber die reichen Länder sind noch immer deswegen reich, weil sie früh mehr Mittel hatten, andere zu kolonisieren, auszubeuten, im Elend zu halten.

Der Erste Weltkrieg wurde von jenen Gesellschaften entfesselt, die als erste einem fossilen Energieregime folgten – Deutschland, Frankreich, England. Neue Technologien entfalten neue Gewaltmittel, und sie wecken jeweils neuen Ressourcenbedarf. Die beiden Weltkriege des 20. Jahrhunderts forderten zusammengenommen unvorstellbare 200 Millionen Menschenleben.[4] Zygmunt Bauman hat auf den engen Zusammenhang zwischen den Entwicklungsdynamiken der Moderne und dem Holocaust hingewiesen. Der war als industrielle Massenvernichtung eben nicht die Antithese der Moderne, sondern erst durch sie möglich und umsetzbar. Vormodern war das Massaker, das Pogrom, die Vertreibung, modern dagegen die Idee, dass Menschengruppen für kategorial schädlich erklärt und folgerichtig vernichtet wurden. Und hier folgt eine Warnung: Alles, was einmal gemacht worden ist, kann wieder gemacht werden. Mit wachsendem Stress, der auf Gesellschaftsformen wirkt, steigt die Wahrscheinlichkeit des Rückgriffs auf radikale Lösungen. Wir sehen gerade die Mechanismen.

Die Moderne existiert in einer Spannung von Kultur und Barbarei, einer Hochspannung, die sich gelegentlich entlädt. Man weiß nur immer nicht, wann. Man weiß aber: Zivilisierung ist kein linearer Vorgang. Gerade das 20. Jahrhundert weist dramatische Prozesse von Entzivilisierung auf, und es gibt wenig Grund zu der Annahme, dass das 21. Jahrhundert davor gesichert sei. Hinreichend Wahnsinnige haben sich ja schon aufgestellt, wobei Figuren wie Donald Trump, Victor Orban, Recip Erdogan, Wladimir Putin und andere auch deshalb für ihre sich selbst zu vordemokratischen Untertanen machenden Landsleute attraktiv erscheinen, weil eine aufgeklärte liberale Gesellschaft immer auch eine Zumutung ist für Menschen, die Orientierung, Halt, Anweisung brauchen. Erich Fromm hat in den 1940er Jahren das maßgebliche Buch dazu geschrieben – es heißt »Furcht vor der Freiheit« (i. O. »Escape from Freedom«).[5] Und Hannah Arendt hat ebenso wie Sebastian Haffner die größte Gefahr für die freiheitliche Gesellschaft in der Heimatlosigkeit der Massenindividuen gesehen.[6] Wenn man nirgends dazugehört, hat man eben das unerfüllte Bedürfnis, irgendwo dazuzugehören. Und schließt sich dort an, wo das möglich scheint. Auch das ist sehr einfach. Die Politik der Identität und der Angst setzt auf kulturell und mental heimatlose Menschen. Sie bietet Entlastung durch Unfreiheit.

Was ist dagegen Demokratie? »Ein von Furcht freier wohlmeinender Streit um die Optimierung der Mittel beim Streben nach Gemeinwohl.« (Peter Sloterdijk) Genau mit dieser Programmatik war die moderne rechtsstaatlich verfasste liberale Demokratie angetreten, und zwar in besonderer Weise in den westlichen Gesellschaften der Nachkriegszeit, also vor etwa 70 Jahren. Das totalitäre nationalsozialistische Regime war gerade in einem unfassbaren Inferno von Gewalt untergegangen; der Sowjetkommunismus repräsentierte eine totalitäre Zwangsgesellschaft, die den westlichen Alliierten höchst bedrohlich erschien. Deshalb lag dem Wiederaufbau des kriegszerstörten Mitteleuropa der Wunsch zugrunde, eine Form von marktwirtschaftlicher Gesellschaft zu etablieren, in der die Wohlstandszuwächse so relativ gleich verteilt würden, dass die Menschen dem System zustimmen konnten. Man wollte verhindern, dass sich die politische Landschaft zu rechten oder linken Extremen hin polarisierte, und das materielle Mittel dafür war, dass auch Arbeiterschichten von den Wohlstandszuwächsen profitieren konnten.

Das war der psychologische Kitt, der die liberale Gesellschaft zusammenhielt. Mit dem Konzept der sozialen Marktwirtschaft wurde zwar wirtschaftliche Ungleichheit nicht aufgehoben, aber der »Fahrstuhleffekt« sorgte dafür, dass bei aller Ungleichheit doch fast alle gemeinsam nach oben fuhren. Und siehe da: Das Experiment einer offenen Gesellschaft auf wachstumswirtschaftlicher Grundlage funktionierte ganz exzellent und über alle Erwartungen hinaus erfolgreich.

Seit zweieinhalb Generationen herrscht in Europa Frieden, was geschichtlich, wie gesagt, eben nicht den Normalfall darstellt. Die westeuropäischen Gesellschaften haben bis 2018 alle Krisen der Nachkriegszeit überstanden, ohne dass irgendwo die gesellschaftliche Ordnung selbst in Frage stand.[7] Die Bewältigung der Finanzkrise oder der deutschen Wiedervereinigung sind Belege institutioneller Funktionsfähigkeit, übrigens auch die sechsmonatige Regierungslosigkeit der Bundesrepublik, in der sie ganz geräuschlos prächtig weiterfunktioniert hat. In den offenen Gesellschaften ist das durchschnittliche Bildungsniveau ebenso gewachsen wie der Wohlstand und die Lebenserwartung. Und die individuelle

Freiheit, auch was die Wahl der Lebensformen und Lebensweisen angeht. Kurz: Die liberale rechtsstaatliche Demokratie ist die zivilisierteste Form von Gesellschaft, die es jemals gegeben hat.

Der Grund dafür: Sie ist veränderungsoffen. Ja, sie lebt – in beständig sich verändernden Umwelten – geradezu davon, dass Modernisierungsimpulse von Minderheiten ausgehen, die Benachteiligungen skandalisieren oder Entwicklungsdefizite beklagen. In diesem Sinne geben soziale Bewegungen notwendige Infusionen für jene Transformationsprozesse, mit denen soziale, technologische oder kulturelle Veränderungsanforderungen bewältigt werden.

Und die offene Gesellschaft hat einen Mechanismus, mit dem sie verhindern kann, dass notwendige Veränderungen unterbleiben: Regierungen können abgewählt werden. Das war für den Philosophen Karl Popper der zentrale Punkt. Sein Buch »Die offene Gesellschaft und ihre Feinde« hat er unmittelbar im Angesicht der Verheerungen durch zwei geschlossene Gesellschaften geschrieben – der nationalsozialistischen und der sowjetischen. Das »Prinzip einer demokratischen Politik« sah Popper darin verkörpert, dass Demokratien stabile Institutionen, zum Beispiel freie Wahlen, unabhängige Gerichte etc., vorsehen, »die es den Beherrschten gestatten, die Herrscher abzusetzen.«

Popper gilt als Vordenker des Liberalismus und steht als solcher auch unter Verdacht, neoliberales Denken vorbereitet zu haben. Aber der Denker, der übrigens eine Tischlerlehre gemacht und als Lehrer gearbeitet hat, bevor er Philosoph wurde, stand als junger Mann sozialistischen Ideen sehr nah und war in der damals wichtigen Schulreformbewegung aktiv.

In der ging es der Idee nach um die Bildung freier Menschen, und das wiederum verweist auf einen anderen Aspekt der Demokratie, der im Hauptwerk Poppers zur »Offenen Gesellschaft« dann nur eine untergeordnete Rolle spielt: Der freiheitliche Staat lebt von Voraussetzungen, die er selbst nicht garantieren kann. So hat es der Verfassungsrechtler Ernst-Wolfgang Böckenförde formuliert. Er meint damit, dass Demokratie nur unter der Voraussetzung existieren kann, dass die Mitglieder einer Gesellschaft sich selbst und dieser Gesellschaft Vertrauen entgegenbringen und Verantwortung übernehmen. Einfach formuliert: Sie müssen das sichere Gefühl haben, dass sie Teil von etwas sind, von dem die anderen auch ein Teil sind. Das stiftet den für eine Demokratie notwendigen gesellschaftlichen Zusammenhalt, und der kann durch Gesetze und Verordnungen nicht vorgeschrieben werden. Denn ein freiheitlicher Staat kann, wiederum mit Böckenförde, »nur bestehen, wenn sich die Freiheit, die er seinen Bürgern gewährt, von innen her, aus der moralischen Substanz des einzelnen und der Homogenität der Gesellschaft, reguliert«.

Eine sich von selbst verstehende Wertebasis, die »moralische Substanz«, ist der Boden, auf dem der freiheitliche Staat gebaut ist. Und auch in diesem Sinn hat die westliche Nachkriegsmoderne überraschend gut funktioniert – mit hoher Wahlbeteiligung, hohem Beteiligungsgrad in Gewerkschaften, Parteien, Kirchen und im Ehrenamt. Mein Vater etwa war ganz selbstverständlich beim Roten Kreuz und in der freiwilligen Feuerwehr, und das keineswegs als passives Mitglied. Wenn es brannte, war er im Einsatz (solange er das gesundheitlich konnte). Solches Engagement hat zwei Seiten: Es ist einerseits ein nicht entlohnter, freiwilliger Dienst an der Gesellschaft, besteht also in gelebten Werten. Und andererseits bindet solches Engagement auch in die Dorfgemeinschaft und in die Gruppe der Engagierten ein, vergemeinschaftet und stiftet Zugehörigkeit. Das war etwa eindrucksvoll an der Be-

Abb. 3: Moralische Substanz: Feuerwehrkapelle

erdigung meines Vaters zu sehen, zu der, obwohl er einfacher Arbeiter war, Hunderte Menschen kamen und natürlich in Uniform und mit Musik auch die Organisationen präsent waren, in denen er sich engagiert hatte. Diese in zwei Richtungen – auf die Gesellschaft und auf das Individuum – wirkende Integrationskraft hat die Nachkriegsmoderne eindrucksvoll entfalten können. Wie gesagt auf der Basis eines Wirtschaftswachstums, das für eine relativ große Verteilungsgerechtigkeit sorgte.

Das alles lief gut, solange die moderne Gesellschaft ihre Wachstumsraten nicht durch eine immer weiter wachsende Staatsverschuldung künstlich stimulieren musste und solange nicht eine neue radikal-liberale Marktordnung das Paradigma der sozialen Marktwirtschaft ablöste, und zwar mit durchschlagendem Erfolg: Machtzuwächse besonders aufseiten global agierender Unternehmen, Machtverluste von Gewerkschaften und staatlichen Institutionen, gewachsene soziale Ungleichheit und Bildungsungleichheit. Das heutige Gesamtergebnis ist die Erosion des gesellschaftlichen Zusammenhalts, der doch das Bollwerk gegen totalitäre Verlockungen sein sollte, übrigens gerade auch im postsowjetischen Osteuropa. Die guten Zeiten sind vorbei. Heute steht die rechtsstaatlich verfasste liberale Demokratie unter Angriff, und es ist unheimlich, dass dieser Angriff gleichzeitig von drei Seiten vorgetragen wird. Geopolitisch, innenpolitisch, digital.[8]

Der große Soziologe Ralf Dahrendorf hat das mal so formuliert: »Wir leben in einer Welt der Ungewissheit. Niemand weiß genau, was wahr und was gut ist. Darum müssen wir immer neue und bessere Antworten suchen. Das geht aber nur, wenn Versuch und Irrtum erlaubt sind, ja, ermutigt werden, also in einer offenen Gesellschaft. Sie wenn nötig zu verteidigen und sie jederzeit zu entwickeln, ist daher die erste Aufgabe.« Und übersetzt in die heutige Situation, lautet die Aufgabe: Demokratie verteidigen und sie auf der Basis eines neuen Naturverhältnisses weiterentwickeln. Das unvollendete zivilisatorische Projekt der Moderne fortsetzen.

Jetzt, allerspätestens, muss nachgeholt werden, was so lange versäumt wurde. Die moderne Gesellschaft ist ein Entwicklungsprojekt, an vielen Stellen nicht fertig, viele ihrer Hoffnungen enttäuscht, viele ihrer Versprechungen uneingelöst. Darum geht es jetzt: um das Weiterbauen am zivilisatorischen Projekt. Man muss die Energie des Angriffs wie beim Judo aufnehmen und in eine elegante Bewegung umleiten, die einem selbst Kraft verleiht. Wir haben viel zu lange geschlafen? Na, dann aber los!

Die Zukunft

> Man sollte nie aufhören,
> die Welt seltsam zu finden.
> *Gero von Randow*

Das vielleicht wirkmächtigste Merkmal der Moderne war, dass sie von einer imaginierten Zukunft getrieben war: Die Gesellschaft würde sukzessive bessere Lebensbedingungen für alle ihre Bewohnerinnen und Bewohner bereithalten. Und diese besseren Bedingungen würden sich in individuelle Lebenspläne, berufliche Aufstiege, Ehe- und Kinderwünsche übersetzen lassen: Wenn ich mich qualifiziere, kann ich aufsteigen; meine Kinder und Enkel werden einmal besser leben, als ich es konnte. Diese Zukünftigkeit nahm, je nach technischer Entwicklung und gesellschaftspolitischem Fortschritt, unterschiedliche Gestalt an – die westliche Nachkriegsepoche versprach Zukunft durch dynamische Technikentwicklung einerseits und soziale Marktwirtschaft andererseits und löste sie durch Mondlandung, Mitbestimmung und Öffnung des Bildungssystems ein, unter anderem. Solche Zukünftigkeit war erlebbar, ein Element realer Erfahrung und Hoffnung, eine soziale Produktivkraft. Das Morgen, das war der Sound jener Epoche, würde jedenfalls besser sein als das Heute. Und es war erreichbar.

Inzwischen ist dieser Sound verklungen, und die Gegenwart hat sich nach vorn gedrängt – in einer Verschränkung von auf den ersten Blick sehr disparaten Gründen: Zum einen wurden in Zeiten des Hyperkonsums künftige individuelle und gesellschaftliche Ziele durch einen Sofortismus der unverzögerten Bedürfnisbefriedigung ersetzt; was ich sein will, bin ich in den sozialen Netzwerken und im Selfie, und zwar jetzt; was ich haben will, kann ich sofort bekommen, ohne Triebaufschub.

In der Diktatur der Gegenwart treten Bürgerinnen und Bürger fast ausschließlich nur noch in der Verbraucherrolle auf und beanspruchen Lieferung – von Produkten, Dienstleistungen, Informationen und Politikangeboten. In Echtzeit, same day delivery. Wie verzogene Kinder bekommen sie sie auch.

Zweitens hat die Digitalwirtschaft den Mangel an Zukünftigkeit kaschiert und ist wie der Igel im Märchen immer schon da, wo die Zukunft mit Namen Hase hinhetzt. Sie ersetzt, was unbestimmte Möglichkeit hätte sein können, durch Berechenbares, vom künftigen Konsum- und Wahlverhalten bis zur vorhergesagten politischen oder kriminellen Abweichung. Die digitale Zukunft ist *nicht* offen; sie besteht lediglich aus dem, was in einem binären Universum berechnet werden kann.

Und drittens schließlich hat seit dem Aufkommen der Umweltwissenschaften, der Erdsystem- und Klimaforschung, der Ökologiebewegung das Wissen um die erwartbare Zukunft des Planeten die Gestalt einer Dystopie angenommen, die auf keinen Fall eintreten darf. Diese Abwehr von Zukünftigkeit geht übrigens so weit, dass auch dort, wo wissenschaftlich nachgewiesen wird, dass »planetare Grenzen« bereits überschritten seien, nicht die brennende Frage auftaucht, was es denn heißt, dass sie überschritten ist. Was folgt daraus für künftiges Handeln, künftige Möglichkeiten der Weltgestaltung? Die Uhr ist für Ökos seit Jahrzehnten auf »Fünf-vor-Zwölf« stehengeblieben. Weitergehen darf sie nicht, denn nach High Noon folgt – was? Möglicherweise etwas, was man noch nicht kannte.

Diese drei apokalyptischen Reiter aus totalem Konsumismus, totaler Berechenbarkeit und totaler Katastrophe führen in ihrem Zusammenwirken zur Ersetzung der optimistischen Zukunftserwartung der Nachkriegsmoderne durch die Diktatur der Gegenwart von heute, zum Schwinden eines Horizonts, den man erreichen wollen würde. Nein, im Gegenteil, dieser Horizont soll einen bitte nicht erreichen, wer weiß, was da kommt? Zukunft soll sein wie jetzt, nur mehr und kontrollierter. Oder schlimmer noch: »Zukunft ist das, was nicht passieren darf. (…) Das Ziel ist es, den Status quo, und wäre er noch so übel, zu retten vor dem Angriff einer dystopischen Zukunft«.[9]

So wie die Zivilreligion des Wachstums die materiellen Voraussetzungen der Zukunft beschränkt, so baut die Digitalwirtschaft Deiche gegen alle unberechenbaren Träume einer offenen Zukunft. Und die Ökos untermauern all das in bester Absicht mit der Dystopie einer unausweichlichen Zerstörung in planetarem Maßstab, so dass sich das Heil ausschließlich um den Augenblick zentriert und das Unheil nur abzuwenden ist, wenn die Zukunft verhindert wird.

Nur vor diesem Hintergrund kann es als sinnhaft erscheinen, nicht zum Beispiel über eine autofreie Welt nachzudenken, sondern über den Austausch von diesel- und benzinbetriebenen Autos durch solche mit E-Antrieb. Nur so kann man es »innovativ« finden, wenn die Welt und der Geist mit sprechenden und spionierenden Geräten wie Alexa vollgestellt wird, anstatt Raum zu schaffen für autonomes Denken, Urteilen und Entscheiden. Und jede Optimierung erfüllt nur den Zweck, dass alles bitte so weitergehen kann wie bisher: »Wenn wir die Häuser dämmen und Energieausweise erstellen, dann geht es um das Recht, auch weiterhin die Landschaft zersiedeln zu dürfen. Es ist, als wären wir, die Gesellschaft, die Politik und die Wissenschaft, vor allem damit beschäftigt, Dämme zu bauen, immer weiter, immer höher, um den Einbruch einer Zukunft zu verhindern, die wir uns nur als Chaos und Katastrophe vorstellen können. Wir sind nicht unbedingt glücklich mit unserer Art zu leben. Aber alles andere stellen wir uns noch schlimmer vor.«[10]

Die Wirksamkeit einer solchen Kultur der Zukunftsverhinderung zeigt sich allenthalben: nicht nur in der neuen Sehnsucht nach altem Nationalismus, nach Autokratie und Geführtwerden, sie zeigt sich auch in der bei genauerer Betrachtung ja äußerst trüben Erneuerungspotenz all der Startups und Innovationsangeber: Was außer irgendeiner weiteren Funktion ist denn neu an der immer wieder allerneuesten Generation von Smartphones oder Kühlschränken oder Autos? Wenn man, und das ist der ernüchterndste Befund, junge Menschen nach ihren Träumen und Zukunftsvorstellungen befragt, wie wir es im vergangenen Jahr in einem kleinen Forschungsprojekt getan haben, antworten sie: »Ja, eine nachhaltige Welt, in der die Menschen friedlich leben und gut miteinander auskommen, die wäre schön!« Und dann folgt das große »Aber« von Artensterben über Klimawandel bis Trump, und man sieht: Sie gestatten sich das Träumen nicht. Nicht mal mehr das Träumen.

Zukunftsbilder (ein Gastbeitrag von Magali Mohr und Gemina Picht)

In zwanzig Treffen hat ein Team von FUTURZWEI vergangenes Jahr mit mehr als 200 jungen Leuten gesprochen, überall in Deutschland, alle zwischen 15 und 26 Jahre alt. An alle wurden stets dieselben zwei Fragen gestellt: Wie stellt ihr euch die Zukunft vor? Und wenn die Zukunft besser werden könnte als die Gegenwart, wie sähe sie dann aus?

Im Gemeinschaftsraum der Landjugend träumt sich ein Junge ans Steuer des größten Mähdreschers Australiens: »So 'n richtig fettes Dings, ne, sowas gibt's neet mehr hier in Düütsland, richt'sch geil.« Ein anderer hofft auf die schnelle Übernahme des Hofes seines Chefs, das wird schon klappen. Ansonsten: Haus und Kinder, heiraten, bevor man 30 wird.

953 Kilometer weiter südlich, in der bayerischen Hauptstadt, keine Kuh in Sicht, erträumen sich die jugendlichen Mitglieder einer Umweltorgani-

sation ein grünes, gemeinschaftlich organisiertes München. Aufwachen bei Vogelgezwitscher statt Autolärm, in der Wohngenossenschaft gemeinsam Tomaten anbauen statt dreifach in Plastik verpackte aus dem Supermarkt. Eine Stadt, in der zu leben sich nicht nur die Reichen leisten können und in der echte Gemeinschaft herrscht. Diese Jugend will, dass Öko-Sein selbstverständlich ist, »normale Menschen mit normalen Hobbys, die verstanden haben, dass es sinnvoll ist, 'nen nachhaltigeren Lebensstil zu führen«, sagt eine. Jenseits von Wollpulli und Jesus-Latschen-Klischees verstehen sie sich als Öko 2.0-Generation, die Fairtrade und Co. als Normalität betrachtet.

Ein ähnlicher Wunsch, aber auf anderer Ebene, begegnet uns in Sachsen-Anhalt im Gespräch mit jungen LGBQTs. Wie schön es wäre, nicht mehr aufzufallen, wenn alle sexuellen Orientierungen Normalzustand wären und sich alle als Mensch und nicht in Geschlechtskategorien verstünden. Auch hier gibt es den Wunsch nach einem autarken Selbstversorgerbauernhof, auf dem jeder so leben darf, wie er ist. Gemeinschaftlicher Gemüseanbau und Tauschgeschäfte: Äpfel gegen Kartoffeln, alles teilen. Um sich herum imaginieren sie wildere Natur, nicht mehr so kultiviert und gezähmt – »eine Verschmelzung von Stadt und Wald, weil Grün guttut und reinigt«, seufzt eine Teilnehmerin.

Entlang dieser Wünsche werden politische Fragen des Zusammenlebens verhandelt. Es geht um alternatives Wirtschaften, gemeinschaftliches Wohnen und die Abwendung von reiner Profitorientierung. Aber: Die Alternativentwürfe gesellschaftlichen Zusammenlebens spielen sich gänzlich im Kosmos des überschaubaren Privaten ab. Dort, wo jeder Einzelne wirken und etwas tun kann. Reicht das, Utopien im privaten Klein-Klein zu verwirklichen, wenn viele das Gefühl haben, das große Ganze stimme nicht? Umso weniger verwunderlich ist der Wunsch von vielen nach einer Instanz, die sich am Gemeinwohl der Gesellschaft ausrichtet. Das könnte sowohl ein »altruistischer Diktator« als auch eine Weltregierung sein.

In Brandenburg, nur 80 Kilometer entfernt, leben Jugendliche bereits in einer vermeintlich idyllischen Utopie. Sie haben mit ihren Familien die Hauptstadt verlassen, auf der Suche nach mehr Gemeinschaft, Natur und Ruhe. Das gibt es hier alles, zumindest solange Udo nicht gerade sein Boot anschmeißt. Direkt am See, wo Biber und Bisamratte leben und vegane Gummibärchen der Hit sind, träumen sich einige der Jugendlichen allerdings lieber in die trubelige Großstadt, mit nahe gelegenem Schwimmbad und Kino. Andere lieben die Ruhe wirklich und vermissen die Stadt nicht.

Im Phantasieren künftiger Großstädte treffen sich die Vorstellungen wieder: senkrecht bepflanzte Hochhausfassaden, farbenfroh bemalte S-Bahnen oder Vakuum-U-Bahnen mit Themenabteilen, in denen jeder, dem eigenen Gemütszustand entsprechend, einen schönen Platz findet. Lebendigkeit statt grauer Masse, sich wohl fühlen und nicht abschotten müssen. Ob der Mars dafür besser geeignet wäre? Cool wäre es, einen anderen Planeten in erdähnliche Zustände zu bringen. Neu anfangen und die Probleme auf der Erde hinter sich lassen, Zusammenleben anders regeln.

Dafür schickt man am besten zuallererst schwangere Frauen auf den Mars, finden einige, denn sie sind nicht an Konflikten interessiert, verdoppeln sich automatisch und wollen das Beste für die nächste Generation. Andere widersprechen: »Wir müssen erst die Probleme auf der Welt bekämpfen, sonst verschiebt man's doch nur«. Wie genau das gehen könnte: weiß keiner.

Nicht überall lässt die Realität es zu, sich in galaktische Traumwelten zu begeben, in denen vieles möglich scheint. Nirgends wird das so deutlich wie im Umland von Dresden, im Gespräch mit Hauptschulabbrechern. Im Hinterzimmer einer großen Werkstatthalle, in der sie vom Jobcenter verordnete, berufsvorbereitende Maßnahmen absolvieren, sitzen wir zu zehnt im Kreis. Manche von ihnen tragen Blaumänner, andere Sneakers, Jeans und T-Shirt. Die Welten, die zwischen uns liegen, sind nicht zu übersehen: andere Ausdrucksformen, andere Umgangsformen, anderer Alltag. Ständiges Ins-Wort-Fallen, Hin-und-her-Laufen, Rülpsen, Zwischenrufe und Abschweifen vom Thema.

Im Bemühen, sie zum Träumen und Wünschen zu ermuntern, reden wir Akademikerinnen komplett an ihrer Lebensrealität vorbei. »Ich hab keen Wunsch«, hören wir immer wieder, bis uns eine Teilnehmerin erklärt, warum das so ist: »Was soll'n man für Wünsche haben? Weißt' de eh, dass das nie wahr wird, was für'n Schwachsinn.« Diejenigen, die sich nach 45 Minuten doch unsicher vorwagen und eine Zukunft als Lokführer, Friseurin oder Erzieherin erwägen, werden von den anderen ausgelacht. »Lokführer – das wirst du doch sowieso nie!«

Aber die Relativierung der eigenen Wünsche und der anderer, das schnelle Verwerfen von Träumen und das soziale Ersticken von Utopien sind Elemente, die in allen Gesprächen auftauchen und sich zu einer zentralen Erkenntnis unserer Reise verdichten: Wie schwer es für die meisten ist, sich eine positive Zukunft vorzustellen. Sich vorzuwagen in Gedankenwelten eines ›Alles könnte anders sein‹. Gegen vorsichtige Versuche, sich die Zukunft positiv auszumalen, erfolgen immer wieder peinlich berührtes Lachen und Sätze wie: »Das ist doch vollkommen naiv« oder »jetzt mal ganz realistisch, das wird nix«. Von einer besseren Zukunft zu träumen fühlt sich für viele der Jugendlichen ungewohnt, alltagsfern und irgendwie unzulässig an.

Dies ist das Verdienst der Vorgängergeneration, also meiner eigenen. Nicht nur, dass wir schon mal de facto die Zukunft jener verbraucht haben, die nach uns noch lange leben werden, zu allem Überfluss haben wir ihnen die Zukunft auch noch visionär madig gemacht, sie als dystopisch, negativ, bedrohlich gezeichnet. Deshalb verbieten sich die Jugendlichen das Träumen. Wir haben, anders gesagt, die *Produktivkraft Träumen* ruiniert.

Man kann das zivilisatorische Projekt der Moderne aber nicht fortsetzen, ohne die Idee von einer Zukunft zu haben, die ein besseres Leben vorsieht als das, das heute zu haben ist. Ja, eigentlich ist der Traum vom guten Leben die Voraussetzung, dafür einzutreten, dass die Ungerechtigkeit und die Destruktivität der menschlichen Lebensform erfolgreich weiter zivilisiert und eben nicht weiter vertieft werden. Im Ruhrgebiet tragen Leute T-Shirts, auf denen steht: »Scheiße ist es anderswo auch!« Einen radikaleren Verzicht auf Änderung und auf Verantwortung für Veränderung kann man sich kaum denken.

Zukunft lässt sich negatorisch nicht entwerfen, das geht nur mit positiven Bestimmungen. Und warum nicht? Eine Stadt ohne Autos ist auch ohne Klimawandel gut. Eine nachhaltige Almwirtschaft auch. Wälder zu pflanzen auch. »Was käme heraus,« fragt Claudius Seidl, »wenn wir mit größerem Aufwand daran arbeiten würden, uns ein besseres Leben vorzustellen? Wie wäre es, wenn wir an Zukunftsvisionen nicht deshalb arbeiteten, weil wir den Wald oder den Thunfisch oder das Klima retten wollen. Und auch nicht, weil wir uns verteidigen müssen gegen die Macht der großen Daten. Sondern weil wir uns ein besseres Leben als das, was wir führen, allemal vorstellen und mit aller Kraft anstreben können.«[11]

Und da ist dieses starke Wort: Können. Ja, können wir, und weil wir es können, haben wir auch die Verantwortung, es zu machen. Jedenfalls wenn wir nicht dümmer sein wollen, als wir müssten. Klar: Wir befinden uns in einem Epochenwechsel. Aber der ist nicht definiert von ominösen Dingen wie »Globalisierung« oder »Industrie 4.0« oder »Anthropozän«. Sondern von der Frage, ob er von rückwärtsgewandten, menschenfeindlichen, antimodernen Kräften gestaltet wird oder von jenen, die den Normalbetrieb zwar auch nicht fortführen wollen, aber die Moderne für ein entwicklungsfähiges Projekt halten. Und ihre zivilisatorischen Errungenschaften als Ausgangspunkt dafür nehmen möchten, *mehr* soziale Gerechtigkeit, *mehr* persönliche Autonomie, *mehr* verfügbare Zeit, *weniger* Gewalt und Zwang auf der Basis eines nachhaltigen Umgangs mit den natürlichen Voraussetzungen des Überlebens zu realisieren.

Sagen wir es mal so:

»Die fetten Jahre sind vorbei« könnte ja auch als frohe Botschaft verstanden werden, in einer Welt, in der mehr Menschen an Übergewicht als an Unterernährung leiden, in der die Autos, die Schiffe, die Häuser immer fetter werden. Jetzt kommen leichtere, schlankere, sportlichere Zeiten.

Der einzige Grund, aus dem ein Weiterbauen am zivilisatorischen Projekt nicht attraktiv sein sollte, ist Phantasielosigkeit. Die allerdings ist in jeder Hinsicht auf dem Vormarsch, weshalb die Wiedereinführung der Zukunft eine dringliche Sache ist, des guten, des besseren Lebens wegen. Können wir, machen wir.

Produktivkräfte des guten Lebens (und von Zukünftigkeit)

Damit das alles nicht im üblichen Konjunktiv – schöner wär's, wenn's schöner wär – verbleibt, folgt nun die Suche nach den subjektiven Voraussetzungen für das Weiterbauen am zivilisatorischen Projekt. Die komplette Nachhaltigkeits- und Klimaschutzszene verzweifelt ja hochprofessionell an der Frage, warum Menschen nicht zu Veränderungen ihrer Lebensweise bereit sind, obwohl sie doch so viel darüber wissen, dass es so nicht weitergeht. Vielleicht wäre es einfach besser, statt *noch mehr* Information und Wissen anzubieten, mal darüber nachzudenken, wo denn wohl Veränderungsbereitschaften zu finden sind – im Wissen liegen sie nämlich nicht.

Solche Bereitschaften müssen in der Lebenswelt der Menschen existieren und eine Rolle spielen. Wird das nicht berücksichtigt, landet man wieder beim unvermeidlichen Lamento darüber, dass die Menschen einfach nicht tun, was sie wissen, weshalb man sich den Rest seines Lebens damit beschäftigen kann, ihnen sein Wissen immer weiter aufzudrängen. Während Wissen aber etwas Abstraktes ist und unabhängig von den Anforderungen des Daseins existiert, ist Handeln immer konkret – also von der Lebenswelt im Allgemeinen und ihren Situationen im Besonderen abhängig. Wenn jemand sich also auf den Weg zu einer Veränderung machen soll, muss das ganz einfach mit ihr oder ihm zu tun haben, sonst kann man auf sie oder ihn einreden wie auf ein totes Pferd.

Vor allem muss es interessant sein. Beginnen wir also mit einer Täuschung.

Auf der nebenstehenden Abbildung befinden sich, auch wenn Sie es nicht glauben möchten, graphisch ausschließlich Kurven, keinerlei gezackte Linien. Na ja, besser gesagt: Auf dem Blatt befinden sich ausschließlich Kurvenlinien, aber Sie sind felsenfest überzeugt davon, auch gezackte zu sehen. Ihr Wahrnehmungsapparat spielt Ihnen eine andere Wirklichkeit vor als die, die objektiv existiert. Eine gleichmäßige Kurvenlinie verwandelt sich optisch nur dann in eine gezackte, wenn sie auf einen grauen Hintergrund gestellt und selbst abwechselnd gleichmäßig schwarz und hellgrau gezeichnet wird. Vor weißem oder schwarzem Hintergrund gibt es nur Kurven, keine Zacken. Aber hier sehen Sie Zacken, mit eigenen Augen!

Optische Täuschungen vergleichbarer Art gibt es eine Menge; am bekanntesten von Postern und Kalenderblättern sind die »unmöglichen« Bilder von M. C. Escher. Die Zackentäuschung ist die neueste ihrer Art; sie stammt von dem japanischen Graphiker Kohske Takahashi. Warum das Gehirn aus »objektiven« visuellen Gegebenheiten »subjektiv« ganz andere macht, weiß kein Mensch – im Zweifelsfall hat es irgendeinen evolutionären Vorteil, Zacken statt Kurven zu sehen. Diese Frage muss hier auch nicht weiter interessieren.

Abb. 4: Keine Zacken zu sehen

Worum es nämlich geht: Solche optischen Täuschungen kann man als eindrucksvolle und sichtbare Beispiele dafür betrachten, dass es keineswegs nur eine einzige Wirklichkeit gibt, sondern sehr viele und gelegentlich auch sehr unterschiedliche. Das ist eine unbezweifelbare Tatsache, die aber einen Haken hat: Denn jede Bewohnerin einer jeweiligen Wirklichkeit hält ihre für die wirkliche, alle anderen für unwirklich, eingebildet, eine Täuschung, ein Fake.

Mit Ausnahme der Kunst: Denn das Spiel mit den Wirklichkeiten ist so alt wie die frühesten Höhlenmalereien und wurde, so sagt man, zum ersten Mal auf die Spitze getrieben, als der griechische Maler Zeuxis Trauben so wirklichkeitsgetreu malte, dass Vögel kamen, um sie zu picken. Zeuxis wiederum fiel in einem Wettstreit auf seinen Kollegen Parrhasios herein, als er dessen hinter einem Vorhang verborgenes Bild endlich sehen wollte – und feststellen musste, dass der Vorhang nicht echt, sondern gemalt war. Der zyprische Bildhauer Pygmalion schuf eine Figur, in die er sich verliebte, und wo wir gerade dabei sind: Jeder Paartherapeut kann viele Lieder davon singen, in welchen unterschiedlichen Wirklichkeiten Frauen und Männer leben können, die seit Jahrzehnten miteinander verheiratet sind.

Mythen

Unterschiedliche Weltwahrnehmungen haben auch den Philosophen Ludwig Wittgenstein beschäftigt. In seiner vor einhundert Jahren erschienenen »Logisch-philosophischen Abhandlung« schreibt er: »Denken wir uns eine weiße Fläche, auf der unregelmäßige schwarze Flecken wären. Wir sagen nun: Was für ein Bild immer hierdurch entsteht, immer kann ich seiner Beschreibung beliebig nahe kommen, indem ich die Fläche mit einem entsprechend feinen quadratischen Netzwerk bedecke und nun von jedem Quadrat sage, dass es weiß oder schwarz ist. Ich werde auf diese Weise die Beschreibung der Fläche auf eine einheitliche Form gebracht haben. Diese Form ist beliebig, denn ich hätte mit dem gleichen Erfolge ein Netz aus dreieckigen oder sechseckigen Maschen verwenden können. Es kann sein, dass die Beschreibung mit Hilfe eines Dreiecks-Netzes einfacher geworden wäre; das heißt, dass wir die Fläche mit einem gröberen Dreiecks-Netz genauer beschreiben könnten als mit einem feineren quadratischen (oder umgekehrt) usw. Den verschiedenen Netzen entsprechen verschiedene Systeme der Weltbeschreibung.«[12]

Die Wirklichkeit ist eine Illusion, die durch Mangel an Alkohol entsteht, sagt ein irisches Sprichwort. Und die Geburtsstunde meiner Wissenschaft, der Sozialpsychologie, beginnt vor mehr als hundert Jahren mit der Theorie George Herbert Meads, der von den »multiple realities« gesprochen hat, die verschiedene Bewohner der physisch und biologisch einen Welt wahrnehmen. Und sein Kollege William I. Thomas hat diesen Sachverhalt, dass die Wirklichkeiten mannigfaltig sind, etwa zur selben Zeit um einen äußerst wichtigen Satz ergänzt: »Wenn Menschen eine Situation als wirklich wahrnehmen, dann *ist* diese in ihren Folgen wirklich.«

Das heißt: Wenn ein psychiatrischer Patient in einem psychotischen Schub seine Ärztin für die teuflische Agentin einer feindlichen Macht hält und sie deshalb umbringt, war zwar seine Wirklichkeitswahrnehmung falsch, die Frau ist aber wirklich tot. Oder wenn eine später als wissenschaftlich irreführend entlarvte rassistische Theorie dazu führt, dass eine komplette Gesellschaft andere »Rassen« zu töten beschließt und einen Vernichtungskrieg führt, »um den ewigen Gesetzen der Natur zur Geltung« zu verhelfen, dann entspricht die zugrundeliegende Wahrnehmung der Welt zwar nicht der Realität, aber sie sorgt für Millionen von Ermordeten und eine nachhaltig veränderte Nachgeschichte, also: eine *andere* Wirklichkeit. Und wenn eine europäische Politik es für eine Bedrohung hält, wenn zu 516 Millionen Bürgerinnen und Bürgern noch ein paar Millionen dazukommen sollen, dann ist das folgenreich nicht nur für die Installierung einer inhumanen Flüchtlings- und Asylpolitik, sondern auch – wie man im Jahr 2018 sehen konnte – für die politische Kultur der Demokratie insgesamt.

Und auch unter harmloseren Umständen ist es ja keineswegs so, dass wir ausschließlich in einer einzigen Wirklichkeit existieren würden: Die Welt unserer Träume ist anders als die im wachen Zustand; unter Drogen oder Verliebtheit verändert sie sich radikal, und jemand, der tagträumt oder in die unendlichen Tiefen seines Smartphones versunken ist, befindet sich psychologisch keineswegs an dem Ort, an dem er sich physisch gerade aufhält.

Oder man ist an den Ort seiner Kindheit zurückgereist und zeigt jemandem die Stelle, an der das Geburtshaus oder die

Grundschule gestanden hat. Man erklärt, wie damals alles war und widerlegt psychologisch die physikalische Tatsache, dass nicht zwei Zeiten zugleich am selben Ort sein können.[13] Historisch können wir eine Unmenge von Weltwahrnehmungen und Glaubenssystemen verzeichnen, die sich aus der Sicht eines modernen wissenschaftlichen Weltbildes ganz und gar absonderlich und absurd ausnehmen, für die damals Lebenden aber eine so handfeste Wirklichkeit darstellten, wie es für uns eine nach – als unveränderlich gedachten – Naturgesetzen eingerichtete Welt ist. Die Existenz von Hexen? Aber sicher! Aus Eisen Gold machen? Nur eine Frage der Zeit! Ungläubige bekehren? Muss sein, zur Not mit Gewalt. Bitte: Es kommt nur auf den Standpunkt an, ob man wie Aristoteles meint, ein fallender Körper beschleunige sich, weil er umso mehr frohlockt, je näher er der Erde kommt, oder wie Newton das Gesetz von der Schwerkraft aufstellt, das uns bis heute vollkommen einleuchtet und an das wir ohne jeden Zweifel glauben.

Genau in diesem Sinn hat der israelische Universalhistoriker Yuval Noah Harari die Menschheitsgeschichte als unablässige Abfolge unterschiedlicher Mythen – also Systeme von Weltdeutungen – betrachtet und genau darin den Unterschied zwischen der menschlichen und allen anderen Lebensformen gesehen: Denn ein gemeinsamer Glaube an einen Mythos – egal ob er Jesus oder Wirtschaftswachstum heißt – sorgt dafür, dass unendlich viele Menschen gemeinsam an derselben Wirklichkeit teilhaben und kooperieren können, ohne sich je persönlich begegnet zu sein. Tiere haben, soweit wir wissen, keine Mythen; ihre Kooperation beschränkt sich auf die physisch und in der Gegenwart vorhandenen Artgenossen. Menschen hingegen können, wenn sie zum Beispiel an den Dschihad glauben, Anweisungen befolgen, die ihnen von völlig unbekannten Personen gegeben werden, und mit einem

Selbstmordattentat ihnen völlig unbekannte Menschen in den Tod reißen. Weil sie an denselben Mythos glauben.

Staaten können gebildet, Imperien geschaffen werden, wenn ihre Bewohnerinnen und Bewohner davon überzeugt sind, an einer gemeinsamen Wirklichkeit teilzuhaben, und zwar unabhängig davon, ob sie Herrschende oder Unterworfene sind. Und ebenso können Zukunftsbilder, also noch nicht existierende Wirklichkeiten, die Qualität von wirklichkeitsschaffenden Mythen bekommen: So trieb die Idee der von den Fesseln des Kapitals befreiten Gesellschaft Hunderttausende Revolutionäre auf die Barrikaden (und später ins Gefängnis oder ins Grab) oder die Idee der von den Fesseln des Staates befreiten Marktwirtschaft zu einer fast vollständigen Zerstörung der Biosphäre.

Mir ist die wirklichkeitsschaffende Kraft des Utopischen einmal schlagartig klargeworden, als ich in einer Ausstellung das Kinderbuch »Zwei Quadrate gehen um die Welt« des deutsch-russischen Revolutionskünstlers El Lissitzky gesehen habe. Er stellte sich die Kinder in einer kommunistischen Gesellschaft konsequenterweise anders vor als die Kinder, wie sie im Kapitalismus aufwachsen. Also brauchten sie auch andere Bilder und andere Geschichten, eine »suprematistische Erzählung«.

Die russische Revolutionskunst unmittelbar nach der Oktoberrevolution ist bis heute interessant und stilbildend, weil die Künstlerinnen und Künstler davon ausgingen, dass nun eine neue Zeit beginne und entsprechend eine andere Ästhetik, eine andere Ansicht der Welt und ihrer Zukünftigkeit geschaffen werden müsse. Diese Idee, dass alles anders sein könnte und nun auch würde, hatte kurzzeitig durchaus die Kraft, die Massen zu erreichen und zu begeistern.

Man könnte sagen: Das war revolutionär, Rock 'n' Roll als bildende Kunst, Jahrzehnte vor Elvis. Aber schon wenig

Abb. 5: Das andere Kinderbuch für andere Kinder:
Zwei Quadrate gehen um die Welt.

später galt das als gefährlich – aus gutem Grund, hätte es doch dazu führen können, dass die Massen womöglich selbst etwas hätten denken können. Der Stalinismus führte lieber den sozialistischen Realismus ein, voller entschlossen und tatkräftig blickender Arbeiterinnen und Arbeiter auf Kornfeldern und an Hochöfen, und auch die Architektur, von Lissitzky und seinen Kolleginnen revolutionär gedacht, sank ins Angeberische oder aber funktionalistisch Menschenfeindliche ab – übrigens genauso wie heute in China oder in arabischen Scheichtümern. Warum? Weil es keine Idee gab, dass die Welt als andere erst entworfen, ertastet, erfühlt und errungen werden müsste, sondern weil es plötzlich die Macht gab, sie mit Gewalt zu gestalten. Und zwar nach dem eigenen Spießerhorizont.

Auch wir im Westen leben in einer gestalteten Welt, die deshalb die Alleinherrschaft beansprucht, weil sie da ist. Nehmen wir die Infrastrukturen, die am Auto gebildet sind. Autos sind keine Mittel, um Raum zu überwinden, sondern um Raum zu gestalten – und so sehen die Städte und Gemeinden auch aus. Und die Architektur besteht oft aus Geld. Gehen Sie mal in Frankfurt spazieren. Die Europäische Zentralbank besteht aus einem Architektursymbol für die Macht des Geldes, aggressiv, klotzig und ignorant gegenüber anderem Daseienden (und lustigerweise von dem vor ein paar Jahrzehnten mal linken und revolutionären Architektenkollektiv »coop Himmelblau« gebaut). Und wenn Sie in die Innenstadt gehen, finden Sie eine aus Geld bestehende künstliche Altstadt vor, die aussieht wie die sogenannten Designer-Outlets an den Autobahnen, die perfekte Geschichtslosigkeit; gebaut nicht aus irgendeinem lebensdienlichen Grund, sondern weil man es sich leisten kann.

Das ist die alte Welt. Die, die in stoischer Rücksichtslosigkeit gegen alles, was keinen Mehrwert schafft, mit ihrem monolithischen Credo, dass mehr besser und damit im Recht sei, alles niederwalzt, was auch nur einen kleinen Augenblick denkt, dass es auch anders sein könnte. Ihre neueste Erscheinungsform hat die alte Welt in der Digitalwirtschaft bekommen, die nicht müde wird zu behaupten, sie sei unfassbar neu, obwohl sie doch hauptsächlich neue und perfidere Formen der Ausbeutung, Überwachung und Naturzerstörung liefert. Das ist bloß die Zukunft von gestern, glauben Sie denen, die Ihnen das alles als seligmachend verkaufen wollen, kein Wort. Sie wirken nur zukünftig, weil es nirgendwo anders Zukunft zu geben scheint.

Auch nicht dort, wo so gedacht und gewirtschaftet wird, dass sich ein anderer, weniger zerstörerischer Umgang mit der Welt in ersten Spuren abzuzeichnen beginnt. Denn überall, wo heute »nachhaltig«, »postwachstumsökonomisch«, »gemeinwohlorientiert«, »grün« gedacht, gewirtschaftet und gelebt wird, hat man den Eindruck einer erstaunlich genügsamen Selbstzufriedenheit damit, dass die gegenwärtige Welt nun mal so aussieht, wie sie aussieht. Die Ökologiebewegung hat es nie geschafft, eine eigene Ästhetik zu entwickeln. Ihre Zukunftsbilder sehen aus wie in der Rama-Reklame: gutgelaunter kinderreicher Mittelstand auf grünen Wiesen unter Windrädern. Das, liebe Ökos, reicht nicht. Da muss eine andere Zukunft her.

Betrachten wir also die gegenwärtige Wirklichkeit als einen Vorschlag. Neben ihr gibt es jede Menge andere Vorschläge, die wir gründlich erwägen sollten. Denn den gegebenen Vorschlag anzunehmen, nur weil er da ist, hieße: Wir lassen uns auf ein Experiment ein, von dem sicher ist, dass es scheitern wird. Obwohl das Klima längst aus dem Takt ist, die Insekten sterben und mit ihnen die Vögel, obwohl Teile der Ozeane sich in tote Zonen verwandelt haben, noch bevor sie überhaupt erforscht worden sind, läuft das Experiment weiter, mit dem herausgefunden werden soll, ob man auf einer endlichen Welt unendlich expandieren kann. So betrachtet ist die gegebene Wirklichkeit und die mit ihr vorgeschlagene Lebensweise eine Illusion, und zwar eine gefährliche. Wir müssen beginnen, realistisch zu werden. Und uns eine andere Wirklichkeit vorstellen.

Quellen eines Realismus des guten Lebens

Lissitzky und Malewitsch träumten ein anderes Leben voraus; sie waren als Künstler gewissermaßen Profis im Träumen und Entwerfen von anderen Daseinsmöglichkeiten. Aber alle Menschen träumen, und zwar nicht nur nachts, ohne eigenen Einfluss auf das, was sie da träumen, sondern auch am Tag, in den kleinen Momenten der Müdigkeit oder Unaufmerksamkeit, der Langeweile im Schulunterricht oder in der Vorlesung oder im Job. Alle diese Träume, wie realistisch oder phantastisch, wie farblos oder großartig sie sein mögen, sind nicht die Wirklichkeit, aber sie perforieren die Wirklichkeit; die Träumende schafft sich momentweise eine andere Welt, in der sie sich aufhalten kann, und zwar eine bessere Welt.

Fast niemand, der tagträumt, träumt dystopisch, weshalb der Tagtraum eine Produktivkraft ist, die, wie Ernst Bloch gezeigt hat, eng mit dem Wünschen verwandt ist. Nicht mit dem Konsumwunsch, von Amazon geweckt und schnellstmöglich befriedigt, sondern dem immateriellen Wunsch, wer man sein möchte, wie man leben möchte, wie die Welt bitte schön sein sollte und welche Hindernisse dafür nicht existieren mögen. Das alles macht jede und jeder, aber dafür braucht man leere Zeit, aber die existiert für die meisten Menschen kaum noch, seit es Smartphones gibt und jeder freie Moment mit Kommunikation und Information gefüllt werden kann.

Es ist den Menschen zur zweiten Natur geworden, sofort das Gerät aus der Tasche zu ziehen, sobald sie sich irgendwo hinsetzen, an der Haltestelle, in der S-Bahn, an der Ampel, im Wartezimmer, überall, und die freie Zeit, die doch ihre eigene wäre, mit irgendetwas Belanglosem füllen zu lassen – belanglos im Vergleich zu dem, was man in derselben Zeit alles träumen und sich vorstellen könnte! Der Unterschied zwischen der leeren und der gefüllten Zeit besteht darin, dass die letztere vollständig determiniert ist: Was da kommt und füllt, ist vorgefertigt, von irgendjemand gemacht und nur so und nicht anders zu konsumieren. Die leere Zeit hingegen ist eigene Zeit, die autonom gefüllt werden muss und kann. Sie gehört einem selbst, in der gefüllten Zeit gehört man schon längst jemand anderem. Gefüllte Zeit ist eine einzige große Konsummöglichkeit; gerade wusste man nicht einmal, dass man von der Karibik träumte, schon hat man die Reise gebucht. Gerade wünschte man sich noch einen Partner, schon meldet er sich per Whatsapp.

Aber so war das doch gar nicht gemeint! Das Beste am Wünschen und Träumen ist ja das Wünschen und Träumen, nicht die Wunscherfüllung oder gar, dass alle Träume wahr werden. Denn Wünschen und Träumen sind die Medien des Nicht-Identischen, des Vermögens, sich Welten und Zustände vorzustellen, die anders sind als die, die ohnehin da sind. Deshalb wären die allermeisten dieser Träume und Wünsche entwertet, profanisiert, enterotisiert, wenn sie sich erfüllten. Und genau dieser Entwertung dienen all die Plattformen der realen Wunscherfüllung, egal ob sie Zalando oder Parship heißen. Glück kann nicht geliefert werden. Geliefert werden können nur Mittel zum Unglücklichsein.

Dass das so ist, liegt wiederum am Wachstumsimperativ: Denn das gelieferte Produkt, die gebuchte Reise, das vereinbarte Date ziehen ja gleich und immer schneller das nächste Angebot eines besseren Produkts, einer tolleren Reise, eines attraktiveren Dates nach sich. Während der immaterielle Traum als eigene Wirklichkeit schön bleibt, bliebe der materialisierte Traum nur dann schön, wenn nicht gleich das nächste Angebot käme. Das aber muss kommen wie das Amen in der Kirche, sonst gibt es ja kein Wachstum. Befriedigte Bedürfnisse und erfüllte Wünsche sind der Tod der Wachstumswirtschaft.

Und deshalb ist ihre Geschäftsgrundlage die Produktion von Unglücklichsein.

Neben Träumen und Wünschen gibt es andere Aspekte des Lebens, die glücklich machen. Liebe zu Kindern, anderen Menschen, Tieren, zum Garten. Passionen, Hobbys, ehrenamtliche Tätigkeiten. Man könnte sagen: Alles, was durch Bestellung und Lieferung *nicht* ersetzt werden kann und soll, hat diese Kraft, glücklich zu machen, und als solche behauptet es andere Wirklichkeiten neben der bestehenden. Als mir mal eine Gruppe von Sales-Spezialisten ihre fiktive Kundin Frau Kasupke vorstellten, die den perfekten statistischen geschmacksarmen konsumistischen Durchschnitt aller deutschen Verbraucherinnen abbilden sollte, mit Salzteigbildern an der Wand und Rüschengardinen vor dem Fenster, fragte ich, ob sie auch einrechnen, dass Frau Kasupke in ihrer freien Zeit in einem Kinderhospiz arbeitet.

Die Verlegenheit, die daraufhin entstand, war ein Zeichen dafür, dass *alle* wissen, dass es eben immer noch etwas gibt, das durch das käufliche Angebot nicht abgedeckt wird, ja, dass dies Nicht-Verfügbare womöglich sogar das Leben selbst ist. Menschen sind soziale Wesen, deshalb empfinden sie tiefes Glück über gelingende Beziehungen, so kurz und fragil sie auch sein mögen, und sehr tiefes Unglück, wenn sie sozial isoliert sind, eine geliebte Person oder ein geliebtes Tier verloren haben.

Ich bin vor vielen Jahren in die fürchterliche Situation gekommen, ein halb zerschmettertes Kind, das von einer Klippe gefallen, auf Felsen aufgeschlagen und dann ins Meer gestürzt war, retten zu müssen. Ja, »müssen« ist hier das richtige Wort, denn wenn man mit so einer Situation konfrontiert ist, wünscht man sich augenblicklich fort, woandershin, nicht hier, nicht ich! Aber natürlich muss man helfen, auch wenn man nicht die geringste Idee hat, wie. Was nun folgte, dauerte endlos lang, weil ich, nachdem ich die Klippe herabgeklettert war, zwar das Kind fassen und über Wasser halten konnte, nicht aber mit ihm zurückklettern oder irgendwohin schwimmen konnte – der nächste flache Küstenstreifen war viel zu weit entfernt. Das Kind, ein Junge von etwa zehn, elf Jahren, klammerte sich mit seinem einen Arm an mich, während sein anderer nur noch an ein paar Sehnen und Adern hing und nahezu amputiert im Wasser trieb, seine ganze rechte Körperseite war durch die Felsen völlig zerstört, gesplitterte Knochen standen heraus.

Zum Glück war der Kopf des Jungen unverletzt. Seine Augen schauten mich an, er schrie verzweifelt, während ich panisch versuchte, ihn irgendwie am Leben zu halten, bis Hilfe käme. Zwischendurch verlor er das Bewusstsein, mit Ohrfeigen holte ich ihn zurück. Und wenn er mich dann ansah, erlebte ich eine der tiefsten Beziehungen meines Lebens. Ich mache es kurz: Irgendwann kam ein Rettungsboot, das jemand von oberhalb der Klippe herbeitelefoniert hatte. Tage später erhielt ich die Nachricht, dass der Junge überlebt hatte. Mir, der ich ihn überhaupt nicht kannte, bis heute nicht weiß, wie er hieß, war diese Nachricht so wichtig, dass sie mich bis heute durch mein Leben begleitet. Das Glück gehabt zu haben, jemandem das Leben zu retten, wirkt sehr tief; es hat mir eine eigenartige Lebenssicherheit gegeben, und ich bin sehr dankbar dafür. Umgekehrt hätte ich es, da bin ich mir sicher, kaum verkraftet, wenn der Junge gestorben wäre. Sein Tod nach dieser so kurzen, von den Umständen her grauenvollen und verzweifelten Beziehung, die wir zueinander hatten, hätte mir ein Unglück bereitet, das kaum zu heilen gewesen wäre. Seither weiß ich, was sich zwischen Menschen abspielen kann, und halte dieses »zwischen« für das Wertvollste, was es gibt. Es ist die eigentliche Produktivkraft der menschlichen Lebensform.

Und damit natürlich eine Quelle für das Wissen, dass es ein gutes Leben geben kann. Jede und jeder weiß das, aber wir leben in einer Kultur, die den Wert dieses Wissens systematisch denunziert und durch komplizierte Apparaturen und Institutionen ersetzt, die sich zwischen die Menschen schalten. So wie man Träume und Wünsche als widerständig gegen Fremdsteuerung und Fremdbestimmung verstehen kann, so sind die direkten Beziehungen zu anderen Bollwerke dagegen.

»Warum? Was können Sie mir tun?«
Kleiner Exkurs zu sozialen Verpflichtungen

Soziale Verpflichtungen resultieren daraus, dass Menschen, anders als die meisten Wissenschaften annehmen, nicht kausal und rational handeln, sondern innerhalb von Beziehungen, also so, dass sie für ihr Tun Zustimmung von den jeweils wichtigen Personen erwarten (oder sich vorstellen) können. Soziale Beziehungen steuern Handlungen besonders auch unter Stress, wie im berühmten Gehorsamsexperiment von Stanley Milgram gezeigt wurde. Anfang der 1960er Jahre konzipierte der junge Sozialpsychologe ein Experiment, mit dessen Hilfe er sich Aufschluss darüber erhoffte, wieso Nazi-Täter oft bedingungslosen Gehorsam gezeigt hatten, obwohl sie als Privatmenschen harmlos und friedlich waren. Milgrams Versuchsaufbau sah vor, dass eine per Annonce gesuchte und mit 4,50 Dollar entlohnte Versuchsperson als »Lehrer« mit einer anderen (allerdings vom Versuchsleiter eingeweihten) Versuchsperson, dem »Schüler«, einen Lerntest durchzuführen hatte, bei dem der »Lehrer« den »Schüler« jeweils dann mit Stromstößen zu »bestrafen« hatte, wenn dieser eine falsche Antwort gab. Die Stromstärke wurde mit jeder Bestrafung erhöht.

Die Rollen von »Lehrer« und »Schüler« wurden scheinbar zufällig verteilt, so dass die eigentliche Versuchsperson glaubte, dass er ebenso gut die Rolle des Schülers hätte bekommen können. Auch konnte er sich vom Funktionieren des Gerätes, das die Stromstöße an den Schüler weiterleitete,

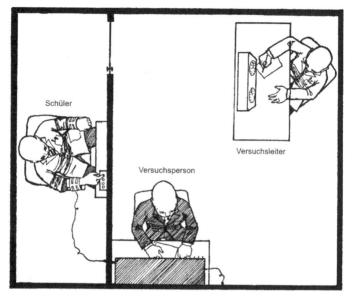

Abb. 6: Gehorsam: Die Versuchsperson bestraft mit 450 Volt

überzeugen, indem er selbst mit einem leichten Schlag geschockt wurde. Lehrer und Schüler befanden sich in verschiedenen Räumen und konnten sich nicht sehen, wohl aber hören.

Die interessante Frage war nun, wie weit die »Lehrer« gehen würden. Die Skala des Gerätes, mit dem die »Bestrafung« vorgenommen wurde, sah Stromstöße bis 450 Volt vor; auf entscheidenden Stufen waren die Schalter überdies mit Warnhinweisen (»schmerzhaft«, »schwerer Schock!« etc.) versehen. Die Befunde waren niederschmetternd: 65 % der Versuchspersonen führten den Lerntest bis zum bitteren Ende durch. Das heißt, sie verabreichten dem »Schüler« (scheinbar) auch die höchste Dosis von 450 Volt, obwohl dieser zu diesem Zeitpunkt schon keinen Laut mehr von sich gab, nachdem er zwischenzeitlich gejammert, geschrien und gefleht hatte, man möge das Experiment abbrechen. Besonders beunruhigend war an diesem Ergebnis nicht nur die schiere Zahl der tödlich gehorsamsbereiten Versuchspersonen, sondern insbesondere, dass der Versuchsleiter keinerlei formale Macht über die Personen hatte. Er trat ja lediglich als Wissenschaftler in einer nach Wissenschaft aussehenden Institution auf, und wenn die Versuchspersonen aufgrund der Schmerzensschreie und der Bitten des »Schülers« das Experiment abbrechen wollten, teilte er ihnen einfach, wenn auch in autoritärem Tonfall, mit, das Experiment erfordere, dass sie weitermachten, und er, der Versuchsleiter, trage die Verantwortung für alles. Das war ausreichend, um zwei Drittel aller Versuchspersonen zum Weitermachen zu veranlassen.

Das Experiment ist in mehr als zehn Ländern repliziert worden, und die Ergebnisse fielen immer ähnlich aus. Allerdings sank die Quote der Gehorsamen regelmäßig, wenn der Versuchsaufbau variiert wurde. Dabei wurde deutlich, dass es die soziale Beziehung war, die für Gehorsamsbereitschaft sorgte – oder eben auch nicht:

Denn wenn »Lehrer« und »Schüler« Freunde, Bekannte oder Verwandte waren, die zusammen für das Experiment gewonnen wurden (»Bring-a-friend-condition«), sank die Gehorsamsbereitschaft auf 15 %; die »Ungehorsamen« brachen überdies das Experiment viel früher ab als die Verweigerer in den anderen Versuchsanordnungen. Eine typische Aussage einer ungehorsamen Versuchsperson in diesem Setting war etwa: »Ich bin doch kein Sadist!« Was macht den Unterschied? Die soziale Beziehung besteht in der »bring-a-friend-condition« zwischen den beiden Versuchspersonen, also zwischen »Lehrer« und »Schüler«, nicht zwischen »Lehrer« und Versuchsleiter. Im Basisdesign des Experiments dagegen waren die Versuchspersonen in sozialer Hinsicht allein und daher auf die Beziehung zum Versuchsleiter verpflichtet und angewiesen, zumal das Experiment selbst in hohem Maße Unsicherheit und Stress erzeugte und die einzige Person, die überhaupt Orientierung gab, eben der Versuchsleiter war. Die »bring-a-friend-condition« macht es dem »Lehrer« moralisch schwer, wenn nicht unmöglich, das Experiment *fortzusetzen*, während die Beziehung zum Versuchsleiter es in der Basisvariante dem »Lehrer« umgekehrt schwermacht, das Experiment *abzubrechen*. Soziale Nähe, so könnte man sagen, verhindert die kausale Logik des »Wer A sagt, muss auch B sagen«, weil die soziale Logik eine größere Verbindlichkeit für den Handelnden hat: Auf die autoritäre

Aufforderung, das Experiment fortzusetzen (»Sie haben keine Wahl!«) entgegnete eine der Versuchspersonen einfach: »Warum? Was können Sie mir tun?«[14]

Soziale Beziehungen sind ja im Übrigen auch das, was Menschen als Erstes kennenlernen, wenn sie auf die Welt kommen, besser gesagt: Die erste Welt eines Menschen besteht aus Beziehung und aus nichts sonst. Das Soziale ist das Primäre, alles, was das Leben ausmacht, bestimmt die ersten Lebensmonate und -jahre total.

Ich glaube, das ist die stärkste Quelle des Wissens um das gute Leben. Man kann als Kind eine Vollkommenheit von Glück erleben, die als erfahrene Möglichkeit das ganze Leben durchwirkt. Genau deshalb endet Ernst Blochs Hauptwerk »Das Prinzip Hoffnung« mit den Worten »Was jedem in die Kindheit scheint und worin noch niemand war: Heimat« – also, nach seiner Lesart, in einer Form von Gesellschaft, die dauerhaft solches Glück gewährleisten könne.

In seinen kommunistischen Hoffnungen irrte Bloch, aber in seiner Hochschätzung des Träumens, Wünschens, Hoffens als Produktivkräfte der Veränderung und in dem tiefen Wissen, dass das Soziale nichts Nachträgliches, sondern eben das Primäre ist, entwickelte er eine Philosophie mit Sprengkraft bis heute. Oder: Deren Sprengkraft heute, da den Menschen das Träumen, Wünschen und Hoffen abgekauft wird, größer ist denn je.

Übrigens taucht das Primat des Sozialen am anderen Ende des Lebens folgerichtig ja wieder auf: Wenn Menschen schwer oder tödlich erkranken, möchten sie nicht, dass der Text ihrer Todesanzeige lautet: »Fuhr einen Audi Q7 und machte fünf Aida-Kreuzfahrten und eine sogar mit der MS Europa.« Sie möchten der imaginierten Nachwelt nämlich nicht in ihrer

Eigenschaft als *Verbraucher*, sondern als guter, gütiger, liebender *Mensch* erinnerlich sein. Sie wollen also in Bezug auf andere gelebt haben. Auch hier, bei den letzten Dingen, liegen Quellen des Wissens um das gute Leben; man fragt sich nur, wie eben manche und mancher auf dem Sterbebett, warum man die meiste Zeit seines Lebens mit unwichtigen Angelegenheiten verschwendet hat. Wenn das Leben ans Ende kommt, wird die Lebendigkeit viel wichtiger als alles andere.

Umgekehrt zeichnet sich die menschliche Lebensform durch das Prinzip der Generativität aus – man lebt nicht nur für sich, sondern nach Möglichkeit auch so, dass nachfolgende Generationen Lebens- und Überlebensbedingungen vorfinden, die ihnen erlauben, ihrerseits die Welt nach den im Zeitverlauf geänderten Anforderungen zu gestalten. Auf der gesellschaftlichen Ebene werden dafür materielle und soziale Infrastrukturen (wie etwa eine Rentenversicherung) installiert; individuell vererbt man Besitz oder sorgt für die Ausbildung der Kinder oder auch der Enkel vor. Es gibt aber viele Zwischenbereiche, in denen das Prinzip der Generativität traditionell eine zentrale Rolle spielte, etwa beim Bau eines Hauses oder beim Anlegen eines Parks: Kein Gartenkünstler hätte einen Park oder ein Gartenreich im Horizont nur der eigenen Lebensspanne planen können. Solche Projekte sind, wie Kirchen- oder gar Dombauten, prinzipiell generationenübergreifend, was man sich etwa daran klarmachen kann, dass Bäume schlicht lange Zeit zum Wachsen brauchen, der Gartenkünstler aber so entwirft und pflanzt, dass sich erst bei einer bestimmten Wuchshöhe der Bäume, also nach 60, 70 oder 80 Jahren im Herbst das gewünschte Farbenspiel durch die Laubfärbung einstellt, vom Planer selbst also nie gesehen wird, weil sein Park ihn überlebt. Das gilt noch mehr für Dombauten, die oft mehrere hundert Jahre dauern, also die Lebensspannen ganzer Generationen von Dombaumeisterinnen umfassen. Die eigene begrenzte Lebenszeit spielt für die Konzeption und Umsetzung also gerade keine Rolle, und solche Langfristorientierung war für die zivilisatorische Entwicklung sicher weitaus produktiver als die heutige Diktatur der Gegenwart. (Heute bildet der Gegenwartspunkt das Zentralmotiv für Planungen, was etwa dazu führt, dass Gebäude für eine Nutzungsdauer nicht von 300 oder 1000 Jahren geplant werden, sondern nur für 30. Dann sind sie steuerlich abgeschrieben und können »rückgebaut« werden, wie das hässliche EZB-Gebäude.)

Neben Generativität gibt es noch eine andere Quelle für soziales Handeln: Verantwortungsgefühl. In einer öffentlichen Diskussion berichtete einmal ein älterer Mann, dass er in seiner Freizeit Flüchtlingen beibringe, wie man Fahrräder repariert, und begründete das mit dem grandiosen Satz: »Warum? Weil ich es kann!« Damit lieferte er nicht nur ein Beispiel dafür, dass immer auch eine Verantwortung daraus resultiert, wenn man etwas kann, sondern offenbar war diese ehrenamtliche Arbeit Quelle einer sinnhaften Erfahrung für ihn – nicht nur für die Flüchtlinge, sondern auch für sich selbst. Psychologisch verwendet man dafür den umständlichen Begriff der »Selbstwirksamkeitserfahrung«. Die Erfahrung, wirksam sein zu können, Einfluss auf seine Mitwelt zu haben, wird als ausgesprochen positiv erlebt. Genau deshalb sind erstaunlich viele Menschen (wie die im Kinderhospiz arbeitende Frau Kasupke) ehrenamtlich engagiert, in Sportvereinen, in der Flüchtlingshilfe, bei der Freiwilligen Feuerwehr oder bei Amnesty International, beim NABU oder bei Greenpeace. Viele Menschen gründen auch selbst Initiativen, um etwas zu verändern oder zu verhindern, und obwohl sie das gar nicht im Sinn hatten, ergibt sich neben dem eigentlichen Ziel ihres Engagements das positive Gefühl von Selbstwirksamkeit.

»Warum? Weil ich es kann!« Wie jedes positive Gefühl

erzeugt auch dieses das Bedürfnis nach Wiederholung und Verstetigung – Engagement ist selbst ein Motiv für weiteres Engagement und bildet als solches eine Quelle für Wissen um das gute Leben, denn es überschreitet ja das Vorgegebene und die Welt wird als gestaltbare erlebt.

Und nicht zuletzt sind es die Religionen, die für viele Menschen der gegebenen, handfesten Wirklichkeit eine andere, imaginäre an die Seite stellen. Religionen sind, wenn sie nicht fundamentalistisch und dumm interpretiert werden, Transzendenzagenturen, deren Funktion darin liegt, den Menschen ein tiefes Wissen darüber zu geben, dass ihr persönliches Leben und Erleben noch nicht alles ist, sondern dass es da eine Menge mehr gibt, was sich konsumistisch nicht erschließt und schon gar nicht erfüllt oder, um im Sprachbild zu bleiben, auszahlt. Ich persönlich bin religiös leider total unmusikalisch, beneide aber diejenigen, die mehr glauben können als ich.

Jedenfalls sind die genannten, unausweichlich sozialen, also auf andere bezogenen Daseins- und Erfahrungsbereiche gute Gegenmittel gegen die Reklame der Wachstumswirtschaft. Da heißt es autoritär mit einem Slogan der Postbank: »Unterm Strich zähl ich!« Im wirklichen Leben zählt hingegen, wer man in den Augen der anderen ist und ob dieses Bild gut ist. Exakt darauf gründet sich ja Statuskonsum: Kein Mensch kauft einen Stadtgeländewagen, mit dem man seiner Größe wegen in keine Garage kommt, für sich. Er kauft ihn, damit andere sehen, dass er ihn hat, und ihn deshalb gut finden.

Genau hier liegt das Potential, das System des Hyperkonsums und der Wachstumswirtschaft empfindlich zu stören: Es muss einfach mehr Menschen geben, die jemanden gut finden, weil er *keinen* Stadtgeländewagen hat. Statusgewinn könnte zum Beispiel daraus resultieren, dass jemand wenig arbeitet, Zeit und gute Laune hat, nie gestresst ist, hilfsbereit, freundlich, was auch immer. Es kommt ja, ein bestimmtes Niveau von Lebenssicherheit vorausgesetzt, für das Glück und das gelingende Leben nicht darauf an, mehr zu haben, als man braucht, sondern die Menschen zu haben, die man braucht. Das gute Leben ist nicht smart, und die Wirklichkeit ist es auch nicht. Die Wirklichkeit ist, ganz im Gegenteil, sperrig, widerständig, seltsam, uneindeutig, mannigfaltig. Lassen Sie sich nie einreden, es gäbe nur eine davon. Es gibt viele, bessere und schlechtere. Man kann die eigene gestalten.

Zeit für Wirklichkeit

Wie gesagt: Weltweit läuft dieses gigantische Experiment, das von der Hypothese ausgeht, grenzenloses Wachstum sei auf einem begrenzten Planeten möglich. Experimente sind, wissenschaftstheoretisch gesprochen, dazu da, Hypothesen zu falsifizieren oder zu verifizieren, also in diesem Fall nachzuweisen, ob grenzenloses Wachstum möglich (verifiziert) oder unmöglich (falsifiziert) ist. Eine verantwortliche Versuchsleitung hätte schon vor längerer Zeit gesagt: »Super, wir können das Experiment jetzt abbrechen, es ist falsifiziert.« Aber obwohl Dennis Meadows und seine Kollegen schon 1972 mit den »Grenzen des Wachstums« eine überzeugende Falsifizierung vorgelegt haben, wird das Experiment fortgeführt, jedes Jahr mit größerer Intensität.

Dabei wäre ein Pfadwechsel in eine nachhaltige moderne Gesellschaft vor vier, fünf Jahrzehnten ja genau dadurch einzuleiten gewesen, dass man eine weltweite Suche nach den ressourcenschonendsten Lebensstilen und Wirtschaftsweisen gestartet hätte. Damals gab es noch weit mehr davon. Dann hätte man vom Pekinger Fahrradverkehr so lernen können wie vom kubanischen Energiesystem, von indischer Ernährungsweise wie vom samoanischen Fischfang, von Appenzeller Almwirtschaft genauso wie vom Bregenzerwälder Holzbau. Auf diese Weise wäre tatsächlich eine Wissensgesellschaft entstanden. Aber anstatt sich an vorhandenen Wissensformen zu orientieren und sich durch Kombinatoriken von Wissensbeständen global klüger zu machen, hielt man am phantasiefreien Wachstumsdogma so lange fest, bis noch das allerletzte Land der Erde auf den wachstumskapitalistischen Weg eingeschwenkt war. Und alle börsennotierten Unternehmen finden es völlig unbekümmert um Zukünftigkeit super, wenn sich immer noch mal neue Märkte auftun, die man mit längst antiquierten Verkehrsmitteln und patentiertem Saatgut fluten kann. Und damit vorhandene Lebens- und Wirtschaftsweisen und das damit verbundene Wissen zum Verschwinden bringt.

Dass wir in einer Gesellschaft leben, in der man darüber hinaus lernt, seinem Wissen nicht zu glauben, hat damit zu tun, dass Macht und Interessen ungleich sind, vor allem aber ungleiche Durchsetzungschancen haben. Denn natürlich haben reiche Gesellschaften, ihre wirtschaftlichen und politischen Eliten, aber auch ihre im Weltvergleich sehr gutgestellten Bewohnerinnen und Bewohner keinerlei Interesse an Umverteilung. Sie haben auch wenig Interesse an Veränderung, wenn sie Geld kostet. Und schon gar kein Interesse haben sie an Störungen ihrer Weltbilder, weshalb sie erheblichen Aufwand treiben, illusionäre Welten aufzubauen. Solche Welten werden zum Beispiel errichtet, indem man Jahr für Jahr Klimakonferenzen veranstaltet und dort fiktionale Ziele einer ebenso fiktionalen »Weltgemeinschaft« verabredet. Oder indem man Institute, Thinktanks, Lehrstühle und Ministerien erfindet, von denen man sagen kann, dass sie sich mit dem Klimawandel befassen. Klar: Alle diese Aktivitäten, die zum Teil sehr ressourcenaufwendig sind (wie zum Beispiel die Klimakonferenzen), wirken nicht positiv auf die Entwicklung des Klimasystems, aber sie schaffen die Illusion, dass das Problem bearbeitet wird. Und während alle diese Aktivitäten stattfinden, die die Illusion erzeugen, dass ein Problem bearbeitet wird, wird exakt dieses Problem (in Gestalt von kontinuierlich anwachsenden CO_2-Emissionen) von Jahr zu Jahr größer.

Mojib Latif, ein Meteorologe und Klimaforscher, hat im Hitzesommer 2018 gesagt, dass es de facto keine Klimaschutzpolitik gebe. Gäbe es sie, müssten die Emissionen ja sinken oder wenigstens nicht mehr ansteigen. Das ist eine einfache, klare, nachvollziehbare Aussage, mit jeder Emissionsstatistik belegbar. Sie steht gegen jede Reklame, man arbeite intensiv daran, gefährlichen Klimawandel abzuwenden. Man könnte auch sagen: Es ist eine realistische Aussage, sie beschreibt einen existierenden Sachverhalt. Damit kündigt sie das Einverständnis mit der großen Illusion auf, die gemeinsam aufrechterhalten wird, ein Akt psychologischer Selbstermächtigung. »Den Wahn«, hat Sigmund Freud einmal gesagt, »erkennt natürlich niemals, wer ihn selbst noch teilt.« Und Ivan Illich hat noch einen draufgesetzt:

> *Wenn Verhalten, das zum Wahnsinn führt, in einer Gesellschaft als normal gilt, lernen die Menschen um das Recht zu kämpfen, sich daran zu beteiligen.*[15]

Zwischenspiel I:
Realismustraining

Gesellschaften unseres Typs und insbesondere die zugehörigen Wirtschaften haben tatsächlich ein Wahnsystem entwickelt, dem die allermeisten zustimmen und das sich durch die ungebrochene Zustimmung weiter und weiter bestätigt. Wer noch nicht dabei ist, kämpft darum, dabei zu sein. Aussteigen aus dem Wahn kann man nur, wenn man einen Betrachterstandpunkt findet, der nicht innerhalb des Wahnsystems liegt, sondern außerhalb. Lassen Sie uns diesen Standpunkt einnehmen und die Sache mit therapeutischem Blick betrachten. Wir sehen die Illusionen, die die Akteure aufrechterhalten, wir sehen die Suchtstrukturen, wir sehen die unablässigen Trainings in Jobs, Werbung, Freizeit, die die Menschen für die Sucht konditionieren.

Lassen Sie uns das als etwas betrachten, was man therapieren kann. Den Menschen kann geholfen werden, da wieder herauszukommen. Dafür braucht es ein anderes Trainingsprogramm, eine Art Wirklichkeitsgymnastik. Das liegt im Aussteigen aus dem großen Experiment und im Entwerfen anderer, kleinerer Experimente. Solche Erprobungen gelingender Zukunft haben den Realismus auf ihrer Seite: Denn viele von ihnen *können* ja gelingen, was das große Experiment nicht kann. Deshalb ist es unrealistisch, es fortzusetzen, und realistisch, andere Dinge zu versuchen.

Und noch etwas: Man kann dabei auf vieles aufbauen. Die Vorstellung, man müsse erst mal den Kapitalismus abschaffen, die weltweite Ungerechtigkeit beseitigen, das Klimaproblem lösen, bevor man beginnen kann, Dinge zu verändern, ist komplett blödsinnig. Viel eher kann man den Kapitalismus bändigen, die Ungerechtigkeit abmildern und das Klimaproblem entschärfen, wenn man sich nicht zu viel vornimmt, das dann aber konkret angeht und zur Wirklichkeit werden lässt. Realismus heißt auch: im Rahmen seiner Möglichkeiten und seiner Reichweite Dinge verändern. In öffentlichen Diskussionen fragt immer jemand: Wollen Sie den Chinesen und den Indern verbieten, sich Autos zu kaufen? Wollen Sie zurück in die Höhle? Brauchen wir eine Ökodiktatur? Das sind Geisterdiskussionen. Wenn Hunderte Millionen Chinesen in die Mittelklasse aufsteigen und die Konsumstile der reichen Länder übernehmen, dann kann ich das nicht ändern. Warum nicht? Weil es die Chinesen nicht interessiert und sie ihre eigene Geschichte machen. Genauso wenig steht es in meiner Macht, die Menschheit zurück in die Steinzeit zu beamen oder die Ökodiktatur einzuführen. Über Dinge zu diskutieren, die niemand veranlassen kann, ist reine Zeitverschwendung.

Wohl aber kann man an einem Pfad arbeiten, der vor dem Desaster abbiegt. Das ist ein politisches und kulturelles Projekt, das sich nicht an der naturwissenschaftlichen Mitteilung orientieren kann, dass »wir« keine Zeit mehr für einen solchen Pfadwechsel haben. Soziale Prozesse haben ihre eigenen Zeitlogiken, die lassen sich nicht wissenschaftlich beschleunigen, auch wenn man es noch so gerne hätte.

Statt also Menschen damit zu entmutigen, dass es eh zu spät sei, was immer sie auch unternehmen, sollte man sie zur Veränderung gerade anstiften – sie haben ja Handlungsspielräume. Wie sehr und wie vielfältig diese genutzt werden können, zeigt seit vielen Jahren die Stiftung FUTURZWEI, auf deren Homepage und in deren Büchern viele hundert »Geschichten des Gelingens« aus dem In- und Ausland nachzulesen und, je nachdem, auch nachzumachen sind.

Einen Unterschied machen

Man kann ja nichts machen? Nehmen wir zur Widerlegung dieses Satzes mal den neunundzwanzigjährigen Schriftsetzer Lutz Beisel, der in seinen 28 Lebensjahren zuvor nicht im Traum gedacht hätte, dass er einmal die Welt ganz fundamental verbessern würde. Genauer gesagt: Lutz Beisel war vor einem halben Jahrhundert 29 Jahre alt, und zu dieser Zeit tobte der Vietnamkrieg, der erste Krieg, der auch in den heimischen Wohnzimmern überall auf der Welt stattfand und dessen Gräuel allabendlich in den Nachrichten dokumentiert wurden. Lutz Beisel konnte die Vorstellung nicht ertragen, dass in diesem Krieg eine Menge Kinder auf das Brutalste verletzt, verstümmelt, verbrannt wurden, ohne dass es eine auch nur entfernt ausreichende medizinische Versorgung für sie gab. Und weil er diese Vorstellung nicht ertragen konnte, betrachtete er es als seine Aufgabe, genau daran etwas zu ändern.

Er, der Kriegsdienstverweigerer war, nahm Kontakt mit der Bundeswehr auf und konnte nach hartnäckigem Ringen die Verantwortlichen davon überzeugen, dass schwerverletzte Kinder in auf dem Rückflug leeren Versorgungsflugzeugen nach Deutschland geflogen und hier in Kliniken versorgt werden konnten. Das war nicht so einfach, wie es sich hier in einem Satz schreibt, aber es ist geglückt. Viele damalige Kinder, die heute selbst Eltern und in einzelnen Fällen auch Großeltern sind, verdanken ihr Leben einem Mann, dem eine Vorstellung unerträglich war. Ich könnte jetzt noch kurz dazu sagen, dass Beisel zum selben Zweck und Zeitpunkt die deutsche Organisation des Kinderhilfswerks »terre des hommes« gegründet hat, ein Hilfswerk, das bis heute 15 Millionen Kindern weltweit auf die unterschiedlichste Art und Weise geholfen hat. Aber allein die Rettung der vietnamesischen Kriegskinder wäre völlig ausreichend für den Punkt, um den es mir geht:

Lutz Beisel hat einen Unterschied gemacht.

Denn zur selben Zeit in derselben Situation wurden ja hunderttausend andere auch als Fernsehzuschauer Zeuge von dem, was den Kindern geschah, und sicher hatten sehr viele ein starkes Gefühl von Empörung, Wut und Trauer. Aber nur Lutz Beisel war dieses Gefühl so unerträglich, dass er den Unterschied machte.

Ich glaube, darauf kommt es an: einen Unterschied machen zu wollen. Es ist immer so leicht, sich selbst davon zu überzeugen, dass man sowieso nichts machen kann, dass man ohnmächtig, inkompetent, unmaßgeblich ist, dass es einen nichts angeht, oder was auch immer, und weil das so leicht ist, ist es immer sehr wahrscheinlich, dass sehr viele gar nichts machen und allenfalls ein schlechtes Gewissen haben, weil sie nichts machen. Und genau deshalb ist es auch so unwahrscheinlich und zugleich so wichtig, dass es eine oder einen gibt, die eben doch den Unterschied machen. Indem sie etwas machen.

Und jetzt kommt es: Sind nicht bei genauer Betrachtung alle zivilisatorischen Fortschritte, die uns selbstverständlich bis zur Ignoranz geworden sind, tatsächlich nur auf die zurückzuführen, die eine Vorstellung nicht ertragen konnten und die deshalb bereit waren, einen Unterschied zu machen? Sind nicht die irgendwann wirkmächtigen und weltverändernden Bewegungen – die Arbeiterbewegung, die Frauenbewegung, die Bürgerrechtsbewegung, die Ökobewegung usw. – von Einzelnen angestoßen worden, die einen Unterschied machen wollten und im Ergebnis den Riesenunterschied gemacht haben, dass die Zivilisation weiterentwickelt wurde? Ohne sie gäbe es keinen Arbeitsschutz, keine Gleichstellungsgesetze, keine internationalen Nachhaltigkeitsziele und Klimaschutzabkommen.

So einfach ist das? Ja, so einfach ist das. Es ist schwer, den ersten Schritt zu machen. Aber der macht eben den Unterschied.

Das eigene Handeln muss seinen Bezug im tatsächlich Veränderbaren haben und nicht irgendwo sonst. Wenn es diesen – realistischen – Bezug nicht gibt, führt man jahrelang Geisterdiskussionen, verändert aber währenddessen null Komma gar nichts, und schon überhaupt nicht zum Besseren. Große Utopien sind dagegen gefährlich, wie die Geschichte gezeigt hat, weil es immer Menschen gibt, die sich Beglückungen von oben nicht fügen wollen oder können. Und wenn sie nicht per Staatsstreich, Machtergreifung oder Revolution in die wirkliche Welt übersetzt werden, bleiben sie oft seltsam losgelöst – ein Gedankenspiel im Konjunktiv: Schöner wär's, wenn's schöner wär.

Wenn es übrigens eine postrevolutionäre Lehre gibt, dann liegt sie darin, dass auch revolutionäre Ordnungen immer auf das bauen, was an Mentalitäten, Infrastrukturen, Ressourcen vorhanden ist. Revolutionen thematisieren, was umgestürzt wird, nicht, was diesen Umsturz trägt. Aber Sprache, Gewohnheiten, Traditionen, informelle Ordnungen werden ja ebenso wenig wie Infrastrukturen einfach ausgetauscht, wenn ein neues Regime die Macht antritt (es sei denn, man versucht, wie die Roten Khmer, ein »neues Volk« zu schaffen, und endet in einem Inferno archaischen Mordens).

Aus dieser Grundierung der sozialen Welt, dem Eigensinn der Menschen und ihrer Geschichte, kann das utopische Denken etwas lernen: dass genau darin nämlich eine wichtige Ressource für eine Gesellschaft für freie Menschen liegt. Man muss darauf schauen, auf und mit was man weiterbauen kann, und darf sich nicht auf das fixieren, was einem so dringend veränderungsbedürftig erscheint.

Was viel hilfreicher ist: zu sortieren, was vom bisherigen Verlauf des zivilisatorischen Projekts sich als brauchbar und weiterführend erwiesen hat, was man neu dazu kombinieren muss und was man dringend loswerden muss. Es kommt auf eine neue Kombinatorik an, nicht auf eine »neue Gesellschaft«, schon gar nicht auf den »neuen Menschen«. Einer der Begriffe, die in der Gegenwart am meisten falsch verwendet werden, ist der des »Quantensprungs«. Man benutzt diesen Begriff, um anzuzeigen, dass jetzt aber etwas ganz Gravierendes, Disruptives, Grundstürzendes eingetreten ist; auf keinen Fall weniger! In der Quantentheorie bezeichnet dieser Begriff aber die *kleinstmögliche* Zustandsveränderung, die zu einem »Sprung« in einem System führt. Physikalisch handelt es sich dabei eher um Überlagerungen von Zuständen und um Übergänge als um Sprünge, weshalb der Begriff dort gar nicht mehr in Gebrauch ist, dafür aber inflationär im Marketing, in der Werbung und in der Politik verwendet wird.

Die kleinstmögliche Zustandsveränderung: Das hat doch eine ganz andere Poesie als die »Große Transformation«, die »Große Utopie«, die »Große Revolution«. Sie macht das eigene Handeln angesichts der großen Aufgabe nicht klein; sie entwertet auch nicht, was man mit begrenzter Reichweite macht, was nicht gleich »skalierbar« auf Weltniveau ist.

Kleinstmögliche Zustandsveränderung kann jede und jeder, sofern Freiheit und Handlungsspielräume gegeben sind.

Und das sind sie. Dafür hat das zivilisatorische Projekt gesorgt, auf dessen Geschichte wir stehen und aufbauen können. Wir müssen nicht von vorn anfangen. Wir müssen nur anfangen.

II.

Alles könnte anders sein.

Weiterbauen
am zivilisatorischen Projekt

Abb. 7: Ich würde lieber Lego spielen. Gut, können wir machen

»I would rather play Lego!« – »Ich würde lieber Lego spielen«, verkündet das Plakat des Sechsjährigen. Es ist Sonntag, also wäre echt Zeit für Lego, aber anscheinend hielten die Eltern des Jungen es leider für wichtiger, mit »Pulse of Europe« demonstrieren zu gehen, für Europa, auf dem Gendarmenmarkt in Berlin. So ist das immer. Eigentlich nämlich ist das Leben ja schön, wenn für alles Lebensnotwendige gesorgt ist, und lieber würde man den bequemen Sonntag genießen, anstatt hier bei Wind und Wetter Schilder hochzuhalten. Anstatt hier für etwas zu stehen. Und Teil einer Bewegung zu sein.

Bewegungen sind mühsam, gerade dort, wo die Verführungen zur Bequemlichkeit so allumfassend sind wie in modernen Hyperkonsumgesellschaften. Und seit es soziale Netzwerke gibt, kann man Haltungen auch durch Klicks und Tweets zum Ausdruck bringen, dafür muss man nicht mal mit dem Kauen aufhören, falls man zufällig gerade frühstückt. Woraus folgt: Sich bewegen heißt nicht nur etwas tun, sondern etwas anderes lassen, jedenfalls für den Augenblick. Protest ist exklusiv, er fordert die Person und ihren Körper und schließt für den Augenblick alles aus, was man sonst noch so tun könnte.

Nämlich Lego spielen zum Beispiel. Was seinerseits voraussetzt, dass man Legos hat. Woraus wiederum folgt, dass es für eine Bewegung nicht förderlich ist, wenn man viele Dinge besitzt, die man gernhat und die Aufmerksamkeit beanspruchen. Und in einer reichen Gesellschaft wie unserer gibt es eben wahnsinnig viele Dinge, die die Menschen gernhaben und die dauernd ihre Aufmerksamkeit fordern. Smartphones, Autos, der nächste Urlaub, das Haus, der Rasen, die Vorlesung, wirklich alles Mögliche. Fußball schauen. Muckibude. Shoppen.

Also hat der Junge eine Menge guter Argumente, wenn er lieber machen würde, was er lieber machen würde. Wie wir alle. Was wohl der hauptsächliche Grund dafür ist, dass das Protestieren, Demonstrieren, Auf-die-Straße-Gehen in den vergangenen Jahrzehnten ziemlich aus der Mode gekommen ist. Und wir mit dem seltsamen Befund konfrontiert sind, dass dort, wo der Protest und die Straße mit erheblich mehr Risiko und Gefahr verbunden sind – in Venezuela, auf den Philippinen, von der Türkei und Russland ganz zu schweigen –, mehr Menschen protestieren als hierzulande. Wir haben nämlich mehr zu verlieren und sowieso keine Zeit. Außerdem müssten wir ja, wenn es zum Beispiel um Naturverbrauch geht, gegen uns selber protestieren.

Guter Punkt. Hat es historisch eigentlich schon jemals Bewegungen gegeben, die sich gegen die eigenen Privilegien gerichtet haben? Also dadurch motiviert waren, dass man selbst im Unrecht war und deshalb Vorteile hatte? Ja, hat es. Die Abschaffung der Sklaverei ist ein Beispiel. Aber auch die Arbeiterbewegung wäre nicht erfolgreich gewesen, hätte es nicht selbst im Manchester-Kapitalismus Unternehmer gegeben, die Kinderarbeit unmenschlich fanden. Und auch die Ökobewegung hatte zu Anfang ihrer Geschichte mehr vor als die Erhöhung von Energieeffizienz und green economy – nämlich den Umbau der Gesellschaft, hin zu mehr Verteilungsgerechtigkeit und geringerem Naturverbrauch. Konvivialismus hat Ivan Illich das genannt, und der bedeutet im Kern eine Selbstentmächtigung der Reichen dieser Erde und der zerstörerischen Ursachen dieses ihres Reichtums. Long gone.

Aber genau da müssen wir wieder ansetzen, und vielleicht kann uns der Junge dabei helfen. Lego ist ja ein cooles Prinzip. Wir könnten doch mal die Bausteine, die heute schon vorhanden sind, sortieren und neu kombinieren. Vielleicht ist ja das meiste schon da, nur falsch zusammengesetzt?

Diese neue Kombinatorik wird erstens zeigen, dass man für eine Utopie vieles verwenden kann, was es schon gibt – eine Neuerfindung von allem ist nicht nötig und auch nicht wünschenswert. Vieles ist ja schon sehr gut. Bei der Neukombination der Bausteine tauchen zweitens neue Pfade auf, auch dort, wo sie historisch nicht eingeschlagen wurden, aber hätten eingeschlagen werden können. Lego verfolgt ein Prinzip der unendlichen Reversibilität – alles könnte in jedem Augenblick auch anders sein. Damit ist drittens die fatale Folgerichtigkeit revolutionärer Prozesse, die ja bekanntlich ihre Kinder fressen, also statt mehr Freiheit mehr Zwang etablieren, unterbrochen. Statt großer Revolutionen braucht es, sagen wir: modulare Revolutionen, die man miteinander kombinieren kann – wenn sie tatsächlich einen Fortschritt gebracht haben – und die man aufgibt, wenn sie sich als irrig erwiesen haben. So investiert man viertens die Wunschenergien in konkret Erreichbares, nicht in geträumte Universen, die einen immer nur daran verzweifeln lassen, wie groß die utopische Aufgabe ist. Alles beginnt ja trivialerweise mit einem Anfang. Also muss man fünftens endlich aufhören, das Finden dieses Anfangs zu vermeiden. Man muss nicht »erst« den Kapitalismus abschaffen, »erst« die Menschen verändern, »erst« die Konzerne enteignen und noch eine Menge »erste« mehr, bevor man beginnen kann, die Welt zu verändern.

Als James Watt daranging, die Dampfmaschine so weiterzuentwickeln, dass sie der Motor der industriellen Revolution wurde, hat er vermutlich nicht gedacht: »Wenn ich das jetzt ins Laufen kriege, geht die Kohleförderung viel leichter und die Einsatzgebiete für die Kohle werden sich vervielfältigen. Jemand wird dann die Dampfmaschine auf Räder stellen und Schienen verlegen und das dann ›Eisenbahn‹ nennen, und mit der kann man ganze Kontinente erschließen und Rohstoffe transportieren und ein koloniales Herrschaftssystem errichten, aus dem dann später blutige Freiheitskriege resultieren. Während all dies geschieht, entstehen ganz neue Formen des Zusammenlebens, Traditionen lösen sich auf, die ganze Gesellschaft, ja, die ganze Menschheit erfindet sich neu, mit zerstörerischen Folgen für die Natur, das Klima und die Grundlagen für künftiges Überleben.« Ich nehme an, er hatte einfach nur geglaubt, dass er die Maschine besser machen könnte. Und es gemacht.

Geschichte ereignet sich nämlich nicht, wenn man zuvor alles durchdacht hat. Sie wird gemacht, indem man vom Pfad abweicht. Denken allein genügt nicht, man muss auch abbiegen können.

17 Legos. Mit diesen Steinen können Sie bauen!

1949. Das war in Mitteleuropa eine Zeit zwischen Zivilisationsbruch, Dystopie, Zerstörung, Sortieren, Aufbauen. Vielleicht war es kein Zufall, dass ein dänischer Tischlermeister, der bislang Holzspielzeug produziert hatte, genau zu diesem Zeitpunkt auf die Idee kam, mit Noppen versehene Kunststoffbausteine auf den Markt zu bringen, mit denen Kinder beliebige Welten bauen konnten – Häuser, Türme, Brücken. Später kamen noch Räder dazu, so dass man Autos und

Abb. 8: Und jede Welt wäre gleich schön gewesen: Lego

Lastwagen erfinden konnte. Die Sensation bestand darin, dass man die wenigen Grundsteine in unendlichen Kombinationen zusammensetzen und genauso gut Schwimmbäder wie KZs, Eigenheime wie Kanonen bauen konnte. Lego war die grenzenlose Kombinierbarkeit von Möglichkeiten. Später wurde diese Unendlichkeit zurückgebaut, und man bekam Packungen von Piratenschiffen und Weltraumraketen, mit denen man nur Piratenschiffe und Weltraumraketen bauen konnte, die genauso aussahen wie auf dem Kastendeckel. Und nicht anders. Aus Möglichkeit wurde Determination, und es fällt nicht schwer, darin eine Allegorie auf das Verschwinden der Möglichkeitsräume aus der wirklichen Welt zu sehen. Die heutige Lego-Welt beschränkt sich auf das Nachbauen von Vorgegebenem, eine Welt unendlicher Redundanz.

So gesehen müssen wir zum originalen Lego zurückdenken. Wir brauchen Bausteine für das Weiterbauen am zivilisatorischen Projekt, die unendliche Kombinationen auszuprobieren gestatten. Und einfach auseinandergenommen werden und neu kombiniert werden können, wenn das Ergebnis nicht gut war. Und mit denen man weiterbauen kann, wenn es ganz gut geworden ist. Ach so: Daher stammt übrigens das Wort. Es ist zusammengesetzt aus dänisch *leg godt*: Spiel gut.

Lego 1:
Die Wirtschaft

Der aktuelle Stellvertreter Gottes auf Erden, Papst Franziskus, ist kein Ökonom, aber ein Experte nicht nur für das Einfache, sondern auch für das Wesentliche. Und obwohl sein innerkirchlicher Einfluss, wie man hört, eher gering ist, ist sein öffentlicher doch ungewöhnlich groß für einen Papst. Das liegt aus meiner Sicht besonders daran, dass er handelt, wie er redet, was Außenstehende deshalb beeindruckend finden, weil so etwas bei heutigen Eliten eine Ausnahme ist und diese chronisch in Verdacht stehen, eine moralisch doppelte Buchführung zu betreiben. Nicht so Franziskus, der jugendlichen Straftätern im Gefängnis die Füße wäscht, zu Fuß zum Optiker geht, um sich neue Brillengläser (und nicht etwa eine neue Fassung!) machen zu lassen, und bei Staatsbesuchen inmitten überdonnerter schwarzer Riesen-SUVs mit seinem Fiat 500 vorfährt, unbewacht aussteigt und den Menschen die Hände schüttelt. Man muss das als ein ästhetisches Programm verstehen, ohne dass eine andere Welt nicht vorstellbar werden kann.

Und hier ein Franziskus-Zitat: »Eine gerechte Wirtschaft muss die Bedingungen dafür schaffen, dass jeder Mensch eine Kindheit ohne Entbehrungen genießen, während der Jugend seine Talente entfalten, in den Jahren der Aktivität einer rechtlich gesicherten Arbeit nachgehen und im Alter zu einer würdigen Rente gelangen kann. Es ist eine Wirtschaft, in der

Abb. 9: Ästhetisches Programm: Papst beim USA-Besuch

der Mensch im Einklang mit der Natur das gesamte System von Produktion und Distribution so gestaltet, dass die Fähigkeiten und die Bedürfnisse jedes Einzelnen einen angemessenen Rahmen im Gemeinwesen finden.«[16]

Nicht schlecht: Da ist auf den ersten Blick alles drin, worum es geht. Franziskus fängt nicht mit »der Wirtschaft« an, sondern mit einer »gerechten« Wirtschaft, setzt sie also in ein Bedingungsverhältnis: Sie ist Mittel, nicht Zweck. Und zwar Mittel zur Ermöglichung einer »Kindheit ohne Entbehrungen«. Man kann unterstellen, dass Franziskus hier nicht das Entbehren eines iPhones oder eines Klassenausflugs nach Mallorca meint, sondern Entbehrungen in jenem substantiellen Sinn, dass Kindheit von Hunger, Arbeit, Krieg und anderen existentiellen Einschränkungen gekennzeichnet ist. Tatsächlich ist das ein Anspruch, der unmittelbar mit der Moderne und den Menschenrechten verknüpft ist: Jedes Kind soll dieselben Möglichkeiten des Aufwachsens und der Entwicklung von Fähigkeiten, Talenten und Vorlieben haben, unabhängig von Geschlecht und Herkunft. Es soll, mit anderen Worten, ein Selbst werden können, das nicht von Mangel und Angst geprägt ist: ein freier Mensch.

Dieses sich entfaltende Selbst soll in der Jugend, entwicklungspsychologisch in der Phase der größten Offenheit und höchsten Intelligenz, Fähigkeiten erwerben und ausbilden können, um dann in einem rechtlich abgesicherten Rahmen als Erwachsener seinen Lebensunterhalt verdienen zu können und im Alter alimentiert zu werden. Diese beiden letzten Punkte sind sehr konservativ gedacht – wenn in Kindheit und Jugend Potentiale wirklich entfaltet werden können, kommt ja künftig vielleicht etwas mehr heraus als nur Arbeit und dann Versorgung nach der Arbeit.

An dieser Stelle sollten wir Franziskus überholen – zu wenig visionär –, desgleichen, was die Rente angeht. Aber wo er fortfährt, von einer Wirtschaft zu sprechen, »in der der Mensch im Einklang mit der Natur das gesamte System von Produktion und Distribution so gestaltet, dass die Fähigkeiten und die Bedürfnisse jedes Einzelnen einen angemessenen Rahmen im Gemeinwesen finden«, kann man ihm wieder zustimmen, spricht er doch in einem Atemzug von Nachhaltigkeit, Gerechtigkeit und Gemeinwohl und weist der Wirtschaft wiederum eine dienende Funktion zu: ebendiese Trias von Werten materiell zu gewährleisten. Interessant ist Franziskus' Konzentration auf den Einzelnen oder die Einzelne, die in einer gerechten Gesellschaft auf der Basis eines nachhaltigen Naturverhältnisses sich verwirklichen kann.

Ich glaube, es geht ihm dabei um die Ermöglichungsbedingungen der Freiheit, und diese Freiheit kann sich wiederum nur auf das Subjekt beziehen – denn jedem und jeder Einzelnen kommt die Verantwortung zur Freiheit zu, und die ist wiederum essentiell, um die Wirtschaft und das Gemeinwesen so zu gestalten, dass sie genau jene Freiheit gewährleisten können. Das ist ein perfekter Zirkel, der mit jedem dazukommenden Kind seinen Radius erweitert.

Das ist schon mal ein gutes Zukunftsbild, in dem gleich noch ein paar Bausteine enthalten sind, nämlich
- Autonomie,
- Entfaltung persönlicher Möglichkeiten, Fähigkeiten und Bedürfnisse,
- Nachhaltigkeit,
- Gerechtigkeit und
- Gemeinwohl.

Aber selbst der Papst kann in einem Absatz nicht den kompletten Bausatz liefern. Was fehlt? Das Recht, einen *Ort* haben zu dürfen, an dem man selbstverständlich leben und von dem aus man sich *bewegen*, den man auch verlassen kann. Für die Entfaltung der eigenen Fähigkeiten braucht es eigene *Zeit*, ein *Einkommen, Infrastrukturen* und natürlich *Institutionen*, die das Zusammenleben der vielen regeln und die Einzelnen schützen, ihre Rechte gewährleisten unabhängig von Vermögen, Herkunft, Geschlecht, Alter, Religion. Das war und ist das Programm der Aufklärung, das es fortzusetzen gilt, damit Menschen ohne Angst voreinander *Beziehungen* zur Welt und zueinander eingehen können, die das Leben mit *Sinn* erfüllen.

Diese Liste hat eine gewisse Willkür, aber irgendwo muss man ja anfangen.

Lego 2:
Autonomie. Selbst sein können und wollen

> Ich bekreuzige mich
> vor jeder kirche
> ich bezwetschkige mich
> vor jedem obstgarten
>
> wie ich ersteres tue
> weiß jeder katholik
> wie ich letzteres tue
> ich allein
> *Ernst Jandl*

Autonomie ist, so würden die meisten Menschen in modernen Gesellschaften nach einigem Nachdenken sagen, unverzichtbar für ein sinnvolles, selbstbestimmtes Leben. Sie halten Autonomie für erstrebenswert, weil sie Freiheitsspielräume zum Selbst-Denken, Selbst-Entscheiden, ja, zum Selbst-Leben eröffnet. Autonome Menschen können nicht nur Zeichen der Bezwetschkigung erfinden, sondern zum Beispiel selbst entscheiden, welche Ausbildung sie machen, welchen Beruf sie wählen und mit welchem Partner sie ihr Leben oder Teile davon verbringen wollen. Autonomie kann auch die Fähigkeit sein, sich nach eigenen Prinzipien zu verhalten, vor allem dann, wenn dazu Widerstände zu überwinden sind; darin scheint der Grund für unsere Faszination gegenüber Menschen zu liegen, die richtige Entscheidungen einsam, gegen erhebliche Widerstände treffen, wie Georg Elser, die Geschwister Scholl oder Stanislaw Petrow.

Sie wissen nicht, wer Stanislaw Petrow ist? Sollten Sie aber, denn wahrscheinlich verdanken Sie ihm Ihr Leben. Der Oberstleutnant der sowjetischen Armee hat nämlich am 26. September 1983 einen Atomkrieg verhindert. Petrow arbeitete in einem Überwachungszentrum für Satellitenbeobachtung, und in jener Nacht meldete der Computer, dass in Montana eine Atomrakete mit dem Ziel Moskau aufgestiegen sei. Petrows Aufgabe war, diese Information sofort an den Oberbefehlshaber weiterzugeben, der dann wiederum die Aufgabe gehabt hätte, den Gegenschlag auszulösen, was der Auftakt zur nuklearen, wechselseitigen Vernichtung, zum Overkill gewesen wäre. Aber Petrow erschien die Computerinformation nicht plausibel, deshalb zögerte er erst mal. Zwischenzeitlich gab es weitere Computermeldungen über den Aufstieg mehrerer Raketen, aber auch das schien ihm nicht ausreichend. Da Petrow den Daten nicht traute, hat er sie trotz klarer Befehlslage nicht weitergegeben; das Oberkommando wurde nicht informiert, es gab daher keinen Gegenschlag. Was gut war, denn es hatte auch keinen Erstschlag gegeben: Die Ursache für die Computermeldung waren Sonnenreflexe, die die optischen Systeme der Satelliten falsch interpretiert hatten. Mehr Autonomie und Urteilskraft als Petrow kann man nicht haben.

Und hier begegnet man gleich einem Paradox der Autonomie: Autonome sind ja nicht Querulanten, die mit nichts zufrieden sind, oder Gesetzlose, die nur ihren eigenen Regeln folgen. Offenbar sind sie ganz im Gegenteil Menschen, die von der Notwendigkeit des Handelns nach Werten so überzeugt sind, dass sie sie auch um den Preis des eigenen Lebens zu verteidigen bereit sind. Autonomie, heißt das, erfordert einen normativen Rahmen, der weit über das Individuum hinausgeht; aber dieser normative Rahmen ist am Ende nur aufrechtzuerhalten, wenn genügend Individuen in seinem Sinn autonom entscheiden und handeln können – und vor allem dazu auch bereit sind.

Dieses Paradox der Autonomie ist zugleich das Paradox der modernen Gesellschaft. Denn sie setzt ja, als Demokratie, das autonom urteilsfähige Subjekt voraus – andernfalls könnte niemand auch nur sein Kreuzchen auf dem Wahlzettel machen. Genau deshalb ist Menschenbild und Bildungsziel in solchen Gesellschaften immer das freie und nur seinem eigenen Urteil folgende Subjekt. Umgekehrt erlegt jede Gesellschaft, egal ob es sich um eine Stammesgesellschaft mit wenigen Mitgliedern oder einen supranationalen Staatenzusammenschluss wie die EU handelt, ihren Mitgliedern eine Reihe von Verpflichtungen und Beschränkungen auf – also Grenzen, jenseits deren sie gerade nicht autonom handeln können. Diese Grenzen sind juristisch definiert, aber natürlich auch informell festgelegt, in Sitten und Gebräuchen, Anstandsregeln und Traditionen.

Was wir heute unter Autonomie verstehen, hat sich in einem langen historischen Prozess herausgebildet. Dieser Prozess vergrößert einerseits die Spielräume, die Gesellschaften ihren Mitgliedern bieten: Traditionale Gesellschaften in vergangenen Epochen boten in der Regel keine oder nur sehr wenig Alternativen, was Lebensführung, Beruf, die Wahl des Partners oder den Wohnort betraf – der Sohn des Schmieds wurde Schmied; niemand wäre auf die Idee gekommen, dass das anders sein könnte. Heute, in einer hochindividualisierten Gesellschaft, gilt das eher als Ausnahme – die Bildungs- und Karrierewege sind, zumindest in der Theorie, offen und unabhängig von dem, was die Eltern machen. Und auch was das Private angeht, hätten wir in einer von totaler Übersichtlichkeit geprägten traditionalen Gesellschaft kaum die Möglichkeit, ungesehen etwas zu tun; die Moderne hingegen hat das »private Leben« im Gegensatz zur öffentlichen Existenz etabliert, das von außen nicht einsehbar ist. Privatheit ist eine Bedingung von Freiheit; sie droht in digitalen Zeiten in

»smart homes« und »smart cities«, ausspioniert von Alexa, zu verschwinden.

Utopie braucht nicht nur Aufbruchsphantasie, sondern muss auch ihre Feinde kennen.

Der zivilisatorische Prozess erweitert nicht nur sukzessive die objektiven Möglichkeiten für autonomes Handeln, er verändert auch die Erwartung, wie viel Autonomie einem Individuum zusteht. Immanuel Kant hat diese Erwartung zugleich mit der Definition der Aufklärung in eine Aufforderung übersetzt: Habe Mut, dich deines eigenen Verstandes zu bedienen! Aber auch die Idee der aufgeklärten, also vernunftgeleiteten und rechtsstaatlich organisierten Gesellschaft setzt dieser autonomen Bedienung des Verstandes Grenzen – würde sie das nicht tun, wäre sie nicht in der Lage, Freiheit (als gesellschaftlichen Handlungsraum) und Autonomie (als individuellen Handlungsraum) zu gewährleisten. Das heißt aber auch, dass sich mit der gesellschaftlichen Entwicklung – von Stammesgesellschaften, die materielles Überleben unter schwierigen natürlichen Bedingungen organisieren, über hierarchisch gegliederte monarchische Gesellschaften, die Rollen exakt festlegen, bis hin zu den Gesellschaften der Moderne – die jeweils gegebenen Verhältnisse nach innen, in die Psyche und Selbstbilder der einzelnen Menschen übersetzen. Was wir heute für ganz eigene Gefühle, Gedanken und Wünsche halten, wäre einem vormodernen Menschen nie in den Sinn gekommen; es lag außerhalb seiner vorstellbaren Welt und auch seines Selbst.[17]

Mit anderen Worten: Im Prozess der Zivilisation verändern sich nicht nur die Mittel der Naturbeherrschung durch die gesellschaftliche Organisation, sondern auch die Beziehungen der Menschen untereinander und damit ihre Selbstbilder und

Selbstverständnisse. Soziogenese, also gesellschaftliche Entwicklung, und Psychogenese, also die Entwicklung der mentalen Innenwelt, sind zwei Seiten desselben Vorgangs. Darauf hat der Zivilisationstheoretiker und, wie er sich selbst nannte, *Menschenwissenschaftler* Norbert Elias immer wieder hingewiesen. Der autonome Mensch setzt eine Gesellschaft voraus, die autonomes Handeln möglich macht, aber auch erwartet.

Heutige Gesellschaften nennt man »funktional differenziert«; sie sind in eine Unmenge von Teilsystemen untergliedert, die miteinander in Wechselwirkung stehen und in denen Menschen in sehr vielen verschiedenen Rollen auftreten können müssen. Sie müssen in der Lage sein, wechselnde und oft sogar widersprüchliche Rollenanforderungen in Familie, Beruf, Verein, Freundschaftsbeziehungen etc. geschmeidig zu bewältigen. Der Soziologe Erving Goffman hat sein ganzes Werk darauf verwandt, auszubuchstabieren, dass Menschen in modernen Gesellschaften je nach Situation Aufgaben höchst unterschiedlich wahrnehmen, deuten und lösen und dass sie keinerlei Problem damit haben, sich in der einen Rolle von Normen zu distanzieren, denen sie in einer anderen Rolle folgen (»Fragen Sie mich als Politiker oder als Mensch?«). Und er hat die soziale Choreographie dechiffriert, die die Beziehungen, Rollenspiele und Inszenierungen der Akteure regelt. Das heißt, ob man sich dafür entscheidet, autonom zu handeln oder konform, ist in der Regel eine Frage der sozialen Figuration, von der man gerade ein Teil ist, und der Aufgabe, die man in diesem Rahmen zu bewältigen hat.

Das lernen wir alle, wenn wir in solchen Gesellschaften aufwachsen: Gegenüber den Eltern wird ein anderes Verhalten erwartet als gegenüber der Lehrerin als gegenüber den Mitschülerinnen als gegenüber den Sportkameraden. Das geschmeidige Wechseln von einer Rolle mit einem festgelegten Erwartungs- und Verhaltensrepertoire in eine nächste wird ebenso eingeübt wie der subjektive Gleichmut gegenüber Widersprüchen, die zwischen den jeweiligen Rollenanforderungen auftreten – weshalb ein Vollzugsbeamter die Härte, die er einem Häftling gegenüber zeigt, in seinem Gesangsverein nie an den Tag legen würde. Und umgekehrt wird er mit dem Häftling nicht singen.

Es ist also, wenn es nicht gerade um Psychopathen geht, Unsinn, das Handeln eines Menschen auf ein persönliches Motiv zurückzuführen, das situationsunabhängig wirksam würde. Und moderne Gesellschaften können umgekehrt mit Normpathologen nichts anfangen. Jemand, der situationsunabhängig wechselnde Anforderungen mit der immer gleichen Antwort versieht, landet in modernen Gesellschaften in der Psychiatrie. Im normalen Alltagsleben kann er nicht bestehen. Hier ist der flexible Mensch gefragt. Der dann mühelos zugleich über den Klimawandel besorgt sein und eine Kreuzfahrt buchen kann.

Die Fähigkeit zum Rollenwechsel liegt natürlich nicht nur auf der Seite der Individuen. Wenn rapider gesellschaftlicher Wandel – Krieg, Katastrophen, Revolten – geschieht, verändern sich auch die Rollenanforderungen. Unter den Normalbedingungen des zivilen Alltags ist Gewalt verpönt und die kriminelle Ausnahme, weshalb sich die Mehrheit in diesem Referenzrahmen konform, also friedlich und gewaltabstinent verhält. Unter Bedingungen von Krieg und Gewaltherrschaft verschiebt sich der Referenzrahmen – hier wird Gewalthandeln unter Gruppenbedingungen zum konformen Verhalten, die Weigerung zu töten wird zum abweichenden Verhalten. Beispiele wie diese verdeutlichen, dass wir meistens fehlgehen, wenn wir das Handeln von Menschen mit deren individuellen Motiven und persönlichen Eigenschaften erklären. Es folgt viel eher den situativen und sozialen Rahmenbedingungen – es gibt mehr Situationen, die ihre Menschen finden, hat Erving Goffman mal gesagt, als Menschen, die ihre Situationen finden.

Das alles bedeutet für unsere Gesellschaftsutopie: Wenn der kulturelle Rahmen zum Beispiel individuelles soziales Engagement, Altruismus und sorgsamen Umgang mit Ressourcen nahelegt, wäre die heute präferierte Fähigkeit zum Konkurrieren, Überbieten, Ausstechen sozial unerwünscht. Auch die Vorstellung, dass individuelle Nutzenmaximierung erstrebenswert ist, würde innerhalb eines solchen kulturellen Rahmens als seltsam erscheinen, während in der Gegenwart asoziales Verhalten (»Sie stehen im Wettbewerb!«) als sozial erwünscht gilt.

Innerhalb solcher Rahmensetzungen gibt es dann auch kein attraktives Rollenmodell ab, »öko« zu sein. Dabei wären gerade solche Rollenmodelle wichtig. Wenn Fußballstars nur wenige Minuten arbeiten müssen, um sich einen Lamborghini oder einen Bentley-SUV zu kaufen, und das auch tatsächlich tun, liefern sie genau die Rollenmodelle der Verschwendung, die wir weder in der Gegenwart noch in der Zukunft gebrauchen können. Wir brauchen Fußballstars (und andere Stars), die – gerade als berufliche Kosmopoliten – globale Gerechtigkeit und weltfreundliche Lebensstile verkörpern.

Aber bis heute ist es nicht gelungen, der Ästhetik des Konsums eine andere, attraktivere entgegenzusetzen. Zum Beispiel eine Ästhetik des zwanglos Gemeinsamen, des guten Zusammenlebens, einer sozialen Welt, die sich so angenehm anfühlt, dass nicht unablässig emotionale Defizite mit Konsum kompensiert werden müssen. Ein Traum? Nur wenn man die individualisierte Wettbewerbsgesellschaft mit dem Menschsein an sich verwechselt.

Denn Menschen sind soziale Wesen. Die menschliche Lebensform basiert auf Zusammensein mit anderen, auf Kooperation, auf sozialem Lernen. Menschen sind, weil sie als

Kinder zusammen mit Erwachsenen aufwachsen und ohne dieses Zusammensein nicht überlebensfähig sind, soziale Wesen, *bevor* sie zu Individuen werden.

Das Soziale ist der primäre, vorbewusste Referenzrahmen menschlichen Wahrnehmens, Deutens und Handelns, das Individuum kommt später. Deshalb hat Norbert Elias spöttisch über Philosophen gesagt, die sich mit »Alterität«, also der Bezogenheit von Menschen zueinander beschäftigen: Philosophen stellen sich Menschen als Erwachsene vor, die niemals Kinder waren. Der Soziologe Hans-Paul Bahrdt hat denselben Sachverhalt so formuliert: »Man muss sich freilich davor hüten, sich den Menschen als ein Wesen vorzustellen, das primär eine rollenlose potentiell autonome Persönlichkeit ist und dann sekundär soziale Rollen übernimmt (bzw. übernehmen muss) und damit seine Autonomie wieder einbüßt. … In Wirklichkeit ist der Mensch ein soziales Wesen. Und ein erheblicher Teil seiner Sozialität konkretisiert sich in sozialen Rollen. … Nicht ein isoliertes Subjekt lernt, wie es sich sozial zu verhalten hat. Sondern indem es immer schon in sozialen Bezügen steht, lernt es, mit diesen fertig zu werden und soziale Beziehungen aufzubauen.«[18]

Wir können also nur sozial sein, wenn wir den Raum zur Freiheit haben; Autonomie gestattet es uns, diesen Raum zur Freiheit persönlich zu gestalten. Deshalb spielt in der Gebrauchsanweisung für die Gesellschaft für freie Menschen die Autonomie so eine wichtige Rolle. Ohne eine gesellschaftliche Organisation, die Räume zur Freiheit garantiert, hat Autonomie keine Chance. Und vor allem: hätten freie Menschen keine Chance. Eine Gesellschaft wie die chinesische, die mit einer autokratischen Führung und einem allumfassenden *social credit system* die totale Herrschaft und Verfügung über Menschen etabliert, ist das absolute Gegenmodell zu der Gesellschaftsutopie für freie Menschen, die ich hier zu entwerfen versuche. Dort ist der gesellschaftliche Referenzrahmen so ausgelegt, dass kein Raum für individuelles Urteilen und Entscheiden bleibt, was übrigens mit »Harmonie« überschrieben ist. Die freie Gesellschaft dagegen lebt mit Disharmonien, ja, sie setzt sie sogar voraus, um sich weiterentwickeln zu können.

Lego 3:
Fähigkeiten, persönliche Möglichkeiten
und Bedürfnisse

In der »Deutschen Ideologie« hat Karl Marx festgehalten, dass »die erste Voraussetzung aller menschlichen Existenz (ist), daß die Menschen imstande sein müssen zu leben, um ›Geschichte machen‹ zu können. Zum Leben aber gehört vor Allem Essen und Trinken, Wohnung, Kleidung und noch einiges Andere. Die erste geschichtliche Tat ist also die Erzeugung der Mittel zur Befriedigung dieser Bedürfnisse, die Produktion des materiellen Lebens selbst, und zwar ist dies eine geschichtliche Tat, eine Grundbedingung aller Geschichte, die noch heute, wie vor Jahrtausenden, täglich und stündlich erfüllt werden muß, um die Menschen nur am Leben zu erhalten.« Recht hat er, wie fast immer, der Marx: Auch Autonomie braucht zunächst die basalen materiellen Voraussetzungen zum Leben, Essen und Trinken, Luft zum Atmen, Schutz. Ohne einen Stoffwechsel, der das sicherstellt, gibt es auch keine Urteilsfähigkeit, Autonomie und Freiheit. Bekanntlich kommt erst das Fressen, dann die Moral.

Die Fähigkeit, »Geschichte machen« zu können, also Kulturtechniken zu entwickeln, die über die schiere Überlebenssicherung hinaus andere Bedürfnisse erst entstehen lassen, braucht unausweichlich eine materielle Basis. Und die ist im

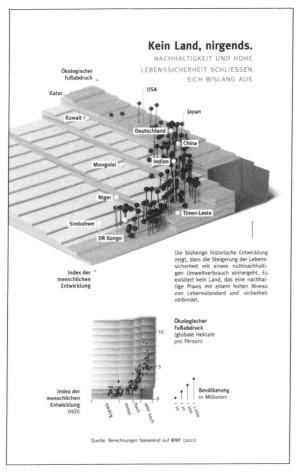

Abb. 10: *Die Graphik zeigt, dass es einerseits viele Länder gibt, die einen geringen ökologischen Fußabdruck aufweisen, aber nur eine sehr schlechte Lebenssicherheit gewährleisten. Umgekehrt haben die Länder mit einer hohen Lebenssicherheit eine extrem schlechte Umweltbilanz. Das gelobte Land, in dem beides erreicht ist, gibt es nicht, wo es sein müsste, klafft nur ein Loch. Das ist die eigentliche Utopie: eine nachhaltige Wirtschaftsweise und eine hohe Lebenssicherheit gleichermaßen zu gewährleisten.*

Lauf der Menschheitsgeschichte für relativ immer mehr Menschen gewährleistet worden; Hunger ist heute die Ausnahme, zu Marx' Zeiten war er die konkrete Erfahrung der Mehrheit. Allerdings ist die schiere Not des Überlebens für viele Menschen immer noch nicht abgeschafft, in absoluter Zahl: Für etwa eine Milliarde Bewohnerinnen und Bewohner der Erde ist Lebenssicherheit nicht gegeben. Damit wäre man bei einer minimalen Voraussetzung für das Gelingen einer nächsten Moderne:

Sie muss danach streben, ein menschenwürdiges Leben für alle zu gewährleisten.

Politisch bedeutet das eine Selbst-Deprivilegierung der reichen Länder. Reichtum der einen basiert dann nicht mehr auf der Armut der anderen; die historisch gewachsenen Organisationsvorteile der reichen Länder führen nicht mehr zu einer immer weiteren Fortschreibung und Verfestigung von Organisationsvorteilen, sondern zur Angleichung von Lebenschancen.

Wir im reichen Westen leben nicht über unsere Verhältnisse, hat Stephan Lessenich dazu gesagt und ein Buch über unsere »Externalisierungsgesellschaft« geschrieben, sondern über die Verhältnisse der anderen. Beispiele dafür füllen Bibliotheken – von den Sweatshops, in denen »unsere« Jeans genäht werden, über die Gifthalden, auf denen »unser« Elektroschrott ausgeweidet und verbrannt wird, bis hin zu den geraubten Landflächen, auf denen Soja für »unsere« Steaks oder »unseren« Lachs angebaut wird, weshalb die indigene Bevölkerung bedauerlicherweise gehen musste, in die Slums der Megacitys oder in nicht seetüchtige Flüchtlingsboote.

Das alles geht deswegen nicht, weil der Anspruch der Aufklärung, der Moderne und der Menschenrechte universell ist und nicht nur für einen Teil der Menschheit gelten kann. Punkt. Bevor man also über die Bewahrung von Demokratie und Freiheit und ein anderes Naturverhältnis nachdenken kann, auf das diese bauen, muss man über die Sicherung menschenwürdiger Lebensverhältnisse *für alle* nachdenken. Da damit nicht gemeint sein kann, dass alle Menschen zwei Smartphones, 73 Quadratmeter Wohnfläche und das Recht auf eine Kreuzfahrt pro Jahr haben sollen, sind wir mit der Notwendigkeit der Umverteilung konfrontiert, also einem klassisch linken Thema. Wir haben aber heute eine andere Situation als die klassische Linke in der Nachfolge von Karl Marx, weil die reichen Länder sich in Überflussgesellschaften verwandelt haben, die auf ihre Weise nicht den Bedürfnissen gerecht werden, die Menschen für sich selbst formulieren würden – wenn sie denn die Chance dazu bekämen. Man kann in solchen Gesellschaften abbauen, um die Lebensqualität zu erhöhen.

Wenn heute global mehr Menschen an Fettleibigkeit leiden als an Unterernährung, zeigt das, dass die Hyperkonsumgesellschaften durchaus neuen Mangel erzeugen, auch wenn der eben nicht materieller Natur ist. Aber offenbar folgen Menschen in solchen Gesellschaften Bedürfnissen, die für sie nicht gut sind, marxistisch gesprochen: entfremdeten Bedürfnissen.

Entfremdete Bedürfnisse sind leider eine echt schwierige Kategorie, denn welcher Betrachterstandpunkt ließe die Bewertung zu, ob jemand, der Supersize-Burger isst, mit seinem Supersize-Auto nicht ins Parkhaus kommt und von all dem einen Supersize-Body hat, von seinen Bedürfnissen entfremdet ist? »Protect me from what I want« hat die Konzeptkünstlerin Jenny Holzer schon 1986 eine Arbeit genannt, die exakt das Problem benennt: Denn auch objektiv Falsches kann man subjektiv ja ganz intensiv wollen, und es ist schwer, sich das ausreden zu lassen. Oder anders: Welcher Instanz würde ich zubilligen, mir das ausreden zu lassen, was ich will? Und noch einmal anders: Wieso wären Bedürfnisse, die zu früheren Zeiten einfach nicht zu realisieren gewesen sind, schon entfremdet, nur weil sie sich in der Gegenwart befriedigen lassen? War doch eine Super-Utopie, das Schlaraffenland. Und das ist plötzlich nicht mehr gut, nur weil wir schon in ihm leben?

An dieser Stelle kommt mal die Wissenschaft zu Hilfe: Die Befriedigung eines Bedürfnisses macht ja, sofern es sich nicht auf die Sicherung des Überlebens richtet, nur dann Sinn, wenn dadurch das Wohlbefinden, allgemeiner gesagt: das Glück gesteigert wird. Und die internationale vergleichende Glücksforschung teilt uns mit jeder weiteren ihrer Untersuchungen aufs Neue mit, dass das Empfinden von Glück ab einem bestimmten materiellen Niveau leider nun mal nicht weiter anwächst. Dieses Niveau liegt in reichen Ländern höher als in armen, wo genau, ist nicht ganz sicher. Eine international vergleichende Studie nennt 60000 bis 70000 Dollar Familieneinkommen als den »Sättigungspunkt«,[19] der Schweizer Ökonom Mathias Binswanger sagt, dass unter einem Pro-Kopf-Jahreseinkommen von 20000 Dollar mehr Geld glücklicher macht, oberhalb dieses Wertes nicht.[20] Man sollte dazu auch mal bei Melania Trump nachfragen.

Also: Das Verhältnis von Einkommen und Glück kennt Sättigungspunkte. Glück ist nicht abhängig von immer mehr Kaufkraft, Coca-Cola und Shopping-Centern, eher von Haustieren, Gesundheit und persönlichen Beziehungen, um nur mal willkürliche Beispiele zu nehmen. Wir leben in der Externalisierungsgesellschaft aber in einem Referenzrahmen, der eine enge, geradezu unauflösliche Verbindung von Glück und Konsum behauptet und uns dies so erfolgreich einmassiert hat, dass man bequemerweise auch zu glauben bereit ist, dass diese Verbindung tatsächlich besteht.

Zur Widerlegung dieses Glaubens ziehe ich Zoe (15)

aus Kempen heran, die, wie ich der »BILD«-Zeitung vom 9.10.2017 entnommen habe, ein »Böses Erwachen nach Traum-Kreuzfahrt« erleben musste. Zoe schiffte sich zusammen mit ihrer besten Freundin auf der »AIDA Perla« ein. Und kaum auf dem Schiff whatsappte und chattete sie wie blöd, was ihr – satellitengestütztes Bordnetz! – am Ende eine smarte Rechnung von 1852,65 Euro eintrug, die Zoe natürlich nicht bezahlen konnte. Ein Fall für »BILD kämpft für sie!«. Nach Intervention dieses Mediums wurde Zoe von AIDA begnadigt – nur 59,50 Euro musste sie bezahlen und hat jetzt gleich wieder Geld für die nächste Reise übrig.

Das eigentlich Interessante an dieser Geschichte ist, dass Zoe so lange das Gefühl hatte, eine »Traumkreuzfahrt« gemacht zu haben, bis dieses Gefühl durch eine Rechnung entwertet wurde. Vorher war ja alles toll, was sie durch unablässiges Chatten und Posten auch zum Ausdruck gebracht hatte. Dass sie am Ende aber feststellen musste, bei all dem »über ihre Verhältnisse« gelebt zu haben, und zwar ganz buchstäblich, hat ihr den Spaß retroaktiv ordentlich vermiest. Und wenn »BILD« nicht für Zoe gekämpft hätte, wäre ihr die Reise als Desaster in Erinnerung geblieben und eben gerade nicht als gelungene Befriedigung eines Bedürfnisses. Die Sache hätte sich nicht ausgezahlt.

Eigentlich ist Zoes Geschichte sinnbildlich für uns alle, die wir in Überflussgesellschaften leben: Solange alles glattläuft, die Geschäftsgrundlage unserer Komfortexistenz also unsichtbar bleibt, erleben wir alles als ganz toll. Wenn plötzlich eine Rechnung präsentiert wird, mit der wir *nicht gerechnet* haben, wird das Erlebnis blitzartig entwertet. Welche Mitteilung lag denn 2015 in dem zahlreichen Auftauchen von Flüchtlingen, nicht nur vor den Aufnahmestellen, nicht nur in den Unterkünften, sondern eben auch an den Bahnhöfen, auf der Straße, in den öffentlichen Verkehrsmitteln? Was teilte die Sichtbarkeit von Menschen mit, die offenbar gerade Schlimmes durchgemacht hatten, »nichts haben«, fremd sind, hilf- und mittellos? Die Mitteilung war ganz einfach. Sie lautete: *Es gibt uns*. Zuvor hatte man sich als routinierter Externalisierungsgesellschaftsbewohner jahrzehntelang mit einer Sichtweise gut gefühlt, in der es jede Menge Probleme, jede Menge arme, geknechtete, ausgebeutete Menschen »da draußen« gab, in der »Dritten Welt«, in der korrupte Regierungen, *failed states*, brutale Milizen, skrupellose Diktatoren herrschen und zu »unhaltbaren Zuständen« führen.

Aufrecht und tapfer versuchte man solche Zustände »da draußen« durch Besorgnis, Einforderung von Bekenntnissen zu Menschenrechten beispielsweise durch arabische Despoten und durch kleine Spenden an Amnesty International zu bekämpfen, mit psychologisch gutem Erfolg. Man selbst musste jedenfalls keinen allzu direkten Zusammenhang zwischen dem eigenen Wohlstand und den desolaten Verhältnissen »da draußen« herstellen, auch wenn hartnäckige Dokumentarfilmer einem haarklein darlegten, was der Zusammenhang zwischen Rohstoffbörsen und Hunger oder zwischen dem Krieg im Kongo und den seltenen Erden ist, die für unsere Smartphones gebraucht werden. Wie sagte neulich eine Figur in einer Satiresendung: »Komm mir nicht mit Menschenrechten! Wenn die Chinesen Menschenrechte hätten, hätten wir keine Smartphones!«

Mit ein bisschen Satire, Scham und Empörung lässt sich solches Wissen – ganz ähnlich übrigens wie beim Klimawandel oder bei der Massentierhaltung – in Partygesprächsformate übersetzen; Bewusstsein hilft ja dabei, Probleme auf Distanz zu halten, nicht umgekehrt![21] Wenn nun aber diese Leute nicht mehr in der »Dritten Welt« und außer Sicht, sondern ganz körperlich handfest und unignorierbar »hier« sind, dann teilt das einfach mit, dass ihre ganz offensichtlichen Probleme irgendetwas mit uns zu tun haben. Sie rücken uns auf den Leib, weshalb vor allem die Politiker, die ja, bis auf wenige Ausnahmen, die gewieftesten Agenten gesellschaftlicher Lebenslügen sind, sehr schnell damit anfingen, die Flüchtlinge als übermächtiges Problem zu definieren, das es mit aller Macht zu bekämpfen gelte.

So wie Zoes Rechnung eine Wahrheit über Zoes Reise aussprach, die ihr im Nachhinein alles entwertete, so sprechen die Flüchtlinge eine Wahrheit über unser Weltverhältnis aus, die es entwertet. Und bevor man sich davon die eigene Existenz vermiesen und die Komfortzone unangenehm werden lässt, erfindet man plötzlich tausend neue kleine Geschichten, über ungezügelte Männlichkeit, bedrohte weiße Frauen, vorgeschobene Fluchtgründe, Asylbetrug und dazu eine große, altbekannte, über die Bedrohung des Abendlandes durch osmanische, islamische, muselmanische Horden. Und wenn man sich sein schönes Leben nicht stören lassen will, dann muss man folgerichtig: den Grenzschutz ausbauen, Europa zur Festung machen und – »Fluchtursachen bekämpfen« (was *der* Sarkasmus des noch jungen Jahrhunderts ist).

Die Wahrheit ist wie immer einfach: Hier stehen ganz offensichtlich Bedürfnisse der einen gegen Bedürfnisse der anderen, und die Überlebensbedürfnisse der einen scheinen die Komfortbedürfnisse der anderen zu bedrohen. Das reicht schon für die Aktivierung von Gegenmenschlichkeit.

Hier ist ein eklatantes Versäumnis des zivilisatorischen Projekts der modernen Gesellschaften zu sehen: Sie haben sich ihrem eigenen Universalismus nicht verpflichtet gefühlt, weil das Umverteilung bedeutet hätte. Sie haben stattdessen lieber in Lebenslügen investiert, aber auch die haben irgendwann mal kurze Beine, spätestens wenn die anderen vor der Tür stehen. Weiterbauen am zivilisatorischen Projekt: Das hätte bedeutet, gerade auch im Sinn der Allgemeinen Erklärung der

Menschenrechte, die kapitalistische Wirtschaft so zu modernisieren, dass sie nicht unterschiedliche Standards in unterschiedlichen Gesellschaften nutzt, um dort billig für hier zu produzieren, sondern in ihr Menschenrechtsstandards nicht nur ethisch und – in Ansätzen – juristisch eingefordert, sondern auch ökonomisch hergestellt werden können.

Mit anderen Worten: Die Moderne ist erst modern, wenn T-Shirts nicht in asiatischen Sweatshops produziert werden, wo die Menschen als Wochenlohn bekommen, wofür die anderen, die an einer anderen Stelle der Welt eines dieser T-Shirts für fünf Euro kaufen, keine Stunde arbeiten würden. Ein aufgeklärter Kapitalismus hätte für gleiche Lebenschancen überall auf der Welt zu sorgen, womit automatisch eine ökologische Modernisierung mitgedacht ist: Denn weder die Entsorgung von deutschem Wohlstandsschrott in Ghana noch der Landraub in Südamerika noch das Geschäftsmodell von Monsanto wären in einer globalen Marktwirtschaft möglich, die an die Einhaltung der Menschenrechte gebunden ist. Das ist eigentlich sehr einfach.

Wenn die grundlegenden Bedürfnisse *aller* Menschen befriedigt sind, kann man erst beginnen, sinnvoll über weitere Bedürfnisse zu diskutieren, also: neue Geschichte machen. Und dann ginge es in der Tat um die Frage, ob ein immer noch ansteigendes Wirtschaftswachstum Glück und Wohlbefinden erhöht oder vermindert. Aus der Sicht der Glücksforschung scheint diese Frage, wie gesagt, einigermaßen geklärt; mehr als 2000 Dollar im Monat braucht es nicht, um glücklich zu sein. Aber Wohlbefinden und Glück sind ja keine materiellen Kategorien: Daher kommt es vor allem darauf an, sicherzustellen, dass man an seine 2000 Dollar auch auf angenehme, unentfremdete, ungeknechtete Art und Weise kommen kann. Was wiederum in der alten Utopie von Marx aus dem gleichen Text so formuliert ist, dass man in einer freien

Gesellschaft keinen »ausschließlichen Kreis der Tätigkeit hat, sondern sich in jedem beliebigen Zweige ausbilden kann, die Gesellschaft die allgemeine Produktion regelt und mir eben dadurch möglich macht, heute dies, morgen jenes zu tun, morgens zu jagen, nachmittags zu fischen, abends Viehzucht zu treiben, nach dem Essen zu kritisieren, wie ich gerade Lust habe, ohne je Jäger, Fischer, Hirt oder Kritiker zu werden«. Ins Heutige übersetzt bedeutet das, nicht mehr auf die lebenslange Erfüllung der beschränkten Aufgaben in einem Segment moderner Arbeitsteilung festgelegt zu bleiben, ob man diese Aufgaben nun mag oder nicht, sondern frei in der jeweiligen Wahl seiner Tätigkeit zu sein. Man könnte auch sagen: autonom.

Marx' Utopie, das war – im zitierten Text sogar ausdrücklich – die »kommunistische Gesellschaft«, eine Utopie, die den Menschen leider nicht viel Glück gebracht hat. Auch Marx' Gedanke, dass die Entfaltung der Produktivkräfte die Klassengegensätze mit so viel Sprengkraft versieht, dass schließlich die Kapitalistenklasse hinweggefegt wird und die Arbeiterklasse sich zum historischen Subjekt aufschwingt, war nix. Die Realgeschichte hat nichts davon eingelöst; dafür hat Geschichte zu viel Trägheit und haben die Menschen zu viel Eigensinn. Tatsächlich hat die weitere Entwicklung nicht nur dazu geführt, dass die Arbeiterklasse ihren Frieden mit dem Kapitalismus geschlossen hat, sondern auch zur Entstehung einer globalen Oberschicht, zu der eben auch die Ärmeren in den reichen Ländern zählen. Während das Durchschnittsvermögen eines erwachsenen Schweizers 2017 bei 537 000 Dollar lag, betrug es in Malawi 114 Dollar. Bei der Interpretation solcher Zahlen muss man berücksichtigen, dass die untere Hälfte der Weltbevölkerung weniger als ein Prozent des Gesamtvermögens besitzt; mit 3583 Dollar Vermögen zählt man bereits zur reicheren Hälfte. Und der vielleicht spektakulärste

Ungleichheitswert liegt darin, dass das reichste Prozent der Weltbevölkerung über die Hälfte des Weltvermögens – das sind 280 Billionen Dollar – verfügt.[22]

Mit so einer Gemengelage konnte Marx nicht rechnen, aber genau das macht Slogans wie jenen von den 99 Prozent, zu denen man zähle, so ideologisch. Die Bürgerkinder von Occupy sollten genau nachrechnen, ob sie nicht womöglich doch zu jenen Reichen zählen, die sie eigentlich bekämpfen. Aber das ist eh Schnee von gestern und war in seiner Selbstbezüglichkeit eigentlich gar kein Protest, sondern Theater. Daher hat Occupy auch nichts, absolut gar nichts bewirkt.

Aber vielleicht stellt sich die Sache mit Marx' Produktivkräften heute, in Zeiten der Digitalisierung, ohnehin noch einmal ganz anders dar und liefert ein gesellschaftliches Momentum, mit dem weder die klassische Kapitalismuskritik noch die Hohepriester aus dem Silicon Valley gerechnet haben. Denn der Automatisierungsschub, den die Digitalisierung mit sich bringt, rückt uns das Reich der Freiheit ja zumindest insoweit näher, als die Scheißarbeit aussterben und eine deutliche Verringerung der Wochenarbeitszeit Wirklichkeit werden kann. Damit wird zugleich die Frage der Verteilung der Arbeit und vor allem der Nichtarbeit virulent, und eine ganz realistische Perspektive der Besteuerung von Produktivität erscheint am Horizont – und mit ihr das Ende der klassischen Arbeitsgesellschaft, der dummen Leistungs- und Wettbewerbsgesellschaft und der anachronistisch gewordenen Besteuerung von Arbeit. Und dies sind wichtige Elemente des Weiterbauens am zivilisatorischen Projekt der Moderne.

Lego 4:
Warum eigentlich immer arbeiten?

> Spätabends saß ein einzelner Mann in dem Ladenbüro, sein riesiger Apple-Monitor die einzige Lichtquelle, und plötzlich war ich mir sicher, dass dieses Bild in hundert Jahren einmal genauso stellvertretend für die Sphäre der »Arbeit« stehen würde wie heute die Schwarz-Weiß-Aufnahme eines schmutzigen Bergmanns vor dem Förderkorb seiner Grube.
> *Andreas Bernard*

Eines der am häufigsten gebrauchten Argumente für die Digitalisierung ist, dass sie uns Arbeit abnimmt. Aber leider ist einer der am häufigsten auftretenden Effekte der Digitalisierung, dass wir mehr arbeiten müssen. Das liegt nicht nur an der Vervielfältigung und Redundanz digitaler Kommunikation, die permanent mehr Aufwand produziert, es liegt auch an der Eleganz, mit der sich Arbeit auf die Verbraucher übertragen lässt. Das ist freilich keine Erfindung der Digitalwirtschaft, das gab es schon vorher. Die größte Eingebung des IKEA-Gründers Ingvar Kamprad war es ja, die Kunden Transport und Zusammenbau der gekauften und bezahlten Möbel selbst erledigen zu lassen und dafür exakt nicht damit zu werben, dass das Kosten spart, sondern Tom-Sawyer-mäßig den Kunden einzureden, dass das besonders kreativ sei und furchtbar viel Spaß mache.

Der Plattformkapitalismus ist von Tom Sawyer erfunden worden

»Der Sonnabend Morgen tagte, die ganze sommerliche Welt draußen war sonnig und klar, sprudelnd von Leben und Bewegung. In jedem Herzen schien's zu klingen und zu singen, und wenn das Herz jung war, trat der Klang unversehens auf die Lippen. Freude und Lust malte sich in jedem Antlitz, jeder Schritt war beflügelt. Die Akazien blühten und erfüllten mit ihrem köstlichen Duft rings alle Lüfte.

Tom erschien auf der Bildfläche mit einem Eimer voll Tünche und einem langstieligen Pinsel. Er stand vor dem Zaun, besah sich das zukünftige Feld seiner Tätigkeit und es war ihm, als schwände mit einem Schlage alle Freude aus der Natur. Eine tiefe Schwermut bemächtigte sich seines ahnungsvollen Geistes. Dreißig Meter lang und neun Fuß hoch war der unglückliche Zaun! Das Leben schien ihm öde, das Dasein eine Last. Seufzend tauchte er den Pinsel ein und fuhr damit über die oberste Planke, wiederholte das Manöver einmal und noch einmal. Dann verglich er die unbedeutende übertünchte Strecke mit der Riesenausdehnung des noch ungetünchten Zaunes und ließ sich entmutigt auf ein paar knorrigen Baumwurzeln nieder. (…)

Ihm fiel all das Schöne ein, das er für diesen Tag geplant, und sein Kummer wuchs immer mehr. Bald würden sie vorüber schwärmen, die glücklichen Jungen, die heute frei waren, auf die Berge, in den Wald, zum Fluß, überall hin, wo's schön und herrlich war. Und wie würden sie ihn höhnen und auslachen und verspotten, daß er dableiben und arbeiten mußte, – schon der Gedanke allein brannte ihn wie Feuer. (…) In diesem dunkeln, hoffnungslosen Moment kam ihm eine Eingebung! Eine große, eine herrliche Eingebung! Er nahm seinen Pinsel wieder auf und machte sich still und emsig an die Arbeit. Da tauchte Ben Rogers in der Entfernung auf, Ben Rogers, dessen Spott er von allen gerade am meisten gefürchtet hatte. Bens Gang, als er so daherkam, war ein springender, hüpfender kurzer Trab, Beweis genug, daß sein Herz leicht und seine Erwartungen hochgespannt waren. Er biß lustig in einen Apfel und ließ dazu in kurzen Zwischenpausen ein langes, melodisches Geheul ertönen, dem allemal ein tiefes gezogenes ding-dong-dang, ding-dong-dang folgte. Er stellte nämlich einen Dampffer vor. Als er sich Tom näherte, gab er Halbdampf, hielt sich in der Mitte der Straße, wandte sich stark nach Steuerbord und glitt drauf in stolzem Bogen dem Ufer zu, mit allem Aufwand von Pomp und Umständlichkeit, denn er stellte nichts Geringeres vor als den »Großen Missouri« mit neun Fuß Tiefgang. Er war Schiff, Kapitän, Mannschaft, Dampfmaschine, Glocke, alles in allem, stand also auf seiner eigenen Schiffsbrücke, erteilte Befehle und führte sie aus.

»Halt, stoppen! Klinge-linge-ling.« Der Hauptweg war zu Ende und der Dampfer wandte sich langsam dem Seitenweg zu. »Wenden! Klingelingeling!« Steif ließ er die Arme an den Seiten niederfallen. »Wenden, Steuerbord! Klingelingeling! Tschu! tsch - tschu - u - tschu!«

Nun beschrieb der rechte Arm große Kreise, denn er stellte ein vierzig Fuß großes Rad vor. »Zurück, Backbord! Klingelingeling! Tschu-tsch-tschu-u-sch!« Der linke Arm begann nun Kreise zu beschreiben. »Steuerbord stoppen! Lustig, Jungens! Anker auf - nieder! Klingeling! Tsch-tschuu-tschtu! Los! Maschine stoppen! He, Sie da! Scht-sch-tscht!« (Ausströmen des Dampfes.)

Tom tünchte währenddessen und ließ den Dampfer Dampfer sein, Ben starrte ihn einen Augenblick an und grinste dann:

»Hi-hi! Festgenagelt - äh?«

Keine Antwort, Tom schien seinen letzten Strich mit dem Auge eines Künstlers zu prüfen, dann fuhr er zart mit dem Pinsel noch einmal drüber und übersah das Resultat in derselben kritischen Weise wie zuvor. Ben marschierte nun neben ihm auf. Toms Mund wässerte nach dem Apfel, er hielt sich aber tapfer an die Arbeit. Sagt Ben:

»Hallo, alter Junge, Strafarbeit, ja?«

»Ach, du bist's, Ben, ich hab' gar nicht aufgepaßt!«

»Hör du, ich geh schwimmen, willst du vielleicht mit? Aber gelt, du arbeitst lieber, natürlich, du bleibst viel lieber da, gelt?«

Tom maß ihn erstaunt von oben bis unten.

»Was nennst du eigentlich arbeiten?«

»W-was? Ist das keine Arbeit?«

Tom tauchte seinen Pinsel wieder ein und bemerkte gleichgültig:

»Vielleicht – vielleicht auch nicht! Ich weiß nur soviel, daß das dem Tom Sawyer paßt.«

»Na, du willst mir doch nicht weismachen, daß du's zum Vergnügen tust?« Der Pinsel strich und strich.

»Zum Vergnügen? Na, seh' nicht ein, warum nicht. Kann unsereiner denn alle Tag 'nen Zaun anstreichen?«

Das warf nun ein neues Licht auf die Sache. Ben überlegte und knupperte an seinem Apfel. Tom fuhr sachte mit seinem Pinsel hin und her, trat dann zurück, um die Wirkung zu prüfen, besserte hier und da noch etwas nach, prüfte wieder, alles ohne sich im geringsten um Ben zu kümmern. Dieser verfolgte jede Bewegung, eifriger und eifriger mit steigendem Interesse. Sagt er plötzlich:

»Du, Tom, laß mich ein bißchen streichen!«

Tom überlegte, schien nachgeben zu wollen, gab aber diese Absicht wieder auf: »Nein, nein, das würde nicht gehen, Ben, wahrhaftig nicht. Weißt du, Tante Polly nimmt's besonders genau mit diesem Zaun, so dicht bei der Straße, siehst du. Ja, wenn's irgendwo dahinten wär', da läg nichts dran, – mir nicht und ihr nicht – so aber! Ja, sie nimmt's ganz ungeheuer genau mit diesem Zaun, der muß ganz besonders vorsichtig gestrichen werden, – einer von hundert Jungen vielleicht, oder noch weniger, kann's so machen, wie's gemacht werden muß.«

»Nein, wirklich? Na, komm, Tom, laß mich's probieren, nur ein ganz klein bißchen. Ich ließ dich auch dran, Tom, wenn ich's zu tun hätte!«

»Ben, wahrhaftig, ich tät's ja gern, aber Tante Polly – Jim hat's tun wollen und Sid, aber die haben's beide nicht gedurft. Siehst du nicht, wie ich in der Klemme stecke? Wenn du nun anstreichst und 's passiert was und der Zaun ist verdorben, dann –«

»Ach, Unsinn, ich will's schon rechtmachen. Na, gib her, – wart', du kriegst auch den Rest von meinem Apfel; 's ist freilich nur noch der Butzen, aber etwas Fleisch sitzt doch noch drum.«

»Na, denn los! Nein, Ben, doch nicht, ich hab' Angst, du –«

»Da hast du noch 'nen ganzen Apfel dazu!« Tom gab nun den Pinsel ab. Widerstreben im Antlitz, Freude im Herzen. Und während der frühere Dampfer »Großer Missouri« im Schweiße seines Angesichts drauflos strich, saß der zurückgetretene Künstler auf einem Fäßchen im Schatten dicht dabei, baumelte mit den Beinen, verschlang seinen Apfel und brütete über dem Gedanken, wie er noch mehr Opfer in sein Netz zöge. An Material dazu war kein Mangel. Jungen kamen in Menge vorüber. Sie kamen, um zu spotten und blieben, um zu tünchen! Als Ben müde war, hatte Tom schon Kontrakt gemacht mit Billy Fischer, der ihm einen fast neuen, nur wenig geflickten Drachen bot. Dann trat Johnny Miller gegen eine tote Ratte ein, die an einer Schnur zum Hin- und Herschwingen befestigt war und so weiter und so weiter, Stunde um Stunde. Und als der Nachmittag zur Hälfte verstrichen, war aus Tom, dem mit Armut geschlagenen Jungen mit leeren Taschen und leeren Händen, ein im Reichtum förmlich schwelgender Glücklicher geworden. Er besaß außer den Dingen, die ich oben angeführt, noch zwölf Steinkugeln, eine freilich schon etwas stark beschädigte Mundharmonika, ein Stück blaues Glas, um die Welt dadurch zu betrachten, ein halbes Blasrohr, einen alten Schlüssel und nichts damit aufzuschließen, ein Stück Kreide, einen halb zerbrochenen Glasstöpsel von einer Wasserflasche, einen Bleisoldaten, ein Stück Seil, sechs Zündhütchen, ein junges Kätzchen mit nur einem Auge, einen alten messingnen Türgriff, ein Hundehalsband ohne Hund, eine Messerklinge, vier Orangenschalen und ein altes, wackeliges Stück Fensterrahmen, dazu war er lustig und guter Dinge, brauchte sich gar nicht weiter anzustrengen die ganze Zeit über und hatte mehr Gesellschaft beinahe, als ihm lieb war. Der Zaun wurde nicht weniger als dreimal vollständig überpinselt, und wenn die Tünche im Eimer nicht ausgegangen wäre, hätte er zum Schluß noch jeden einzelnen Jungen des Dorfes bankrott gemacht.

Unserm Tom kam die Welt gar nicht mehr so traurig und öde vor. Ohne es zu wissen, hatte er ein tief in der menschlichen Natur wurzelndes Gesetz entdeckt, die Triebfeder zu vielen, vielen Handlungen. Um das Begehren eines Menschen, sei er nun erwachsen oder nicht, – das Alter macht in dem Fall keinen Unterschied – also, um eines Menschen Begehren nach irgend etwas zu erwecken, braucht man ihm nur das Erlangen dieses »etwas« schwierig erscheinen zu lassen. Wäre Tom ein gewiegter, ein großer

Philosoph gewesen, wie zum Beispiel der Schreiber dieses Buches, er hätte daraus gelernt, wie der Begriff von *Arbeit* einfach darin besteht, daß man etwas tun *muß*, daß dagegen Vergnügen das ist, was man freiwillig tut. Er würde verstanden haben, warum künstliche Blumen machen oder in einer Tretmühle gehen »Arbeit« heißt, während Kegelschieben im Schweiße des Angesichts oder den Montblanc erklettern lediglich als Vergnügen gilt. Ja, ja, wer erklärt diese Widersprüche in der menschlichen Natur!«[23]

Ganz auf dieser Linie bürdet die digitale Industrie den Käufern von Produkten und Dienstleistungen – von der »Konfiguration« des neuen Autos bis zum Buchen eines Flugs nebst Auswahl aus etlichen Zuzahlungsmöglichkeiten und Check-in – unendlich viel Arbeit auf, die zuvor eigentlich von Anbieterseite aus geleistet werden musste.

Anders gesagt: Organisatorische Vorteile, die sich für die Anbieter von Produkten oder Dienstleistungen ergeben, werden genutzt, um Kunden arbeiten zu lassen. Die eigene Produktivität wird gesteigert, indem man unbezahlte Arbeit in Anspruch nimmt. Dies führt, wie man etwa bei Luftfahrtgesellschaften genauso sehen kann wie im Handel, zu Arbeitsplatzverlusten und erheblichen Einschränkungen der bezahlten Dienstleistung. Aufseiten der Kundschaft führt das zu: immer weniger Zeit! Man wird in Zukunft eine gigantische Ausweitung solcher Strategien sehen: Etwa wenn Patienten einen großen Teil der Anamnese mit Hilfe von Diagnose-Apps selbst erledigen und dafür eben kein medizinisches Personal in Anspruch nehmen oder wenn die Steuerung des sogenannten Gesundheitsverhaltens von Apps übernommen und kontrolliert wird und die dabei anfallenden Daten ohne weitere Umwege direkt in die personenbezogenen Dateien der Krankenkassen einfließen. Stets geht es um die Bereitstellung und Abschöpfung von Arbeitsleistung, Zeit und Wissen, die zuvor vom Unternehmen erbracht werden mussten.

Auf diese automatisierte, kaum spürbare Weise sorgt man durch das eigene Verhalten dafür, dass Arbeit, die man selbst macht, anderswo *nicht* geleistet werden muss, also im klassischen Sinn als Erwerbsarbeit verlorengeht.

Die zweite Dimension digitalisierten Wegfallens von Arbeitsplätzen stellt die Plattformökonomie – AirBnB, Uber usw. – dar, die den Weg zwischen den Anbietern und den Abnehmern einer Dienstleistung – einer Übernachtung, einer Fahrt – dadurch verkürzt, dass sie beide direkt über eine Plattform verbindet, das ursprünglich vermittelnde Unternehmen also einspart. Das führt nicht nur dazu, dass solche milliardenschweren Unternehmen verschwindend wenig eigenes Personal beschäftigen (AirBnB generiert einen jährlichen Umsatz von 2,8 Milliarden Dollar[24] mit laut Wikipedia 3100 Mitarbeiterinnen und Mitarbeitern), sondern auch zu einer kapitalistischen Innovation, die dem ansonsten hellsichtigen Karl Marx die Tränen in die Augen getrieben hätte. Denn der hatte ja vorausgesetzt, dass die Kapitalisten die Produktionsmittel und die Arbeiter die Arbeitskraft bereitstellen. Aber er hat nicht geahnt, dass eine Technologie wie die Digitalisierung der Kapitalseite einmal solche Organisationsvorteile bescheren würde, dass sie nicht einmal mehr die Produktionsmittel vorhalten muss: Heute muss der Uber-Fahrer nicht nur rackern, sondern auch sein eigenes Auto nebst Unterhaltskosten mitbringen. Marxistisch gesprochen reicht es nicht mehr, dass er seine Haut zu Markte trägt, heute muss er die Mittel für seine Ausbeutung auch noch selbst mitbringen.

Folgerichtig bekommt er auch keine Anstellung mit entsprechender sozialer Absicherung, sondern trägt die unternehmerischen Risiken selbst. Auf diese Weise wird zwar nicht die schiere Zahl der Arbeitsplätze geringer, aber ihr Status verändert sich: von regulärer Beschäftigung zu prekärer Selbständigkeit, und natürlich verschwinden die kleinen und mittleren regulären Anbieter wie Pensionen, kleine Hotels und Taxiunternehmen vom Markt.

Schließlich, und da wären wir bei einer eigentlich positiven Auswirkung der Digitalisierung für den Arbeitsmarkt, verschwinden tendenziell schwere, schmutzige, gesundheitsschädliche, verschleißende und zermürbende Arbeiten mehr und mehr. Wenn Roboter die Wände eines Hauses hochmauern, Mineralien aus der Mine hauen, Kisten schleppen und Keimlinge setzen, dann kann man das, was traditionell als »harte«, als »Knochenarbeit« galt, in das Archiv jener menschlichen Tätigkeiten sortieren, die es in Zukunft nicht mehr geben muss. Und wer jemals in einer Textilfabrik oder einem großen Warenlager, in einer Mastanlage oder auf dem Bau gearbeitet hat, wird zu schätzen wissen, dass so etwas irgendwann kein Mensch mehr machen muss. Aber: Da fallen natürlich eine Menge Arbeitsplätze weg.

Dazu werden peu à peu alle jene ehemals geistig genannten Tätigkeiten verschwinden, die standardisiert werden können – vom Zusammenstellen von Gerichtsurteilen über die medizinische Diagnostik bis hin zum Schreiben von Kriminalromanen und Sportreportagen. Ob das im Ergebnis negativ ist, muss dahingestellt bleiben, Drehbücher von »Tatort«-Episoden im öffentlich-rechtlichen Fernsehen scheinen ohnehin schon längst von Algorithmen geschrieben zu werden; anders jedenfalls ist nicht zu erklären, wieso regelmäßig Morde auf den Klassentreffen von Kommissaren verübt werden und Häuser in die Luft fliegen, an denen sie zufällig gerade vorbeifahren. Hier scheinen einfache Verknüpfungen gerechnet zu werden, die zum Zuschauen ungeeignet sind, dafür aber den darstellerischen Möglichkeiten von Jan Josef Liefers und Maria Furtwängler entgegenkommen.

Doch ich schweife ab: In allen genannten Bereichen wird künftig menschliche Arbeit jedenfalls in weit geringerem Ausmaß erforderlich sein, als es heute noch der Fall ist und als es traditionell der Fall war. Egal, ob dieses Ausmaß auf die Hälfte oder auf ein Viertel der heute vorhandenen Jobs taxiert wird, und egal, wie viel davon durch neue Tätigkeiten kompensiert wird: Wir stehen vor einem tiefgreifenden Strukturwandel des Arbeitssystems, der – negativ betrachtet – Arbeitsplatzverluste mit sich bringen und Arbeitslosenquoten erhöhen wird, der aber – positiv gewendet – eine längst überfällige Neubewertung von Arbeit ermöglichen kann. Was soll denn schlecht daran sein, wenn schmutzige, stumpfsinnige und gesundheitsschädliche Arbeit Geschichte wird?

Diese Perspektive ist ganz wunderbar, denn möglicherweise wird damit auch jene Hochpreisung von Arbeit als Quelle von Sinnstiftung und Identität, von sozialem Status und von Einkommen am Ende nur eine historisch überlebte Episode gewesen sein, die mit der industriellen Revolution in die Welt gekommen ist und die Menschen zweihundert Jahre, also evolutionär sehr vorübergehend, verwirrt hat. Man könnte auch sagen: Mit dem Ende der Arbeit im frühindustriellen Sinn treten auch die Sozialdemokraten, die eigentlichen Hohepriester der Arbeit, von der historischen Bühne ab und werden Geschichte. Ihre Aufgabe hat sich offenbar erledigt.

Exkurs zur Frage, warum nichts besser wird, wenn Menschen mehr arbeiten

Wieso, kann man an dieser Stelle fragen, wird gesellschaftlich eigentlich nichts besser, wo wir doch all die großartigen Arbeitserleichterungen und Kommunikationsmöglichkeiten haben, die die Digitalisierung uns bereitstellt? Wieso dauert jede Entscheidung länger, führt zu entsetzlichen

Fehlern, die – wie beim Berliner Flughafen – von entsetzlichen weiteren Kaskaden von Fehlern fortgesetzt werden? Wieso erfinden Universitäten ständig neue Abteilungen wie »Science Support Center«, in denen »Officers« arbeiten? Warum haben alle Bildschirme vor der Nase und sind chronisch in irgendetwas vertieft, was gerade nicht die wirkliche Welt ist, weshalb sie einem vor den Füßen herumstehen und weshalb dann Extra-Gehspuren und in den Boden eingelassene Ampeln für Smartphone-Junkies eingeführt werden, damit die nicht vor Lastwagen laufen, was ja evolutionär betrachtet nur folgerichtig wäre? Kurz: Warum expandiert der Unsinn chronisch, während alle anderen Ressourcen knapp und knapper werden?

Vor vielen Jahren habe ich die Antwort darauf bekommen, schockartig. Als ich damals spätabends um 23 Uhr ein Flugzeug bestieg, war die Kabine wie üblich voll mit Laptopfrauen und -männern, und die klappten, »sobald die Anschnallzeichen erloschen« waren, ihre Bildschirme hoch und fingen an, Excel-Tabellen auszufüllen, Mails zu beantworten, Angebote zu schreiben, Berechnungen vorzunehmen, Vermerke zu verfassen, Formulare zu entwerfen, also alles das zu tun, was sie auch dann machen, wenn sie woanders sind als im Flugzeug: im Büro, in Wartelounges, in Cafés, in Meetings, auf dem Klo. Dieselbe Sorte Leute hat früher ohne Laptops, Smartphones, Meetings usw. bis 17 oder 18 Uhr in ihren hässlichen Büros gesessen und dann Feierabend gemacht. Damals, so wurde mir mit einem Mal klar, hatten sie einfach viel weniger Zeit, falsche Dinge zu tun.

Ich hatte das Welzer'sche Theorem entdeckt: Sinn schrumpft proportional zur Ausdehnung der Arbeitszeit. Denn jeder dieser Leute arbeitet jetzt nicht mehr acht Stunden am Falschen, sondern 16 Stunden oder noch mehr. Nicht mehr fünf Tage die Woche, sondern sieben. Die Kostümfrauen und Smartphonemänner, die Sparpotentiale aufspüren, Optimierungsstrategien entwickeln, Content verfassen, haben dafür die doppelte Zeit zur Verfügung wie früher! Und die, die für die Bearbeitung der dabei entstehenden Kollateralkatastrophen zuständig sind, auch! Da die Menge derjenigen, die mit aller Anstrengung immer alles in die falsche Richtung optimieren, ohnehin um ein Vielfaches größer ist als die derjenigen, die gern zwischendurch mal innehalten, um nachzudenken, wird der Überhang an Zeit, die für Unsinn aufgewendet wird, immer größer, während der Sinn immer kleiner wird: Man denkt ja keineswegs *mehr*, wenn man länger denkt.

Da saß ich also in diesem Flugzeug und blickte verstört und ohne jede Illusion auf alle diese Leute, die wie wild arbeiteten und damit ihren Vorsprung von Sekunde zu Sekunde weiter ausbauten. Ihre Laptops kamen mir plötzlich vor wie Maschinengewehre, ihre Smartphones wie Handfeuerwaffen, jede Whatsapp-Nachricht wie eine Handgranate. Hier ist ein Krieg im Gange, dachte ich panisch, ein verheerender Angriff, der gegen das sinnlose Aus-dem-Fenster-Gucken, das Gerade-keine-Antwort-Haben, das Nichtstun, kurz: gegen jeden harmlosen Akt persönlicher Freiheit geführt wird.

Wie die Arbeiter die Arbeit zu lieben lernten
In der Antike war Arbeit nichts für die Bürger, sondern eine Sache für Frauen und Sklaven, im Mittelalter und in der frühen Neuzeit galt sie allenfalls als Fron, Plackerei, Mühe, also keinesfalls als etwas, das erstrebenswert gewesen wäre. Natürlich hing es von dem gesellschaftlichen Stand ab, in den man hineingeboren wurde, ob man ein mühseliges und beladenes Leben als leibeigener Bauer, Knecht oder Soldat führen musste oder – am anderen Ende der sozialen Hierarchie – als Angehöriger des Hochadels verächtlich auf solche niedere Existenz herabblicken konnte: Arbeit aber »adelte« in keinem Fall, weder die, die sie leisten mussten, noch die, die ihre Früchte ernteten.

Es war erst das Kloster, und insbesondere das benediktinische, das eine moderne Arbeitsorganisation einführte und die erforderliche Arbeit normativ höherlegte: Pünktlichkeit, Sorgfalt, Fleiß wurden hier erstmals als doppelte Qualität des planmäßigen und arbeitsteiligen Verrichtens von Tätigkeiten auf dem Acker und in den Werkstätten eingeübt – doppelt deswegen, weil mit solchen Tugenden die Arbeit planmäßiger und effektiver ausgeführt werden konnte, umgekehrt aber die Arbeit selbst als erzieherisches Mittel betrachtet wurde. Arbeit führt zu Tugendhaftigkeit, Müßiggang bringt auf schlechte Gedanken.

Es würde hier viel zu weit führen, die Klosterorganisation als Vorform der organisierten, später fabrikförmigen industriellen Arbeit zu rekonstruieren – aber ohne die sozialtechnologische und mentale Vorprägung durch das Kloster wäre diese nicht denkbar gewesen. Und vor allem auch: Die disziplinierenden Aspekte der Arbeit, die der frühe Kapitalismus so ideenreich entfaltete, wären ohne ihre religiös-moralische Aufladung nicht so erfolgreich durchsetzbar gewesen. Max Weber hat die Verwandtschaft zwischen der protestantischen Ethik und der kapitalistischen Wirtschaftsform schon vor hundert Jahren glänzend dargelegt – erfolgreiches Wirtschaften als gottgefällig und fleißiges Arbeiten als tugendhaft par excellence verstehbar werden zu lassen, das ist in der Tat eine kulturelle Innovation gewesen, ohne die der moderne und heute eben auch der globalisierte Kapitalismus nicht die Welt hätten erobern können. Merksätze wie »Ora et labora!«, »Wer nicht arbeitet, soll auch nicht essen!« oder »Arbeit macht das Leben süß« stehen für eine soziokulturelle Transformation, in der mit der Industrialisierung die Arbeiter ihre Arbeit zu lieben lernten.

Dabei geht es mir hier insbesondere um die Verschwisterung von Arbeit und Erziehung, die mit der frühen Industrialisierung in die Welt und in die Seelen kam. Niemandem wäre es zuvor eingefallen, Zeiten, in denen etwa auf dem Land wegen schlechten Wetters oder saisonaler Bedingungen nicht gearbeitet werden konnte, als Faulheit und Müßiggang zu bezeichnen.

Wenn keine Arbeit zu tun war, dann vergnügte man sich, schlief oder betrank sich, und kein Blick auf ein Gemälde

Abb. 11: Gesunder Tagesschlaf: Brueghel-Szene

aus der Zeit Brueghels erweckt den Eindruck, es sei nicht in Ordnung gewesen, wenn irgendwo jemand auf einer Bank saß und schlief, während um ihn herum geschäftiges Treiben herrschte. Heute wäre das höchst ungewöhnlich, und wo es stattfindet, gilt der Schläfer sofort als »Penner«, als Abweichender, der nicht in die Gesellschaft integriert ist, weil er nicht mit dem Zeitregime aller anderen synchronisiert ist.

Und das ist das entscheidende Stichwort: Ein fabrikmäßig organisiertes Produktionssystem, das arbeitsteilig funktioniert, erfordert zu allererst eine zeitliche Synchronisierung all derer, die ihren jeweiligen Teil zur arbeitsteiligen Produktion beitragen. Und diese Synchronisierung zum »zusammengesetzten Gesamtarbeiter« waren die Menschen erst mal nicht gewöhnt. Sie, die von den Feldern in die Manufakturen und Fabriken drängten, um sich dort einen kargen, aber meist besseren Lebensunterhalt zu verdienen als auf dem Land, mussten erst in einen immer gleichen Tagesablauf hineintrainiert werden, der mit der Fabrikglocke eingeläutet wurde und der nicht bei Einbruch der Dunkelheit zu Ende war, sondern erst dann, wenn dieselbe Glocke am Abend erneut klingelte. 16 Stunden, das war selbst für Kinder eine brutale Regel, und der konnte man sich nur entziehen, wenn man der Fabrik fernblieb, sich drückte. In der Frühphase der Industrialisierung wurden denn auch vielfältig Zwangsmittel – Peitschen, Ketten, Prügelstrafen – angewendet, um die Arbeiter zum Arbeiten anzuhalten, auch wenn sie es nicht wollten. Und der »blaue Montag«, das »Blaumachen«, weil man vom sonntäglichen Rausch zu verkatert war, um zur Arbeit zu erscheinen, blieb in England bis ins 20. Jahrhundert hinein eine Gewohnheit, die die Fabrikanten zur Verzweifelung trieb.

Es entbehrt also nicht der Ironie, wenn der Kampf um die Arbeitszeit, einer der frühen Solidarerfolge der beginnenden Arbeiterbewegung, im Lauf der Jahrzehnte dazu führte, dass immer mehr nicht *gegen*, sondern *um* die Arbeit gekämpft wurde. Zwölf Stunden, zehn Stunden, schließlich und bis heute anhaltend: acht Stunden, dazu das freie Wochenende – das ist ein wesentliches Resultat langanhaltender und hartnäckiger Kämpfe der Arbeiterbewegung und ihrer erfolgreichsten und nachhaltigsten Partei: der Sozialdemokratie.

Aber auf diesem Weg verwandelte sich der anfangs äußerst brutale Zwang von außen in eine stolz zur Schau getragene Wertschätzung der Arbeit nach innen – und ihre bis heute tiefenwirksame Bindung an Erziehung. Parallel zur Ausbreitung des Fabriksystems und nicht zuletzt wegen der nunmehr unterstellten »angeborenen Arbeitsscheu« der Arbeiter bekamen Predigten und Traktate Konjunktur, die den Doppelcharakter des Arbeitens hervorhoben, wie er in den Klöstern vorgelebt worden war: nämlich planvoll, erziehend, effektiv und menschenbildend zu sein. Dementsprechend öffneten zur Erziehung arbeitsscheuer, fauler, müßiggängerischer Männer und Frauen »Arbeitshäuser«, in denen Disziplin und Tugend zu lernen war – durch Arbeit! Und die »Besserungseinrichtungen« für straf- oder auffällig gewordene Jugendliche, wie es sie bis in die 1970er Jahre noch in Westdeutschland und bis zum Mauerfall in der DDR gab, verordneten welches Mittel für die »Besserung«? Arbeit.

Der lange gebrauchte Begriff »Zuchthaus« für das Gefängnis legt von dieser Tradition noch bis weit ins 20. Jahrhundert hinein genauso Zeugnis ab wie der fälschlicherweise als zynisch interpretierte Satz »Arbeit macht frei« über dem Lagereingang von Auschwitz. Nein, der Lagerkommandant Rudolf Höß meinte das keineswegs zynisch, sondern genau so, dass Arbeit für die Häftlinge disziplinierend und insofern segensreich wirkt, und er leitete diese Überzeugung aus eigener Arbeitserfahrung in der Festungshaft ab, die er wegen eines Fememordes selbst absitzen musste. Und bis heute wirkt die Verklammerung von Arbeit und Erziehung in der Formel vom »Fördern und Fordern« nach, in das die Einführung der Agenda 2010 und der Hartz-Gesetze gekleidet wurde, und auch in so aus der Zeit gefallenen Konzepten wie dem »solidarischen Grundeinkommen«, das die SPD des Jahres 2018 einführen wollte und worunter nichts anderes als eine dem Gemeinwohl zugutekommende staatlich subventionierte Vollzeitarbeit für Dauerarbeitslose zu verstehen ist. Wer hier die Wahlverwandtschaft zum Reichsarbeitsdienst und allgemeiner die Traditionslinie zur moralischen Aufwertung des Arbeitens gegenüber dem Nichtstun nicht erkennt, muss schon arg gutmeinend sein.

Lego 5:
Nachhaltigkeit (ist von gestern.
Wirtschaften in der Zeit ist von morgen)

Nachhaltigkeit beschreibt eine Wirtschaftsform, die ihre eigenen Voraussetzungen nicht konsumiert. Das nun ist alles andere als trivial, haben wir doch – der Historiker Dipesh Chakrabarty hat es glänzend dargelegt – alle zivilisatorischen Errungenschaften der Moderne auf die grenzenlose Ausbeutung von natürlichen Ressourcen gebaut. Das ist keine moralische Aussage; zu Beginn des fossilen Zeitalters gab es weitaus weniger Menschen als heute (nämlich zwischen 600 und 700 Millionen), noch weitaus weniger, nämlich nur die britischen, amerikanischen, deutschen und französischen Zeitgenossen, waren die Treiber und Betreiber der neuen fossilen Wirtschaft, und niemand hätte sich vorstellen können, dass das bisschen menschliche Aktivität großen Einfluss auf das Erdsystem haben könnte. Natürlich waren Lungenkrankheiten, Smog, die Verschmutzung von Flüssen etc. frühe Begleiterscheinungen des fossilen Wirtschaftswunders der Industrialisierung, aber sie galten als lokale Begleiterscheinungen, nicht als Wirkkräfte von globaler Dimension. Das war der historische Fehler Nummer 1. Aber einer, den man nicht sehen konnte.

Mit der industriellen Revolution hob eine neue Form von Staatlichkeit an, sich über die Erde zu verbreiten: der moderne Nationalstaat, der sich über verschiedene, ungleichzeitig verlaufende Schritte zu mehr Rechtsstaatlichkeit und Demokratie herausbildete und der in seiner liberalen Form Wirtschaft für etwas hielt, was den gesellschaftlichen Reichtum zum Wohle aller zu stiften in der Lage war. Und tatsächlich war das kein Märchen: Denn da die Arbeiter in einem aufsteigenden Fabriksystem, in den Kohlegruben und den

Erzminen ihre Arbeitskraft nicht nur zu Markte tragen mussten, sondern sie auch infolge von Streiks, Aufständen usw. dem Markt entziehen konnten, bildete sich um den Kampf zwischen Kapital und Arbeit jene Form von Gesellschaft heraus, die das ganze 20. Jahrhundert im Westen geprägt hat.

Man sollte übrigens auch hier die Dialektiken nicht übersehen: Die NSDAP hieß ausdrücklich »Arbeiterpartei«, und das normative Konzept der »Arbeit« spielte für die totalitäre Gesellschaft eine zentrale Rolle – bis hin zum Töten als »harter« oder »schmutziger« Arbeit.[25] Umgekehrt wurde der Arbeit gehuldigt; den 1. Mai als gesetzlichen Feiertag führten die Nazis ein, und »Kraft durch Freude« war ein gigantisches Arbeitererholungsprogramm, mit exakt jenen Kreuzfahrten und Strandurlauben, die sich die Arbeiterklasse zuvor eben nicht hatte leisten können.

Die Höchstbewertung der Arbeit in den vorgeblichen »Arbeiter- und Bauernstaaten« der sowjetischen Hemisphäre spricht dieselbe Sprache, mit etwas weniger Komfortleistungen für die Werktätigen. Jedenfalls verdeutlicht die Rolle, die der Arbeit in den totalitären Gesellschaften zugewiesen wird, einmal mehr das Gewicht, das ihr im 20. Jahrhundert zukommt.

In den westlichen Nachkriegsgesellschaften entstand dann, meist im Modus des Konflikts, die moderne Arbeitsgesellschaft mit einer Verfassung, einem Parlament, einem allgemeinen Wahlrecht, einem Steuersystem, mit Arbeitsschutzgesetzen, Krankenversicherung, Gewerkschaften, Schulen, Ausbildungsgesetzen und den zugehörigen Institutionen. Der Kapitalismus wäre gern ein knallhartes Ausbeutungssystem geblieben, aber die Arbeiter hatten zu viel in die Waagschale zu werfen, als dass das möglich gewesen wäre. Der Kapitalismus wurde gezähmt, ja, gelegentlich sogar menschenfreundlich.

Abb. 12: Kraft durch Freude: »Schau nur, genau wie mit der AIDA-Perla!«

Die Arbeiterbewegung erkämpfte, jetzt sehr verkürzt gesagt, den modernen Sozialstaat mit Sozial- und Krankenversicherung, Schulpflicht, gesetzlich geregelten Arbeitszeiten, Urlaubsregelungen usw. usf. Alles dieses baute darauf, dass die Produktivität ständig wuchs, denn nur wo mehr verdient wurde, gab es auch mehr zu verteilen. Dass zur Gewährleistung des immerwährenden Wachstums eine immerwährende Externalisierung notwendig war, glasklar im Zeitalter des Kolonialismus und auch der Sklaverei, nahm man als natur- oder gottgegebene Voraussetzung, nicht als problematischen Sachverhalt. Und dass das institutionelle Gefüge exakt auf dieselbe Vorstellung von immerwährender Expansion gebaut war, gleichfalls.

Das Steuersystem der Arbeitsgesellschaft besteuert im Wesentlichen die Arbeit. Deshalb bedrohen Wirtschaftskrisen, Nullwachstum, Rezessionen, Arbeitslosigkeit immer die Gesellschaft als Ganzes, daher die Systembrüche infolge der ersten Weltwirtschaftskrise der späten 1920er und frühen 1930er Jahre. Das war Fehler Nummer 2 der modernen Arbeitsgesellschaft: das Versäumnis, die Staatsfinanzierung vom Arbeitssystem zu entkoppeln.

Und schließlich hatte die Arbeitsgesellschaft, wie jede Gesellschaft, ihren spezifischen Mythos, ihr passend zugeschnittenes System magischen Denkens. Und dazu ihre Hohepriester und Orakeldeuter, in diesem Fall die Ökonomen. Kate Raworth hat in ihrem Buch »Die Donut-Ökonomie«[26] akribisch nachgezeichnet, wie die moderne Ökonomie mit den Naturwissenschaften gleichziehen wollte und ihre Wissenschaftler folgerichtig allerlei »Gesetze«, Formeln und Diagramme entwickelten, an die sie ebenso folgerichtig alsbald selbst zu glauben begannen. Im Zentrum dieser magischen Ökonomie stand das Wirtschaftswachstum, und zwar seine Hindernisse einerseits und seine Beförderung andererseits. Und wiederum folgerichtig kam die Mainstream-Ökonomie zu dem Befund, dass Staat und Politik in der Regel die freien Kräfte des Marktes behinderten und damit das Wachstum bremsten, während freie Märkte die Welt auf so wunderbare Weise einzurichten in der Lage wären, dass der Staat doch bitte weitgehend seine Finger aus den wichtigen Angelegenheiten der Wirtschaft herauszuhalten habe.

Ja, liebe kritische Kritiker, das ist jetzt extrem pauschal dargestellt, stimmt im Ergebnis leider aber trotzdem: denn insbesondere seit den 1970er Jahren, in denen der Neoliberalismus in vielen Ländern zur Staatsräson wurde und der Prozess der Globalisierung multinationalen Unternehmen erhebliche Machtzuwächse beschert hatte, herrscht heute a) der feste

Glaube an die Wachstumswirtschaft weltweit und hat sich b) die einstmals konfliktträchtige Machtbalance zwischen Kapital und Arbeit stark zur Seite des Kapitals hin verschoben. Beide Aspekte sorgen c) dafür, dass Belange der Nachhaltigkeit, des Klimaschutzes, des guten Lebens etc. wirtschaftspolitisch kaum eine Rolle spielen, weil die internationale Verhandlungsmacht der Konzerne gegenüber den nationalstaatlichen Regierungen dazu geführt hat, dass sie beliebig mit Betriebsschließung und Abwanderung drohen können, wenn ihnen Steuergesetze, Arbeitnehmerrechte oder Umweltschutzauflagen zu unerfreulich erscheinen.

Dieser nun seit Jahrzehnten laufende Prozess hat nicht nur zu größerer sozialer Ungleichheit innerhalb der Gesellschaften geführt, sondern auch zum tendenziellen Verschwinden der alten Arbeiterparteien und -organisationen. Das war Fehler Nummer 3: das Hochjazzen einer lange Zeit marginalen wirtschaftswissenschaftlichen Kategorie, nämlich des Wachstums, in den Status einer Zivilreligion.

Alle drei Fehler zusammengenommen haben dazu geführt, dass die Ökonomie heute politisch immer das Primat hat und ihr alles andere nachgeordnet wird. Wirtschaft hat sich von einem Mittel in einen Zweck verwandelt. Das ist sowohl für die soziale wie für die ökologische Frage verhängnisvoll. Wie die heute zunehmend zu beobachtende Verwandlung von Staatlichkeit in Dealmaking, zu deutsch in Geschäftemacherei zeigt, ist der zugrundeliegende Prozess keineswegs abgeschlossen. Eine amerikanische Regierung unter Donald Trump und der chinesische Parteikongress-Kapitalismus betrachten den Staat als Meta-Unternehmen, als biggest business of all businesses (kann sein, dass es das war, was Trump überhaupt veranlasst hat, für die Präsidentschaft zu kandidieren. Kann auch sein, dass es das ist, was seine Wählerinnen und Wähler unter Staat verstehen wollen).

Kurz: Es ist auf allen Ebenen, politisch, wissenschaftlich, kulturell, radikal versäumt worden, diesen Vorgang in seinem Gefährdungspotential für die Bedingungen von Freiheit, Demokratie und Sozialstaatlichkeit wahrzunehmen. Ralf Dahrendorf ist die einsame Ausnahme: Er hat schon 1997 prognostiziert, das 21. Jahrhundert würde das Zeitalter der Autokratie, da der skizzierten Verschiebung der Machtbalance zwischen Kapital und Arbeit nichts entgegengesetzt wird.[27]

Andersherum: Weiterbauen am zivilisatorischen Projekt bedeutet: Wirtschaft zu zivilisieren; sie aus ihrem Status des reinen Zwecks herauszuholen, dem alle gesellschaftlichen Teilbereiche zu dienen haben, und wieder ein Mittel aus ihr zu machen, das den gesellschaftlichen Stoffwechsel so organisiert, dass gutes Leben für alle Menschen möglich wird. Kleiner hab ich es leider nicht:

ein ökologisch und sozial aufgeklärter Kapitalismus als Voraussetzung einer Zukünftigkeit der Moderne.

Übrigens kann man den inzwischen untauglichen, weil für alles Mögliche verwendeten Begriff der Nachhaltigkeit dann vergessen: Ein aufgeklärter Kapitalismus hätte zur Voraussetzung, dass er seine Existenzgrundlagen *nicht* konsumiert, sondern für ihr auch künftiges Vorhandensein Sorge trägt. Nachhaltiges Wirtschaften ist Wirtschaften in der Zeit.

Nachhaltig sind wir erst, wenn es den Begriff nicht mehr gibt.

Lego 6:
Gerechtigkeit. Woran alle Menschen glauben möchten

Für nichts haben Menschen ein tieferes Empfinden als für Ungerechtigkeit. Übrigens nicht nur Menschen: auch nichtmenschliche Primaten drehen total durch, wenn sie sich ungerecht behandelt fühlen (und damit ganz richtigliegen, wie Frans de Waal zeigt: https://www.youtube.com/watch?v=meiU6TxysCg). Schon Kinder haben ein extrem stark ausgeprägtes Gerechtigkeitsempfinden; in ihm kommt nicht zuletzt zum Ausdruck, dass sie nie anders als in sozialen Gemeinschaften existieren, deren Stabilität wiederum von hinreichend gerechten Verhältnissen abhängt. Das Empfinden für Gerechtigkeit bzw. Ungerechtigkeit ist universell und eine der historisch stärksten Produktivkräfte. Menschen glauben prinzipiell, dass es eine gerechte Welt geben müsse und könne, und sie fühlen sich persönlich betroffen, wenn dieser Glaube enttäuscht wird. Dass Gerechtigkeitsempfinden intuitiv ist, zeigt sich etwa auch dann, wenn Menschen angesichts von Ungerechtigkeiten im Rechtsstaat diesen insgesamt in Frage stellen und nicht akzeptieren wollen, dass Recht mit Gerechtigkeit nicht identisch ist.

Man muss gerade umgekehrt sagen: Auf der gesellschaftlichen Ebene ist Recht Bedingung dafür, dass Gerechtigkeit unabhängig von allen persönlichen Unterschieden (im Einkommen, im Geschlecht, im Lebensalter, in der Qualifikation) zur Geltung kommen kann, deshalb ist Justitia blind und deshalb ist der moderne Rechtsstaat nach allem, was wir wissen, die Form von Staatlichkeit, die das bislang höchste Maß an Gerechtigkeit gewährleistet.

Jedenfalls juristisch. Fragen sozialer oder ökologischer oder moralischer, vor allem auch globaler Gerechtigkeit liegen außerhalb der rechtlichen Sphäre und müssen gesellschaftspolitisch ausgehandelt werden. Bei all dem fällt ein Sachverhalt besonders ins Auge: Es war der Nationalstaat im modernen Sinne, der im Inneren ein historisch zuvor ungekanntes und unerreichtes Niveau an Gerechtigkeit und Rechtmäßigkeit geschaffen hat, und damit auch ein sukzessives Absinken des Gewaltniveaus innerhalb der Gesellschaft. Was im Umkehrschluss nicht heißt, dass alle Nationalstaaten Rechtsstaaten sind und sich auf diesem Niveau bewegen; aber es deutet an, dass das, was in gutfunktionierenden Rechtsstaaten erreicht worden ist, auf internationaler Ebene nicht einmal entfernt existiert.

Norbert Elias hat immer wieder darauf hingewiesen, dass Nationen mit einem staatlichen Gewaltmonopol erreicht haben, dass die innergesellschaftlichen Konflikte in der Regel gewaltfrei ausgetragen werden können. Dieses Zivilisierungsniveau im Umgang miteinander ist jedoch *zwischenstaatlich* nie erreicht worden. Hinsichtlich der internationalen Gewaltregulierung gibt es Institutionen wie das Kriegsrecht, das Völkerrecht, den internationalen Strafgerichtshof in Den Haag, aber es gibt beispielsweise kein internationales Umweltrecht, Steuerrecht, Eigentumsrecht etc. Vor allem aber gibt es kein zwischenstaatliches Gewaltmonopol, was zur Folge hat, dass Macht und die Androhung bzw. Ausübung von Gewalt nach wie vor Mittel internationaler Politik sind. Davon legen die Kriege Zeugnis ab, die stattfinden (im Jahr 2017 waren es weltweit 20 Kriege und 385 Konflikte), aber auch Annexionen, Grenzverletzungen, Angriffskriege usw., die keineswegs aus der Mode gekommen sind. Aber sie wirken immer so archaisch, gerade weil sie in einem merkwürdigen Kontrast zum niedrigen zivilgesellschaftlichen Gewaltniveau stehen. Kriege scheinen irgendwie Rückfälle zu sein, aber das Zivilisierungsniveau, gegenüber dem sie rückfällig wären, hat es tatsächlich noch nie gegeben.

Es ist wiederum ein Versäumnis beim Weiterbauen am zivilisatorischen Projekt, dass man über die zivilisatorisch zentrale Frage künftiger Gewaltregulierung nicht hinreichend weitergedacht und für sie gekämpft hat. Einerseits weil das, wie gesagt, eine Angelegenheit der Nationalstaaten und ihrer Souveränität ist, andererseits schlicht deshalb, weil Krieg und Gewalt unangenehme und furchterregende Themen sind, mit denen man sich lieber nicht beschäftigt. Aber ein gutes Leben für alle im Sinn einer universellen Durchsetzung der Menschenrechte kann ohne zwischenstaatliche Gewaltregulierung gar nicht gedacht werden.

Das Weiterbauen am zivilisatorischen Projekt der Moderne erfordert also eine Ausweitung der Perspektive auf das internationale Recht und insbesondere auf die Schaffung international handlungsfähiger Institutionen, die solches Recht auch durchsetzen können. Dass das eine unendlich mühselige, langwierige und oft auch rückfällige Angelegenheit ist, zeigt das Beispiel der Europäischen Union, in der ja viele Schritte durch beharrliche Anstrengung tatsächlich erfolgreich durchgesetzt werden, auch wenn das oft mühselig war.

Unter uns: Der ganze Zivilisationsprozess ist mühselig, langwierig und oft rückfällig; gleichwohl werden die meisten Menschen, die von ihm profitieren, sagen, er habe sich doch alles in allem gelohnt. Man sollte also weitermachen.

Lego 7:
Gemeinwohl

»Gemeinwohl« wird heute geradezu als Gegenbegriff zum Raubtierkapitalismus, zum »Unterm Strich zähl ich« verwendet. In den vergangenen Jahren ist er in der Nachhaltigkeitsszene zu einem regelrechten Modeartikel geworden, genauso übrigens wie die »Allmende«, das Gemeineigentum. Dabei ist gar nicht so klar, was das eigentlich ist: Gemeinwohl. Als Minimaldefinition kann man es als Wohl eines Gemeinwesens im Unterschied zu Individual- oder Partikularinteressen bestimmen. Aber das hilft nicht viel weiter: Denn ein jeweiliges Gemeinwesen müsste ja in irgendeiner Weise selbst festlegen können, was sein Wohl ist und was nicht. Eine universelle Definition, die präzise ist, dürfte am Pluralismus und an der historischen Entwicklung scheitern: Was als Gemeinwohl gilt, ist mithin eine kulturelle Frage und somit in steter Veränderung begriffen.[28]

Heute orientiert sich die Rechtsprechung an den Gemeinwohlwerten des Grundgesetzes wie etwa Menschenwürde, Solidarität, soziale Gerechtigkeit, ökologische Nachhaltigkeit, Frieden, Freiheit, Rechtssicherheit, Wohlstand usf. Dabei steht Gemeinwohl in Opposition zu den Individualrechten und wird von der Rechtswissenschaft als »unbestimmter Rechtsbegriff« aufgefasst, das heißt, es bedarf zu seiner Bestimmung immer des konkreten Einzelfalls. Deshalb ist es ziemlich schwer, sich demokratisch auf einen klar bestimmten Begriff des Gemeinwohls zu einigen. Schlimmer noch: Die »Hypothese eines eindeutig bestimmbaren, vorgegebenen Gemeinwohls«, so der Verfassungstheoretiker Ernst Fraenkel, sei Kennzeichen einer totalitären Diktatur. Klar: Wer das Gemeinwohl festlegt, legt gleichzeitig fest, was und wer *nicht* zum Gemeinwohl beiträgt. Man muss also diesen Begriff moralisch entkernen und innerhalb einer pluralistischen Wirklichkeit ansiedeln. Versuchsweise könnte man sagen: Gemeinwohlorientiert handelt man, wenn man zum gesellschaftlichen Ziel der Aufrechterhaltung von Freiheit, Demokratie und Rechtsstaatlichkeit beiträgt – da die Realisierung dieser Ziele allen zugutekommt.

Das heißt nicht, dass man nicht auch seinen eigenen Profit

oder Wohlstand steigern dürfte; es heißt nur, dass dies nicht das alleinige Ziel des eigenen Handelns sein soll. Wirtschaftlich würde das etwa bedeuten, dass ein Teil der privat erzielten Gewinne der Gesellschaft zugutekommen sollte, gesellschaftspolitisch, dass Gemeingüter vorgehalten werden sollten, an denen alle Bürgerinnen und Bürger teilhaben können – die öffentliche Bibliothek, das Schwimmbad, die Busverbindung sind solche Gemeingüter. Und schließlich heißt das auch, dass Menschen sich ehrenamtlich für das Gemeinwohl engagieren sollten, was in Deutschland schon etwa 40 bis 50 Prozent der Menschen tun.

Für das Weiterbauen am zivilisatorischen Projekt ist das schon ein guter Wert, und wenn man sich Konzepte unternehmerischer Verantwortung – von Corporate Social Responsibility bis zur Gemeinwohlökonomie – anschaut, dann kann man auch hier erhebliche Aktivität verzeichnen. Nur die öffentlichen Gemeingüter sind in den vergangenen Jahrzehnten in Deutschland kaputtgespart worden – seit dem Jahr 2000 hat zum Beispiel jedes zehnte öffentliche Schwimmbad zugemacht, viele sind marode und unansehnlich. Allein seit Januar 2016 wurden 128 Bäder geschlossen.[29] Ähnliches gilt für Sportanlagen, Bibliotheken, Jugendzentren etc.; die unablässigen Sparmaßnahmen im Bereich der öffentlichen Versorgung wirken insofern nachhaltig im negativen Sinn, als die Einrichtungen irgendwann personell, ausstattungsmäßig und baulich so heruntergefahren sind, dass sie ihre Funktion nicht mehr erfüllen können und daher – abrakadabra – unwirtschaftlich sind und geschlossen werden *müssen*.

Noch viel dramatischer fällt der Befund aus, wenn man das neben Luft und Wasser wichtigste Gemeingut betrachtet: den Boden. Sofort landet man bei demselben Befund eines unglaublich fahrlässigen Umgangs damit. Dabei kann man einerseits an die globalen Bodenverluste durch Verschmutzung, Austrocknung, durch Versiegelung, durch Monokulturen usw. denken. Man kann aber auch sehr viel lokaler betrachten, was der Verkauf öffentlichen Grund und Bodens in der Bundesrepublik für einen Schaden anrichtet: Im Zuge kommunaler Sparmaßnahmen wurden in den vergangenen Jahrzehnten zahllose Grundstücke und Häuser verkauft, die sich im städtischen, also öffentlichen Besitz befanden. München hat damit erst im Jahr 2016 aufgehört, obwohl exorbitante Mieten und damit die Verdrängung ärmerer Bevölkerungsteile aus der Innenstadt hier schon jahrzehntelang ein sichtbares Problem sind. Mit solchen Verkäufen ließen sich zwar die Stadtkassen etwas auffüllen, aber die Rechnung ist natürlich fatal, wenn man sieht, dass etwa in Berlin die Bodenrichtwerte im vergangenen Jahrzehnt um bis zu 1000 Prozent angestiegen sind. Die Stadt wäre also erheblich reicher, hätte sie die Grundstücke nicht längst schon verhökert. Die Zahl der Sozialwohnungen hat sich in den letzten 30 Jahren von fast drei Millionen auf nur 1,2 Millionen verringert. Die sozialen Folgen tragen freilich jene, die unter den rapide steigenden Mietpreisen, gerade in den attraktiven Städten, leiden.[30]

Gerade hier ist der moderne Anspruch, dass alle Menschen, unabhängig von ihren persönlichen Voraussetzungen, an öffentlichen Gemeingütern teilhaben können müssen, sträflich verfehlt worden, und zwar von Jahr zu Jahr mehr. Schlimmer noch: Er wird immer mehr durch private Anbieter der sogenannten Share Economy ersetzt, aber Share Economy ist das Gegenteil von Teilhabe: denn alle Leistungen müssen bezahlt werden, und wenn man in dieser Economy als Anbieter auftreten will, muss man natürlich auch etwas anzubieten haben. Eine Gesellschaft für freie Menschen kann sich das nicht leisten: Sie muss Menschen Mobilität, Bildung, Sport usw. zugänglich machen, ohne dass diese Dinge etwas kosten.

Denn sich von A nach B bewegen zu können, Medien nutzen und Sport machen zu können, sind zentrale Momente demokratischer Teilhabe. Unverzichtbar. Brauchen wir.

Lego 8:
Solidarität

Solidarität – sofort fällt einem bei diesem Wort Arbeiterbewegungsromantik, Klassen- und Arbeitskampf, Dritte Welt usw. ein. Solidarität ist aber mehr und auch anderes: Sie umfasst das Mithandeln durch Mitfühlen, anders gesagt, die Unterstützung von anderen, weil ich deren Perspektive übernehmen kann. Nur wenn ich mich in die Situation einer anderen Person hineinversetzen kann – also etwa sehe, dass eine Rollstuhlfahrerin eine Etagentür nicht öffnen kann –, besteht überhaupt die Voraussetzung dafür, dass ich ihr helfe. Wenn ich hingegen davon ausgehe, dass Türen mit Sensoren ausgestattet sind und eh automatisch öffnen, wird mich die Lage der Frau nicht interessieren – für ihr Problem ist ja gesorgt. Oder wenn ich ganz dringend eine Telefonkonferenz auf meinem mobilen Endgerät abhalte, von deren Ergebnis wahnsinnig viel abhängt, wird mich die Lage der Frau schon deshalb nicht interessieren, weil ich sie gar nicht sehe.

Mein Lieblingsexperiment

Theologiestudenten in Princeton bekamen im Jahr 1973 die Aufgabe, unter Zeitdruck eine Predigt zum Gleichnis vom Guten Samariter zu verfassen, die aufgenommen und über das Campusradio ausgestrahlt werden sollte. Vor fast einem halben Jahrhundert, als es noch kein Internet, kein Youtube, keine sozialen Medien gab, war das noch sehr reizvoll für Studierende, weshalb man eine hohe Motivation bei den Versuchspersonen unterstellen kann, diese Aufgabe erfolgreich zu bewältigen. Zur Versuchsanordnung gehörte allerdings, dass die Probanden kurz vor der Fertigstellung ihrer Aufgabe von einer aufgeregten Person unterbrochen wurden, die in das Zimmer stürzte und sagte, dass drüben im Aufnahmestudio schon alles darauf warte, dass die Predigt eingelesen würde. Das setzte die Theologiestudenten erheblich unter Stress, zumal das Studio in einem entfernten Gebäude auf dem Campus lag. Sie rafften also ihre Notizen zusammen und machten sich hastig auf den Weg zur Aufnahme. Perfiderweise hatten die Versuchsleiter direkt im Eingangsbereich des Studiogebäudes eine hilflose Person platziert, die mit einem (gespielten) schweren Asthmaanfall am Boden lag. Wie reagierten die Seminaristen darauf? Nur 16 von 40 hielten inne, um zu helfen. Bei der anschließenden Besprechung des Versuchs stellte sich heraus, dass die meisten der nicht helfenden Versuchspersonen sich nicht etwa entschieden hatten, Hilfe zu verweigern, sondern die hilflose Person einfach *nicht wahrgenommen* hatten – der Stress und der dringende Wunsch, die Aufgabe zu erfüllen, hatten ihre Wahrnehmung so fokussiert, dass sie gewissermaßen links und rechts davon nichts mehr mitbekamen. »Welche Faktoren trugen zu dieser Entscheidung bei? Warum hatten sie es überhaupt eilig? Weil der Versuchsleiter (...) sich darauf verließ, dass (sie) irgendwo rechtzeitig ankamen. (...) Wer es nicht eilig hat, bleibt unter Umständen stehen und versucht, einer anderen Person zu helfen. Wer es eilig hat, wird eher weitereilen, selbst wenn er sich eilt, um über das Gleichnis vom Guten Samariter zu sprechen.«[31]

Hilfe, heißt das, setzt die Wahrnehmung voraus, dass jemand Hilfe benötigt. Und weiter, dass man sie zu leisten bereit ist. Dem wiederum können eine Menge Dinge entgegenstehen: eine Kultur, die es positiv bewertet, wenn jemand den größtmöglichen Nutzen aus etwas für sich selbst herausschlägt (»Ich bin doch nicht blöd!« [Media Markt]). In der Hyperkonsumkultur hat sich Knickrigkeit als Verhaltensnorm etabliert, die allgegenwärtigen Vergleichsportale und Bewertungsaufforderungen legen davon Zeugnis ab. Hinzu kommt die Orientierung an Wettbewerb, gemessener Leistung, überhaupt an Quantifizierbarem – dies alles sind Kulturelemente, die nicht empathieförderlich sind und damit Solidarität entgegenstehen.

Das spiegelt sich auch in den immer beharrlicheren Versuchen, in Versicherungen vom Solidarprinzip abzugehen und Tarife an Verhalten zu binden – der feuchte Traum der Kranken- und Lebensversicherer, die ordnungsgemäß gesundes, risikofreies und tapfer selbstoptimiertes Leben per App oder Smartwatch überwachen und mit Prämien oder Rückerstattungen entlohnen. Die Smart Homes und Smart Citys werden diese freiheits- und menschenfeindlichen Verhaltensnormen noch viel stabiler etablieren (wenn sie denn kommen, was man ja verhindern kann, politisch).

Dies alles sind antisolidarische Tendenzen; sie vereinzeln die Menschen, indem sie Hilfe- und Unterstützungsleistungen an Technologie delegieren, die wiederum nur nutzen kann, wer dafür auch zu zahlen in der Lage ist. Überhaupt ist eine Gesellschaft, die Sozialfunktionen in Geräte auslagert, von wachsender Abschottung der Menschen voneinander geprägt – eine Gesellschaft von Massenindividuen, die jeweils ihren Präferenzen folgen, aber miteinander nichts zu tun haben. Nicht umsonst ist in der Gegenwart viel von Entsolidarisierung und Verrohung die Rede, worüber aber kaum gesprochen wird, ist, dass die zugrundeliegenden Verhaltensnormen auch von den Eliten geprägt werden und nicht nur von den Gaffern an Unfallstellen oder den Dauererregten auf den Kommentarseiten.

Vielleicht muss man sagen: Die Aggression ist in unserer Gesellschaft latent, und manchmal und bei manchen wird sie leider manifest. Eine kleine Phänomenologie der Gegenwart findet jedenfalls ein außerordentliches Maß an Aggression in der Normalgesellschaft, und keineswegs nur auf den Flatscreens in den Kinder- und Jugendzimmern, wo geballert und gemordet wird, dass die Körperteile nur so fliegen. Jeder mittlere Sonntagabendtatort liefert inzwischen eine Bildästhetik, die heraushängende Gedärme, abgehackte Hände, verweste Leichen in aller Ausgiebigkeit zeigt, ohne dass auch nur das Geringste davon irgendwie wichtig wäre für die Geschichte, die erzählt wird. Auch die Staatsgewalt, etwa in Gestalt des Dortmunder Kommissars Faber, kann dort chronisch gewaltbereit sein, traumatisiert, ein Provokateur und Schläger – einer, dem es auf sich selbst nicht ankommt.

Und hier ein ganz unverdächtiger Teil der Normalgesellschaft: unsere hochgeschätzte Wirtschaft, die hochgejazzten Start-ups, die angebetete Internetwirtschaft. Wird da nicht ohne Unterlass jemand »angegriffen«, ein Unternehmen »attackiert«, ein anderes »feindlich übernommen«, ein Sektor »zerstört«? Da packt der EZB-Chef »die dicke Bertha« aus, im Aufsichtsrat von Volkswagen herrscht »Krieg«, inzwischen gibt es folgerichtig auch »Wutaktionäre«, und für manche Manager aus der Internetwirtschaft ist »Erfolg wichtiger als das Leben«, und überhaupt »Disruption« ein Ziel an sich. Mit anderen Worten: Destruktivität ist das Signum der ökonomischen Rhetorik, und die Rambos der Szene überbieten sich gern darin, wer als besonders rücksichtslos dasteht. So etwas gilt heute als sozial erwünscht.

Wie es übrigens auch als sozial erwünscht gelten kann, mit riesigen Geländewagen durch deutsche Innenstädte zu pflügen, als sei überall Bagdad oder Kabul. Ein klassisches Spießerauto wie ein Audi hat heute ein Frontdesign, als würde er alle vorausfahrenden kleineren Autos inhalieren und hinten durch den Vierrohrauspuff wieder ausscheiden, ein Volvo, früher mal die Anti-Design-Ikone des pazifistischen Gemeinschaftskundelehrer sieht heute aus wie eine bedrohlich über einen kippende Schrankwand und Motorräder wie Kriegsgerät, wozu übrigens in allen Fällen das furchterregende und augenverletzende Lichtdesign hinzukommt. Man mag am liebsten gar nicht hinsehen, es macht ja auch Angst und soll es.

Das alles ist latente Aggression, die den Alltag durchzieht. Die Insassen dieser kampfästhetischen Fahrzeuge sitzen übrigens nahezu unsichtbar hinter immer kleiner werdenden Scheiben, am besten noch abgedunkelt. Man zeigt nicht mehr, wer man ist, sondern nur, was man anrichten könnte. Ist es da übrigens rätselhaft, wieso sich in den nächtlichen Innenstädten rasant ein neuer Kult des Straßenrennens ausbreitet, deren soziopathischen Akteuren regelmäßig Fußgänger, Rad- und Kleinwagenfahrer, die nichts Böses ahnten, zum Opfer fallen? Nein, ist es nicht, denn die Soziokultur der modernen Gegenwartsgesellschaft hat ja exakt diesen Ego-Shooter in Beruf und Freizeit zum Idealtypus erhoben, der pausenlos seine Leistungs- und Wettbewerbsfähigkeit überwacht und der von sich ganz zutreffend annimmt, nur als Einzelkämpfer vorn sein zu können. Und das sogenannte Topmanagement, von Deutscher Bank bis Volkswagen, macht auch denen am unteren Ende der Gesellschaft vor, was das heißt und über welche Leichen man zu gehen bereit ist und sein soll.

Unternehmenschefs und Unterchefs heißen heute »Officers«, schon seltsam in einer Zivilgesellschaft, oder? Managements von sogenannten Weltunternehmen – global players –, allen voran die deutsche Autoindustrie, zeichnen sich durch Niedertracht sogar gegenüber ihren Kunden aus, zeigen stolz ihre Boni trotz Geschäftsschädigung vor und kultivieren Ignoranz als Sozialnorm.

Parteipolitik ist bekanntlich ein Soziotop erlesener persönlicher Konkurrenz und Feindschaft, hehre wissenschaftliche Einrichtungen sind das gelegentlich nicht minder. Und schließlich gilt es auch in diesen Kreisen heute nicht mehr als unfein, verächtlich über Schwächere, Ärmere, Chancenlose zu sprechen – die Würde des Menschen gilt praktisch als durchaus antastbar.

Alles dieses verkörpert jedenfalls eines nicht: Solidarität. Aber sagen wir es doch positiv: Gerade in Zeiten begrenzter räumlicher und materieller Ressourcen, im Angesicht sich häufender Extremwetterlagen und -ereignisse, vor dem Hintergrund medizinisch zu verzeichnender Stressfolgen wie Überreiztheit, Schlafmangel, Burn-out wäre statt der Fortsetzung und Eskalierung des Wettbewerbsprogramms aller gegen alle das genaue Gegenteil hilfreich: das Einüben von Empathie, Hilfeleistung, Unterstützung.

Und hier sehen wir wiederum ein Versäumnis. Zu wenig ist gegen einen systemischen Fehler des zivilisatorischen Projektes der Moderne getan worden. Der liegt darin, dass viele Leistungen für Menschen mit Benachteiligungen von dafür zuständigen Institutionen erbracht werden – und nicht von den Menschen in der sozialen Mitwelt. Das hat seinen guten Sinn, denn es respektiert den Anspruch auf Gleichbehandlung und setzt ihn um. Es führt aber zur Delegierung von Solidarität. Nehmen wir das Beispiel, dass eine Schülerin, die auf einen Rollstuhl angewiesen ist, es sicherlich begrüßt, wenn in ihrer Schule ein Fahrstuhl eingebaut wird, der es ihr erspart, um Hilfe bitten zu müssen. Andererseits nimmt der Fahrstuhl die Notwendigkeit der solidarischen Hilfe aus dem sozialen Raum heraus – kein Schüler muss sich mehr zur Hilfe veranlasst sehen und zusammen mit anderen die Rollstuhlfahrerin die Treppe hinauftragen. Das ist die Dialektik der Institutionalisierung von Leistungen für andere. Marianne Gronemeyer nennt das »staatliches Fürsorgemonopol«.[32]

Sie führt auch dazu, dass solche Hilfe aus dem Alltag verschwindet und nur noch an dafür vorgesehenen Orten professionalisiert in Erscheinung tritt. Menschen werden gewissermaßen der Solidarität praktisch entwöhnt, was für die gesellschaftliche Praxis nicht gut ist – eine Art Kollateralschaden der Gleichstellung. In einer freien Gesellschaft müsste man dafür eine andere Balance finden, im Sinn einer Unterschiedslosigkeit der Teilhabe an gesellschaftlichen Gütern, die nicht nur durch die Verwaltung, sondern durch alle Bürgerinnen und Bürger umgesetzt wird. Freiheit heißt, ohne Angst anders sein und auf Hilfe vertrauen zu können.

Und noch ein anderer Aspekt: Es hat viel zu wenig Einspruch gegen den neoliberalen Schmu gegeben, dass gelingendes Leben immer win-win sei. Win-win ist das Gegenteil von Solidarität, denn die besteht ja genau darin, dass ich für die Sache von jemand anderem eintrete, ohne dass sich das für mich auszahlt. Seenotretter werden neuerdings vielleicht auch deswegen kriminalisiert, weil sie der lebende Gegenbeweis zur herrschenden Ideologie sind und sich dem win-win nicht fügen wollen. Apropos: Seenotrettung ist Solidarität, freiwillige Feuerwehr, Rotes-Kreuz-Ortsvereine, Babyklappen, Frauenhäuser, Hospize, Obdachlosenhilfe sind Solidarität – es existieren noch jede Menge solidarische Vergemeinschaftungen, sie werden nur gesellschaftlich und medial nicht hinreichend geachtet. Die Menschen, die diese Vergemeinschaftungen bilden, sind die, die den Laden am Laufen halten, und solche Vergemeinschaftungen sind Produktivkräfte des guten Lebens. Sie gilt es, in einer Gesellschaft für freie Menschen systematisch zu stärken.

Lego 9:
Mobilität

Zu den ungelösten Rätseln der Menschheit zählt die Frage, warum wir immer mehr, öfter und weiter unterwegs sind, wo doch die digitale Kommunikation die Menschen in Wort, Bild, Schrift, Sound und Emoticons viel schneller enger zusammenbringt, als es jemals in der Geschichte der Fall war. Das Bildtelefon etwa war ein festes Ausstattungsmerkmal aller Science-Fiction-Romane und -Filme des 20. Jahrhunderts. Heute hat jede und jeder eins in der Tasche und findet gar nichts dabei. Und nicht nur der User sieht den anderen User, beide werden auch vom Telefon gesehen, und mit der Gesichtserkennung weiß wahlweise irgendeine Geheimpolizei oder Google, wer da grade so nett miteinander plaudert. Die Gesichtserkennung funktioniert natürlich auch, wie man etwa am Berliner Bahnhof Südkreuz getestet hat, im analogen Raum sehr gut – aber, wie gesagt, warum soll man den eigentlich noch aufsuchen, wo doch der digitale immer größer und verwinkelter wird? Entsprechend geben zeitgeistige Nutzerinnen als Adresse »Berlin und Internet« an; sie bewohnen mithin hybride Räume, und man sieht: Durch die digitale Kommunikation haben sich nicht nur die Gespräche und Nachrichten vervielfacht, sondern auch die Räume, in denen man sein kann. Und natürlich ist es viel leichter geworden, von A nach B zu kommen. Mit dem ICE ist Wolfsburg ein Vorort von Berlin, weshalb Entwickler von Betrugssoftware dort arbeiten, aber in Berlin-Mitte wohnen können. Wer es gern hat, fliegt übers Wochenende in die Ferienwohnung nach Mallorca, und auch die Klassenreise geht, wie schon gesagt, nicht mehr in die Jugendherberge Bad Ems, um den Limes entlangzuwandern, sondern nach Malle, um nix zu tun.

Nehmen wir die modernen Carsharing-Angebote. Vor

30 Jahren wurde Carsharing erdacht, damit mehrere Menschen sich Fahrzeuge teilen konnten, die ansonsten die meiste Zeit ungenutzt herumstanden – um also mehr Nutzen aus demselben Materialaufwand zu ziehen, den ein Auto darstellt. Das hieß damals zum Beispiel »teilauto« und war wenig sexy, weil meist lustfeindliche Kleinwagen in Basisausstattung angeschafft wurden, und in Ermangelung digitaler Codes und Smartphones war es mühsam, Schlüssel in Sammelkästen zu deponieren und Fahrzeuge zu reservieren. Und von der Möglichkeit, das Auto am Zielort abzustellen und nie wieder zu sehen, hätte man damals nicht einmal zu träumen gewagt. Geht heute alles, und zwar so gut, dass die Carsharing-Anbieter Nutzerinnen und Nutzer anziehen, die ansonsten Bahn oder Fahrrad gefahren oder gleich zu Fuß gegangen wären. Da stehen dann am Berliner Hauptbahnhof gleich reihenweise Mini-Cabrios oder schicke BMWs, wer wird sich da in eine stickige Tram mit anderen Menschen stellen wollen?

Auch das erzeugt Mobilität, nämlich Fahrten, die dazukommen. Es kommen auch dazu: immer mehr Lieferungen durch Online-Bestellungen, Food-Bringdienste, Luftfracht, Schiffsfracht, Dienstreisen, Privatreisen und und und. Die prognostizierten Zuwachsraten bei Transporten auf der Straße sind genauso horrend wie bei den Passagierzahlen künftiger Flugreisen; das alles braucht: mehr Flugzeuge, mehr Flughäfen, mehr Zubringerstraßen, mehr Logistikzentren, mehr Autobahnen, mehr Parkplätze, mehr fossilen Treibstoff usw. Den damit zusammenhängenden Verkehrskollaps gibt es schon seit Jahrzehnten, und schon damals hat uns die Kybernetik gelehrt, dass mehr Straßen nicht weniger Stau, sondern mehr Verkehr erzeugen. Oder die tollen Apps wie »Parknow«, die Autofahrern zeigen, wo sie parken können. Vorbei die bösen Zeiten, wo man fürchten musste, keinen Parkplatz zu bekommen und deshalb lieber mit der Tram gefahren ist. Angebot schafft Nachfrage, das ist das Geheimnis der Hyperkonsumgesellschaften, und natürlich gilt dieses Gesetz auch für die Mobilität.

Aus all diesen Gründen – Redundanz, Bequemismus, Lieferservices, Angebotsvervielfältigung – wächst die Mobilität, anstatt zu schrumpfen. Die Absurdität des Ganzen kann man sich daran klarmachen, dass die Durchschnittsgeschwindigkeit permanent absinkt, dem Dauerstau sei Dank. Nehmen Sie Städte wie Peking, wo die Hunderttausenden Fahrräder gegen Hunderttausende Autos ausgetauscht wurden, niemand mehr vorankommt, extreme Smogprobleme auftreten und letztlich alles verhunzt wurde, was diese Stadt einmal lebenswert machte. Für ganz China schätzt man 4400 Tote pro Tag infolge der Luftverschmutzung, das sind 1,6 Millionen im Jahr, ein wahrhaft abenteuerlicher Wert.[33]

Aber so weit muss man nicht schauen: Im kleinen Deutschland wächst der Flächenverbrauch kontinuierlich weiter – um sagenhafte 60 bis 70 Hektar täglich –, weil die Suburbanisierung immer noch voranschreitet, obwohl die mittelfristigen Folgen sterbender Ortschaften wegen überalterter Bevölkerungen heute schon deutlich sind. Wenn die stolzen Erbauer von »Flair 113«, dem meistverkauften Eigenheim in Deutschland, einst Rentner sind und in die Stadt oder ins Heim ziehen, will niemand die Buden haben, wegen denen nicht nur riesige Flächen versiegelt werden, sondern eben auch immer mehr Pendlerverkehr entsteht. Das Familiensehnsuchtsland, das in den »Feng-shui-Siedlungen« und Townhouse-Gulags gesucht wird, entpuppt sich spätestens bei der ersten Scheidung als teurer Irrtum, die Kinder wollen da eh nicht sein, sobald sie Jugendliche sind, und Pendler sind – wissenschaftlich belegt – die unglücklichsten Menschen der Welt, weil sie so viel Lebenszeit komplett sinnlos im Auto, also im Stau verbringen.[34]

Zum Ausgleich werden die Autos immer größer und schwerer und damit ressourcenintensiver und sedieren ihre Pilotinnen und Piloten mit so vielen automatischen Bevormundungsfunktionen, dass die schon gar nicht mehr selbst in der Lage sind, den Scheibenwischer einzuschalten, wenn es regnet. Diese durch und durch sinnfreie Entwicklung wird dann noch durch das allseits propagierte »autonom« fahrende Auto getoppt, das niemand braucht, niemand haben will und das schon von gestern ist, wenn es morgen auf den Markt kommt.

Denn es kann ja nicht darum gehen, einen falschen Pfad der Mobilität zu optimieren, man optimiert so den Problemzuwachs, nicht die Raumüberwindung. Denn die ist es ja, was Mobilität gewährleisten soll: Jede und jeder soll die Möglichkeit haben, sich frei im Raum zu bewegen, aus beruflichen und privaten Gründen. Aber dass die Menge an Raumüberwindungen durch Siedlungsformen wie die metastasenartig wuchernden Vorstädte, durch Tourismusangebote, durch Carsharing, durch Kommunikation wächst und damit immer mehr ökologische Probleme und Gesundheitsbelastungen erzeugt, dem lässt sich nicht durch Technik und Infrastrukturen abhelfen. Sondern nur durch weniger Bewegung, zu Hause bleiben, digital kommunizieren, auf soziale Verkehrsträger umsteigen – wie das Fahrrad, die Tram, den Bus, den Spaziergang. Hier, im Verlassen eines ganz und gar anachronistischen Pfades, liegt die demokratische und ökologische Alternative, übrigens mit 23 000 Toten weniger pro Jahr allein in Europa. Mit weniger Lärm, Emissionen, Flächenverbrauch, Aggression, Belästigung überhaupt.

Nötig ist eine komplett andere Kultur der Raumüberwindung als die antizivilisatorische und ganz und gar depperte fossile Mobilität. Und grundsätzlich weniger, aber demokratische Mobilität, die niemand von den Möglichkeiten der

Raumüberwindung ausschließt. Heute ist Mobilität strikt hierarchisiert und eine Frage des Geldes. Vielflieger, Vielfahrer und Vielreisende genießen hohes Sozialprestige, *weil* sie so viel unterwegs sind, also den größten Weltverbrauch haben. Sie bekommen Bonusmeilen, Lounge-Zutritt, Prämien. Die Ärmsten gehen zu Fuß und bekommen nichts dafür, obwohl sie der Welt am wenigsten schaden.

So spiegelt sich gerade in der Mobilität, dass alle ökologischen Fragen unausweichlich zugleich immer soziale Fragen sind, und nirgends wird das deutlicher als in Gestalt der fossilen Mobilität, die unseren Bewegungsraum genauso bestimmt wie unser Wohnen wie die Akustik und Atemluft. Umgekehrt wäre mit einer anderen Mobilität sehr vieles gleich mit betroffen: die Gesundheit, der Rohstoffverbrauch, die CO_2-Emissionen, die Infrastrukturen, die Teilhabe. Man sieht an diesem Beispiel, dass die Veränderung einer einzigen Variable die komplette Konstellation verändern kann. So, wie es der sächsische Comedian Olaf Schubert formuliert hat: »Ich träume von einem Auto, in das alle reinpassen, aber keiner mitfährt, weil alle schon da sind.«[35]

Lego 10:
Boden, Pässe, Grenzen. Antimodernes
in der Moderne

Straßen, Schienen, Landebahnen – alle Infrastrukturen der Raumüberwindung setzen einen Boden voraus, auf dem man fährt, abhebt oder landet. Jede Stadt, jedes Dorf, jede Siedlung, jede Scheune steht auf – Boden. Das ist so selbstverständlich, dass man darüber so wenig nachdenkt wie darüber, dass man Luft zum Atmen braucht. Wenn Fische reden könnten, würden sie über eins ganz sicher nicht sprechen: über

Wasser. Denn das bildet die ganz und gar selbstverständliche, nicht erklärungsbedürftige Welt, in der sie leben.

Es ist eine Eigenart unserer modernen Kultur, dass sie sich mit zunehmender Technisierung und Fremdsteuerung, mit immer mehr dienenden und rechnenden Geräten immer weiter entfernt zu haben scheint von den Dingen des Lebens. Keinem iPhone ist anzusehen, dass seine Bestandteile aus dem Dreck der Minen kommen, jede moderne Infrastruktur wie eine Kanalisation, eine Straße, eine Trambahn ist schon so lange da, dass niemand glaubt, sie könnte einmal nicht da gewesen sein. Das alles ist, marxistisch gesprochen, »zweite Natur«, die aber immer eine »erste Natur« voraussetzt, jene, die die Rohstoffe für alles das liefert. Aber es sind vor allem jene Elemente der »zweiten Natur«, die eben nicht natürlichen, sondern kulturellen Ursprungs sind, die wiederum uns prägen, unsere Selbst- und Weltwahrnehmung. »Der heutige Mensch«, hat Ivan Illich geschrieben, »versucht, die Welt nach seinem Bilde zu schaffen, eine völlig vom Menschen gemachte Umwelt zu errichten. Dabei entdeckt er dann, dass er das nur unter einer Bedingung tun kann: indem er sich selber ständig umgestaltet, um sich anzupassen.«[36]

Illich ahnte noch nichts von der Apple-Watch, von Body-Enhancement und sogenannter künstlicher Intelligenz – also jenen menschlichen Hervorbringungen, deren Anforderungen sich immer mehr Menschen unterwerfen, als handele es sich um äußere Mächte. Aber dass Menschen sich an jene Umwelten anpassen, die sie selbst geschaffen haben, ist keineswegs etwas Neues. Denken Sie nur an die Zeit, die erst seit der Industrialisierung ihre heutige Taktung hat, unser Leben aber so strukturiert, als sei sie ein Naturgesetz. Oder an die Autos, die unsere Landschaft und unsere Städte normieren und nach deren Vorgaben wir uns verhalten (weil wir sonst überfahren werden). Der »Bürgersteig« heißt ja so, weil die

Mitte der Straßen den Reitern und den Kutschen, später den Autos überlassen werden musste. Wer zu Fuß unterwegs war, dem musste der Rand genügen. Alle menschlichen Erfindungen, die zu Infrastrukturen werden, haben einen kulturellen »Rückkanal«: Sie prägen Wahrnehmung und Verhalten so tief, dass es kaum noch jemand merkt.

Nichts kommt einem Menschen des 21. Jahrhunderts daher normaler vor, als dass es Grenzen gibt, die nationale Territorien definieren und die Übergänge von Personen von einem Territorium zum anderen regulieren. Dabei wird unterschieden, ob es um Einheimische, Angehörige eines gemeinsamen Grenzregimes (»Schengenraum«) oder um visapflichtige Personen geht, oder gar um die Lieblingsgruppe eines Heimatministers: Menschen, die gar nicht einreisen dürfen.

Heute rankt sich um die Grenzen eine ganz und gar antimoderne Mythologie. Es ist zum Beispiel die Rede von der »Sicherung der EU-Außengrenzen«. Die sind etwa 14 000 Kilometer lang, und es ist natürlich komplett illusionär, eine derart lange und topographisch uneinheitliche Grenze »sichern« zu wollen. Zur Begründung wird gesagt, dass man ja wissen müsse, wer in die EU »hineinkäme« – etwa um Terrorismusprävention und ähnlich sinnvolle Absichten verfolgen zu können. Ein absurdes Unterfangen, das ja unterstellt, man wisse, wer schon da ist – bei mehr als 500 Millionen Menschen aus 28 Mitgliedsländern mit durchaus heterogenen Bevölkerungen ist das nicht mehr als albern. Schließlich wird unterstellt, dass Grenzen den Binnenraum schützen, den sie markieren – aber Kriege beginnen in der Regel durch Grenzverletzungen, also den Angriff auf eine behauptete territoriale Integrität am Boden oder in der Luft. Sie schützen nicht, sie gefährden.

Und kaum jemand weiß heute noch, dass die Grenze zur Markierung eines Territoriums in der Regel nicht älter ist als der Nationalstaat, also eine historisch junge Erfindung. Historische Grenzanlagen wie der Limes, der römische Grenzwall, dienten der Erhebung von Zöllen und Steuern, waren aber nicht von der Vorstellung beseelt, Menschen vom Übertritt von einem Gebiet in ein anderes abzuhalten.

Auch der Begriff der Grenze in seiner heutigen Bedeutung (wie in »Außengrenze« zur Definition eines Territoriums) ist jung; über viel längere Zeiten hinweg galt »Mark« als Bezeichnung einer Gegend und seiner Einwohnerschaft (»Dänemark«, »Mark Brandenburg«). Die Vorstellung einer De-*mark*ationslinie, die den Zugang von innen nach außen und umgekehrt rigide vorschreibt und Zugehörigkeit und Nichtzugehörigkeit eindeutig definiert, ist historisch jüngeren Datums und wiederum mit dem Aufstieg des Nationalstaats verknüpft. Man kann das auch an den *Mark*ierungen selbst sehen: Die Schranke, die Mauer, der Zaun sind jüngeren Datums, der Grenzstein oder das Hoheitszeichen weit älter. Und da sprechen wir nur über Europa. Über die Markierungsstrategien durch Gesänge oder Geschichten in anderen Kulturen öffnet sich ein unendlich weites Spektrum der Auffassungen vom Territorialen, das vielleicht nur die eine Gemeinsamkeit hat, dass sie allesamt der Identifizierung von Herkünften und als topographische Orientierungsmittel dienten – heute würde man »Karten« sagen. Grenzen schließen ein und aus, Karten orientieren.

Auch die Idee, dass Menschen sich als solche »ausweisen« können müssen, die irgendwoher kommen und irgendwoanders nicht »hingehören«, also die Idee einer ausweisbaren »Staatsbürgerschaft« ist jungen Datums – wie übrigens das heutige Verständnis von Staatsbürgerschaft überhaupt, das frühestens ab 1800 aufkam.[37] Valentin Groebner hat eine verblüffende Studie vorgelegt, in der er nachzeichnet, dass unterschiedliche Formen von »Geleitbriefen«, Zollbriefen mit

Warenbeschreibungen, mit denen Personen seit dem Hochmittelalter von einem Fürstentum oder Königreich in ein anderes reisten, im Wesentlichen die Kosten regelten, die mit Grenzübertritten verbunden waren, sich aber weniger um die Person drehten, die reiste. Andere Aspekte von »Ausweisen« in Gestalt von Markierungen waren die Legitimierung bzw. das Verbot von Bettelei, die Bescheinigung von Pilgerschaft und Wallfahrt.

Bis in das 19. Jahrhundert hinein waren Pässe besonders für Bessergestellte überflüssig – ein »Plakat englischer und französischer Eisenbahngesellschaften für eine luxuriöse Reise von London nach Konstantinopel konnte deshalb 1888 damit werben, dass man weder umsteigen müsse, noch einen Pass benötige. Pässe, schrieb 1907 der französische Jurist Adrien Sée in einem historischen Rückblick, seien eine ›curiosité‹ vergangener Tage: bestenfalls ein Gegenstand rechtshistorischer Forschung, aber ohne jede Relevanz für die Gegenwart.«[38] Natürlich: Das war eine radikale Fehleinschätzung, aber die Einführung strikter Grenzregime in unserer modernen Form hatte ihre Wurzel im Ersten Weltkrieg, und der begann sieben Jahre nach Sées Prognose. Übrigens war damit auch jene Gleichsetzung von nationaler und ethnischer Identität eingeläutet, die dann überhaupt erst die »ethnischen Säuberungen«, »Umsiedelungen« und Völkermorde anleitete, die das 20. Jahrhundert so antizivilisatorisch geprägt haben.

Da staunt man aber in Zeiten von Flüchtlingsparanoia und hysterischer Grenzsicherung und muss zur Kenntnis nehmen, dass »der Zwang zum Ausweis, zum Pass und zu neu geschaffenen Identitätskarten« eben erst seit dem Ersten Weltkrieg 1914 jene Konjunktur erlebt, die uns bis heute nicht mehr verlassen hat und im Übrigen auch zu den Identifizierungsexzessen der Gegenwart führt, mit Gesichtserkennung und Bewegungsprofilen. Aber der entscheidende Punkt ist, dass

Abb. 13: Monument der Antimoderne: Grenzzaun

die für »uns heute so selbstverständliche Verkoppelung von Staatsangehörigkeit und Ausweis (...) erst am Beginn des 20. Jahrhunderts durchgesetzt« wurde. Das Identifikationsdokument, also Personalausweis oder Pass, »kündet weniger von der Eigenart der Person selbst als von bereits hergestellter Ordnung qua amtlicher Bescheinigung«.[39] Deshalb gehört mein Pass übrigens auch nicht mir, sondern der ausstellenden Behörde.

Moderne Staatsbürgerschaft ist, so banal kann man es sagen, an die Entstehung des modernen Nationalstaats gebunden, und erst mit ihm werden die modernen Grenzregime und die genaue Identifizierung derjenigen wichtig, die die Grenze passieren möchten. So betrachtet war die Öffnung der Grenzen innerhalb des Schengenraums eigentlich keine historische Neuigkeit, sondern eher die Rückkehr zu älteren Normalverhältnissen, zumal ja die Pflicht zur Deklaration von mitgeführten Gütern oder Geldsummen bestehen blieb.

Historische Betrachtungen führen mitunter zu seltsamen Verfremdungseffekten gegenüber der Gegenwart, was sich übrigens nochmals steigern lässt, wenn man noch weiter in der Geschichte zurückgeht und sich fragt, wann denn eigentlich so etwas wie Territorium, also Eigentum an (bewirtschaftetem) Boden entstanden ist. Die Antwort lautet: Im Neolithikum, als zu den Überlebenskulturen der Jäger und Sammler sukzessive jene hinzutraten und sie später ablösten, die Getreide anbauten. Sesshaft zu werden, das bedeutet: Eigentum an Boden zu bilden. Erst an dieser Stelle der Geschichte (der Zeitraum, der als »neolithische Revolution« bezeichnet wird, umfasst 3000 bis 5000 Jahre, eine ziemlich langsame Revolution) wird übrigens auch der Krieg erfunden. Vorher schlug man sich vielleicht mal tot, massakrierte auch schon mal eine ganze Gruppe, raubte Frauen oder Beute, aber der systematische Überfall auf ein Territorium, auf die zugehörigen Menschen und ihren Besitz, den gibt es logischerweise erst, seit es Territorium gibt. Man sieht: die Menschheitsgeschichte entwickelt sich nicht immer linear zum Besseren.

Wenn man heute die immer hartnäckiger und wütender verteidigten Grenzregime betrachtet und zugleich sieht, dass sich weder radioaktiver Fallout noch CO_2-Emissionen noch Viren noch internationale Finanztransfers noch Rohstoffbörsen und damit die Chancen auf Ernährung an nationalstaatliche Grenzen halten, dann merkt man, wie anachronistisch, ja, geradezu aus der Zeit gefallen topographische Grenzen sind. Man könnte sogar vermuten, dass die Bedeutung, die ihnen von autokratischen Politikern und nostalgischen Menschenfeinden von rechts und links zugeschrieben wird, desto stärker wird, je schwächer und durchlässiger sie de facto im 21. Jahrhundert werden. Die Grenze und ihre Verteidigung braucht es gerade in der Ära der Globalisierung nicht mehr, was ja keineswegs heißt, dass man Zugehörigkeiten, etwa aus steuer- oder wahlrechtlichen Gründen, nicht bestimmen könnte oder sollte.

Aber man muss sich nur ansehen, was gerade jetzt geschieht. Weltweit erlebt die Mauer eine Renaissance: Seit dem Mauerfall 1989 und dem damit markierten Ende des Kalten Krieges sind etwa 50 neue große Mauern weltweit entstanden, Tendenz steigend. Vielleicht verdeutlicht kein anderes Phänomen mehr, dass wir uns gegenwärtig in einer Entzivilisierungsphase befinden: Wir finden Mauern wegen staatlicher Konflikte, 180 Kilometer auf Zypern, 248 Kilometer in Korea, 550 Kilometer zwischen Indien und Pakistan. Wir sehen Mauern und Zäune zur Verhinderung von illegaler Migration, unter anderem 180 Kilometer im protofaschistischen Ungarn, 764 Kilometer, mit denen sich die Türkei gegen Syrien abgrenzt, 1130 Kilometer zwischen den USA und Mexiko (3100 Kilometer sollen es werden) und ca. 4000 Kilometer, mit denen sich Indien gegen Bangladesch abschottet. Welcher inhumane Impuls von diesem Typ von Grenze ausgeht, hat die barbarische Trennung von aufgegriffenen Müttern und Kindern gezeigt, die Donald Trump 2018 angeordnet hat.

Und schließlich gibt es eine Menge Mauern wegen ethnischer und politischer Konflikte, 750 Kilometer zwischen den Palästinensergebieten im Westjordanland und israelischen Siedlungen, 900 Kilometer zwischen Saudi-Arabien und dem Irak, 2500 Kilometer in der Westsahara, die Marokko beansprucht.[40]

Wer die Regime betrachtet, die Mauern bauen, wird die gegenwärtigen europäischen Sympathien dafür, sich selbst zur Festung auszubauen, mit Gruseln betrachten. Das ist antizivilisatorisch in einem sehr substantiellen Sinn. Davon abgesehen ist es blödsinnig, wie man unschwer an den 18 Milliarden Dollar sehen kann, die für Trumps Mauer gegen Mexiko veranschlagt werden. Dabei sind die immensen Aufwendungen für Grenzposten, Überwachungsanlagen, Personal, Gefängnisse usw. usf., die feste Grenzen zwingend nach sich ziehen, noch gar nicht eingerechnet, die aber überall dort anfallen, wo man Territorien sichern zu müssen meint. Ein Irrsinn, in jeder Hinsicht.

Eine Gesellschaft für freie Menschen muss Intelligenteres zur Markierung von begründeten Zugehörigkeiten zu bieten haben als physische Grenzen. Weiterbauen am zivilisatorischen Projekt der Moderne bedeutet hier den Rückbau von Mauern und Grenzanlagen. Gerade die Europäerinnen und Europäer durften ja am Wegfall der Grenzkontrollen im Schengenraum erleben, welchen Gewinn an Freiheit und Lebensqualität die Inexistenz von Grenzen eröffnet.

Lego 11:
Beziehungen, Kommunikationen, Liebe.
Die menschliche Welt ist zwischenmenschlich

Auf der Erde leben gegenwärtig mehr als sieben Milliarden Menschen, die sich in unterschiedlicher Anzahl auf fünf Kontinente verteilen, mehr als fünftausend verschiedene Sprachen sprechen, auf einige tausend Jahre je eigene Geschichte und Kultur zurückblicken, Nahrungsmittel, Sitzmöbel und, je nachdem, Raumschiffe und Elekroautos produzieren und sich mit Hilfe einer Unzahl von Kommunikationsmitteln verständigen: Sprache, Schrift, Musik, Malerei, Tanz, Film, E-Mail, Whatsapp usw. usf. Wir wissen von Bruce Chatwin, dass die Aborigines in Australien die Topographie ihrer Welt durch jeweils besondere Gesänge markiert haben, durch »Songlines«, dass andere Kulturen dasselbe durch Geschichten tun, die über die Landschaft, die Steine, Flüsse und Tiere weitererzählt werden. Sie singen oder erzählen, wie die Welt beschaffen ist; die neuzeitliche Wissenschaft berechnet sie.

Abb. 14: Chris Marker, Sans soleil, 1983, der Blick, der weiß

Aber bei aller Unterschiedlichkeit der Weltdeutungsverfahren kennen alle Menschen das doch sehr überraschende Phänomen, dass wir uns über ungeheuer komplexe Sachverhalte – etwa über das »unmögliche« Verhalten einer dritten Person – mit einem kurzen Blick in die Augen des anderen verständigen können, mit einem Blick, wie Chris Marker gesagt hat, von der Dauer einer zweiunddreißigstel Sekunde, kurz wie ein Bild in einem Film.

Es ist doch ziemlich erstaunlich, dass wir über alle Differenzen, über alle kulturellen, regionalen, sprachlichen Unterschiede hinweg, prinzipiell zur Verständigung in der Lage sind, ja, dass die soziale Vernetzung all der Milliarden Menschen offenbar so eng ist, dass es sogar vor der Erfindung des Internets und des Smartphones im Durchschnitt nur sechs Personen brauchte, um eine Nachricht im Medium des mündlichen Weitersagens an eine willkürlich ausgewählte Person auf einem beliebigen Kontinent in einem beliebigen Kulturkreis weiterzugeben. Das war das Small-world-Experiment, das Stanley Milgram 1967 durchgeführt hat (der Stanley Milgram, der uns schon im Zusammenhang des Gehorsamsexperiments begegnet ist, vgl. S. 63–65).

Das alles zeigt: Was die menschliche Welt im Innersten zusammenhält, ist Kommunikation, genauer gesagt das unerschöpfliche und spezifisch menschliche Potential, Beziehungen direkter und indirekter, enger und loser, naher und ferner Art mit anderen Menschen herzustellen.

Neurowissenschaftlich betrachtet entsteht Bewusstsein dadurch, dass Gehirne in einen Dialog miteinander eintreten können.[41] Die Entstehung von Bewusstsein ist jenseits von Kommunikation mit anderen nicht möglich,

die menschliche Welt besteht im Zwischenmenschlichen.

Das soziale Gehirn

Lange bevor im Kleinkindalter, mit drei oder vier Jahren, unser reflexives, selbstbezogenes Bewusstsein erwacht, hat uns das Zusammensein mit anderen schon mit einer Unzahl von Bedeutungen über die Dinge des Lebens vertraut gemacht. Wir haben sie in der Praxis des Zusammenseins erfahren, sie werden nicht »gelernt«, sondern im genauen Wortsinn *erlebt*. Da sich sowohl die organische Reifung des Gehirns als auch die Entstehung neuer Nervenzellen als auch die Etablierung ihrer Netzwerkstrukturen beim Menschen noch über lange Zeiträume nach der Geburt erstrecken und in Teilen lebenslang in Entwicklung begriffen sind, können wir davon sprechen, dass sich das Gehirn im Zusammensein mit anderen formt und strukturiert. Das menschliche Gehirn kommt im Singular nicht vor.

In den Neurowissenschaften wird dieser Umstand als »erfahrungsabhängige Gehirnentwicklung« bezeichnet. Denn Menschen kommen hinsichtlich ihrer Hirnreifung völlig unfertig auf die Welt; diese ist erst im jungen Erwachsenenalter abgeschlossen, weshalb soziale und biologische Entwicklung gemeinsam ablaufen. Deshalb sind Menschen kulturelle Wesen: Die jeweilige Kultur bildet ihre Entwicklungsumgebung genauso wie natürliche Bedingungen (wie Klima, Landschaft usw.). Die schier unerschöpfliche Flexibilität der menschlichen Hirnorganisation zeigt sich auch daran, dass es hirnbiologisch und -anatomisch keinerlei Unterschied zwischen den Menschen der Gegenwart und denen gibt, die vor 40 000 Jahren gelebt haben. Auch Ötzi hätte ein iPhone bedienen können.

Ein zentrales Unterscheidungsmerkmal zwischen nichtmenschlichen (also zum Beispiel Schimpansen, Gorillas etc.) und menschlichen Primaten ist übrigens in der sozialen Organisation ihrer Überlebensgemeinschaften zu suchen. Während nichtmenschliche Primaten innerhalb ihrer Überlebensgemeinschaft um Nahrungsmittel konkurrieren und ein Sozialsystem entwickelt haben, das durch strikte Hierarchie und eine unumstößliche soziale Ordnung die Ernährungs- und Fortpflanzungserfordernisse der Gruppe reguliert, setzen menschliche Überlebensgemeinschaften auf ein völlig anderes Prinzip: auf Kooperation. Kooperation steigert die Potentiale der Einzelnen, indem sie Fähigkeiten und Kräfte bündeln, kombinieren, kumulieren kann und damit ihrerseits neue Potentiale zu entfalten in der Lage ist. Gerade darum sind menschliche Überlebensgemeinschaften prinzipiell kommunikative Gemeinschaften. Und darum ist »readyness for communication« (Colwyn Trevarthen) ein zentrales Ausstattungsmerkmal von Neugeborenen, die einige Lebensmonate später um die Fähigkeit zur Intersubjektivität erweitert wird, also die Übernahme der Perspektive des anderen. Und diese wiederum ist eine zentrale Bedingung für die Möglichkeit einer interaktiven Weitergabe von Erfahrung, Wissen, Technik usw. Dies alles bietet der menschlichen Lebensform eine Entwicklungsdynamik, die mittels Speicherung und Weitergabe von Erfahrung und Wissen, Tradierung und Traditionsbildung erreicht wird.

Ein Mensch, der ganz allein aufgewachsen wäre, könnte weder laufen noch zeigen noch sprechen noch fragen. Genetisch wäre er ein kompletter Mensch, aber er hätte keine Eigenschaften, die ihn überlebensfähig machen würden. Deshalb sind die Fiktionen der Ökonomie – das nach wie vor dominierende Menschenbild dort ist der homo oeconomicus, der individuelle Nutzenmaximierer – ähnlich weit von der Soziobiologie der menschlichen Lebensform entfernt wie die der Digitalwirtschaft, die das Leben in binäre Codes zerlegt und damit berechnen zu können glaubt.

Weiterbauen am zivilisatorischen Projekt bedeutet daher auch, dass man die fundamentale Bezogenheit von Menschen aufeinander in Theorie und Praxis zur Geltung bringen und die darin liegenden Potentiale entfalten muss. Man könnte auch sagen: Es geht um die Ermöglichungsbedingungen von Liebe. Das ist eigentlich trivial, aber die Trivialiät verschwindet zusehends, wenn Menschen und ihre Entwicklungsumgebungen immer mehr durch Algorithmen bestimmt werden, die junge männliche Programmierer in libertär-kapitalistischen Unternehmen entwickeln. Schon daran sieht man, wie eng der Ausschnitt aus der lebendigen Welt ist, der zunehmend zum dominanten Steuerungsinstrument der sozialen Welt wird.

Übrigens: Der Hitzesommer 2018 hat dazu geführt, dass viel gebadet wurde – in Schwimmbädern und in Badeseen, natürlich auch am Meer. Dabei berichten Organisationen wie die DLRG genauso wie Bademeister von einem neuen Phänomen: Die Zahl ertrunkener und gerade noch geretteter Kinder unter zehn Jahren ist erheblich angestiegen. Der Grund: Die Eltern oder andere Aufsichtspersonen sind mit ihren Smartphones beschäftigt und vergessen, ihre Kinder im Auge zu behalten. Man könnte sagen: Es handelt sich bei dieser Technologie evolutionär betrachtet um eine Fehlentwicklung, da sie simpelste Überlebensstrategien wie die Sorge von Erwachsenen für Nachkommen unterminiert.

Weiterbauen am zivilisatorischen Projekt bedeutet auch hier den Rückbau falscher Entwicklungspfade. Und der falscheste von allen ist: die soziale Lebensform der menschlichen Gattung immer weiter zu desozialisieren, asozial zu machen, und damit die Menschen von ihren sozialen und naturalen Überlebensbedingungen zu entfremden – so sehr, dass sie so groteske Dinge glauben wie die, dass »Daten« ein Rohstoff seien. Wie lange würden Menschen überleben, die nur Daten zu essen und zu trinken hätten? Eben.

Lego 12:
Freundlichkeit

Unser Alltag ist von Aggressivität durchzogen. Die Wirtschaftsnachrichten in der Zeitung berichten unablässig darüber, dass ein Unternehmen »angreift«, ein anderes »feindlich übernimmt« oder mindestens »im Visier hat«, die »Konkurrenz ausschaltet«, die »Wettbewerber aussticht« usw. In der Schule lernen die Kinder, was Wettbewerb ist und dass es besser ist, vorn zu sein, im Beruf geht es um »Performance«, »Aufstieg«, »Gewinnen«. Autos sehen wie gesagt heute so aus, als könne und müsse man mit ihnen sofort in den Krieg ziehen. Und in der sichersten Gesellschaft ever lebend, fragt man sich: Warum eigentlich? Warum ist die Ästhetik der Bedrohung Merkmal unserer Lebenswelt geworden? Was ist so attraktiv daran, aggressiv zu sein?

Der Prozess der Zivilisation ist im Wesentlichen dadurch charakterisiert, dass direkte Gewalt immer weiter abgenommen hat und durch feinere Regulierungen des zwischenmenschlichen Umgangs abgelöst worden ist. Höflichkeit, Diplomatie, Rücksichtnahme auf Befindlichkeiten, Etikette – all dies sind Verhaltensformen und -normen, die nach dem Mittelalter die Lebenswelt zunehmend gewaltfreier gemacht haben und in den Habitus der Menschen eingegangen sind.

Eine Kultur der wechselseitig geringstmöglichen Belästigung verbreitete sich mit dem Aufkommen von Massenverkehrsmitteln, Theater, Oper und überhaupt der Kategorie »Öffentlichkeit«, und noch das 20. Jahrhundert ist voll von »Benimmbüchern«, aus denen man lernt, wie man ein Besteck hält, wer zuerst gegrüßt wird und wie, usw. usf. Die Kulturrevolution von 1968 hat im Westen ein Phase der Informalisierung eingeleitet, die viele solcher starr gewordenen Regeln verflüssigte, das Duzen verbreitete und lässigere Kleidung auch in Büros und Universitäten gestattete; die Globalisierung und die Orientierung an amerikanischen Gepflogenheiten im »business« trug ein Übriges dazu bei, dass sich der Alltag weniger förmlich gestaltete.

Dabei kann man soziologisch immer sicher sein, dass die Normen desto stabiler sind, je mehr sich die Menschen im Alltag und im Beruf gestatten, sie etwas weiter auszulegen. Andersherum: Je mehr, wie in der Gegenwart, Kategorien wie »Anerkennung«, »Respekt«, »Augenhöhe« explizit betont oder gar eingefordert werden, desto weniger stabil sind sie geworden – ihre selbstverständliche Geltung ist verlorengegangen.

Man könnte sagen: Die globale Feier des Wettbewerbs und des Übervorteilens findet ihren Niederschlag in den veränderten Normen des Alltags. Besonders seit das Smartphone sich in die Lebenswelt eingenistet hat, bewegen sich die Menschen im öffentlichen Raum anders als zuvor: sind konzentriert auf ihr Display, haben nicht mehr den Raum im Auge und im Körpergefühl, in dem sie sich bewegen. Entsprechend nehmen sie die anderen auch nicht wahr, weichen erst im letzten Moment oder gar nicht aus, sehen sich nie um, wenn sie die Richtung wechseln, werden einander zu Fremdkörpern im Raum, die tendenziell stören. Wenn das Ganze noch im Auto stattfindet und die Pilotinnen und Piloten Nachrichten schreiben, während sie fahren, Fotos betrachten oder telefonieren, wird die Unaufmerksamkeit zur tödlichen Gefahr für alle, die zufällig im Weg sind. Das heißt: Die selbstverständliche Voraussetzung, dass man die Welt mit konkreten anderen teilt, gilt in zunehmendem Maß nicht mehr. Sie wird ersetzt durch die Wahrnehmung, dass die anderen vornehmlich als Störungen im eigenen Betriebsablauf auftreten, und solche Störungen erzeugen zwangsläufig Aggression.

Das ist kein Informalisierungsschub, wie ihn die 68er eingeläutet haben, sondern ein Distanzierungsschub – die Menschen entfernen sich emotional weiter voneinander, haben weniger miteinander zu tun. Mir scheint, auch damit stehen die Phänomene in Zusammenhang, von denen Rettungskräfte und Polizisten gleichermaßen berichten: dass man sich nicht aus dem Weg bewegt, um Sanitäter zu Verletzten vorzulassen, dass Helfer beschimpft und angegriffen werden, dass das Unglück anderer nicht berührt, sondern Klicks generiert, wenn man geile Fotos davon posten kann.

Die Verrohung im zwischenmenschlichen Umgang ist kein Zeichen für gelingende gesellschaftliche Entwicklung; da geht offenbar etwas schief. Eine Gesellschaftsutopie für freie Menschen muss aber voraussetzen, dass die Gesellschaftsmitglieder sich gegenseitig nichts tun wollen, ja, dass sie nicht einmal etwas gegeneinander haben, sondern ihre sozialen Verkehrsformen auf die Annahme gründen, dass man eine gemeinsame Welt teilt. Die meisten utopischen Entwürfe, die gegenwärtig erdacht werden – viele sind es ja nicht –, richten sich auf die »großen« Fragen zukünftigen Lebens: Ressourcenschonung, Energie- und Verkehrswende, Konsumkultur, Digitalisierung. Dass all dies eine weitgehend unbewusste Ordnung des Zusammenlebens voraussetzt, die menschenfreundlich ist und ein niedriges Aggressions- und Gewaltniveau garantiert, kommt in den großen Fragen nicht vor. Dabei ist die

Fortsetzung des Zivilisationsprozesses, das Weiterbauen am zivilisatorischen Projekt, banalerweise auch davon abhängig, dass das erreichte Zivilisierungsniveau im Alltag nicht zurückgebaut wird. Wo »Gutmensch« ein Schimpfwort ist, darf man durchaus skeptisch sein, in welche Richtung der zivilisatorische Prozess gerade läuft, aufwärts offenbar nicht. Die Utopie wäre aber:

Eine Welt, in der die Menschen freundlich miteinander umgehen.

Lego 13:
Zeit

Zeit, das ist etwas, was Menschen als ein äußerliches Zwangssystem empfinden, als eine strukturierende Kraft, die ihren Tagesablauf bestimmt und der sie in hohem Maße unterworfen sind. Auf diese Weise wird Zeit als eine objektive Größe empfunden, mit der man messen, steuern, takten, organisieren kann. Tatsächlich ist Zeit ein Orientierungsmittel, das Menschen erfunden haben und das im Wesentlichen dazu dient, Handlungen, Tätigkeiten und Pläne aufeinander abzustimmen und Abläufe in der Natur vorherzubestimmen. Zeit, so hat es Norbert Elias bezeichnet, ist ein menschliches Orientierungsmittel auf hoher »Synthese-Ebene«,[42] und als solches hat sie jene merkwürdige Eigenschaft, die auch auf viele andere menschengemachte Mittel zutrifft und von der schon die Rede war: Sie bekommen ein Eigenleben und wirken auf die Menschen, ihre Weltwahrnehmung und ihr Handeln zurück.

Dabei ist unser heutiges Zeitempfinden, inklusive der Dreiteilung des 24-Stunden-Tags in eine Schlaf-, eine Arbeits- und eine Erholungsphase, nichts anderes als das Resultat der Entwicklung des industriellen Arbeitstags. Und damit des – im Vergleich zur Landwirtschaft – abstrakten Zeitregimes der industriellen Arbeit. Während die Arbeit auf dem Land in vorindustrieller Zeit durch die Jahreszeiten, Saat, Ernte, Wetter, Tageslänge bestimmt und damit arhythmisch war, ist der industrielle Arbeitstag exakt getaktet – in ihm müssen ja Arbeitsschritte, die von sehr vielen Menschen durchgeführt werden, aufeinander abgestimmt – getaktet – werden. Und weiter: In einer Welt, in der sich Handel und Warenverkehr zunehmend globalisieren, in der mehr und mehr Menschen reisen und in der komplexe Langstreckenverkehrsmittel wie die Eisenbahn und das Flugzeug entwickelt werden, müssen immer mehr Abläufe miteinander synchronisiert werden.

Tatsächlich hatte bis fast in das 20. Jahrhundert hinein jede Region eine eigene Ortszeit, die sich nach dem Sonnenstand auf dem jeweiligen geografischen Längengrad richtete: Wenn es in München 12 Uhr war, war es in Karlsruhe 11.47 und in Berlin 12.07.[43] Die unterschiedlichen Ortszeiten führten dazu, dass an Grenzbahnhöfen Chaos entstand: Im Bahnhof von Lindau am Bodensee, der fünf Anrainerstaaten hatte, galten entsprechend fünf verschiedene Uhrzeiten. Und es war ein Eisenbahnunglück, das zur Einführung einer Standardzeit führte: Am 12. August 1853 stießen in Virginia zwei Züge zusammen, weil die Uhr des einen Lokführers nicht mit der Ortszeit an der Unglücksstelle übereinstimmte.[44] Die »Vernetzung« verschiedener Orte durch das schienengebundene und damit abstimmungsbedürftige Verkehrsmittel Eisenbahn machte genau jene Synchronisierung notwendig, die heute noch Standardzeiten vorsieht, die innerhalb von 24 Zeitzonen einheitlich sind.

Insgesamt gab es keine Epoche in der Menschheitsgeschichte, die ein vergleichbares Ausmaß an zeitlicher Synchronisierung hervorbrachte wie das 19. Jahrhundert. Am Ende einer Entwicklung, die nicht nur die Zeittakte des industriellen Arbeitstages, sondern vor allem auch die Vereinheitlichung der international zunächst völlig unterschiedlichen Eisenbahnzeiten und die Ordnung der Welt in unterschiedliche Zeitzonen hervorbrachte, stand ein weltweit einheitliches Zeitregime, gleichfalls ein historisch junges Phänomen, das eine so erstaunliche Verinnerlichung durchlaufen hat, dass kaum mehr vorstellbar ist, dass die Moderne so etwas wie »natürliche Zeitrhythmen« gar nicht kennt.

Heute werden diese Standardzeiten, die seit 125 Jahren gelten, erneut zu einem Problem: Denn das Zeitalter der Globalisierung erfordert ein wiederum höheres Synthesenniveau. Wie sonst sollten Skypekonferenzen oder gemeinsame Projekte von Teammitgliedern aus Singapur, New York, Sydney und Gelsenkirchen stattfinden? Irgendeiner muss immer auf seinen traditionell getakteten Schlaf verzichten; entsprechend gilt Schlaf in nicht wenigen Wirtschaftssektoren inzwischen als ein betriebswirtschaftliches Problem. Manche Beraterfirmen und Finanzunternehmen lösen es durch Kokain und andere psychogene Substanzen.

Das alles muss uns hier nur insoweit interessieren, als man gerade am Beispiel der Zeit zeigen kann, dass alles schon deswegen anders sein könnte, weil alles auch schon mal anders war. Zeit ist in diesem Sinn nichts Natürliches und Unveränderliches, sondern ein Mittel der Orientierung und der Organisation, das verändert werden kann. Es ist »zweite Natur«. Während man im Silicon Valley von der Abschaffung des lästigen zeitraubenden Schlafens träumt, müssen wir vom Wiedergewinnen der Zeit träumen. Die Verfügung über eigene Zeit ist emanzipativ und gibt den Menschen erst den mentalen Raum, über Veränderungen nachzudenken und sie zu erkämpfen. Dort, wo jede Zeiteinheit schon belegt ist –

durch Arbeit, Information, Ablenkung –, kommt man nicht auf andere Gedanken, sondern nur auf die, die vorgegeben sind. Eine Utopie für freie Menschen muss daher freie Zeit vorsehen. Das hört sich selbstverständlich an, setzt aber einen neuen Kampf um die Zeit voraus.

Lego 14:
Institutionen

Ein großer Hype in der Nachhaltigkeitsszene ist »Postwachstum«. Das ist kein schönes Wort, aber es gibt eine Richtung an: Man will der Wachstumsökonomie entkommen und alternative Wirtschaftsmodelle entwickeln, mit denen man die zerstörerische Steigerungslogik der konventionellen kapitalistischen Ökonomie durchbricht. Das hat viel für sich: überhaupt schon mal eine hermetische und damit tendenziell unfruchtbare Wissenschaftslandschaft wie die Ökonomik mit neuen Gedanken und Theorien zu perforieren. Das nennt sich »plurale Ökonomik« und hat gerade unter jungen Menschen viele engagierte Anhängerinnen und Anhänger. Dazu gibt es noch charismatische Vordenkerinnen und Vordenker, Tim Jackson in England, Niko Paech in Deutschland, Christian Felber in Österreich, Juliet Schor in den USA und, natürlich, die viel zu früh verstorbene Elinor Ostrom, die für ihre Untersuchungen zu den Funktionsweisen der Commons, also der Gemeingüter, erstaunlicherweise den Wirtschaftsnobelpreis[45] bekommen hat.

Da ist also viel Bewegung, und ich habe viele Sympathien dafür. Wenn man zu solchen Ansätzen pluraler Ökonomik Lehrveranstaltungen durchführt und Referate und Hausarbeiten anfertigen lässt, dann bekommt man auch sehr viel Enthusiasmus zurück. Die Studierenden legen mit großem Engagement dar, wie man mit lokaler Erzeugung von Nahrung und Gütern die großen Warenströme vermeidet, schildern die Verbesserung des sozialen Klimas durch Tauschbörsen, wo man Arbeit gegeneinander verrechnet (»Du renovierst mein Wohnzimmer, ich spiele dir dafür Linux auf deinen Laptop«) oder wo Regionalwährungen lokale Wirtschaftskreisläufe etablieren und Zins als Wachstumstreiber ausschalten. Alles das ist interessant und ernst zu nehmen, aber es ergibt sich regelmäßig ein großes Problem, wenn die Studies sich in die kleinen, überschaubaren Gemeinschaften hineinträumen.

Dieses Problem kleide ich dann in die folgende Frage: »Okay, eure lokale Community funktioniert tatsächlich. Ihr habt in eurer Gemeinde ein paar hundert Leute, die sich super verstehen, Entscheidungen basisdemokratisch treffen, nachhaltig wirtschaften und zivilisiert miteinander umgehen. Aber wie verhaltet ihr euch dazu, wenn es in eurer Nachbarcommunity, die ebenfalls ganz wunderbar funktioniert und nachhaltig wirtschaftet, üblich ist, Frauen und Kinder zu prügeln?«

Große Augen schauen mich dann an. Und damit offenbart sich ein weitverbreitetes Defizit an politischer Bildung. Kaum noch jemand weiß, welche Rolle funktionierende Institutionen für die Zivilisierung eines Gemeinwesens spielen. Denn eine rechtsstaatliche Ordnung, die für den Schutz von Frauen und Kindern vor Gewalt sorgt, lässt sich eben nicht kleinräumig in der autonomen Entwicklung von Communities sicherstellen. Wie viele Beispiele von katastrophal aus dem Ruder gelaufenen lokalen Gemeinschaften gibt es, die sich in totalitäre Sekten verwandelt haben, nach dem Führerprinzip organisiert wurden, in denen körperlicher und seelischer Missbrauch, sklavische Abhängigkeiten und Unterdrückung herrschten – alles im Namen von Freiheit, Spiritualität, besserer Welt?[46]

Eine Menge. Die Schaffung von Institutionen, die den

Schutz der Einzelnen garantieren, war eine der großen zivilisatorischen Leistungen der Moderne. Und auch wenn Gesundheitsämter, Polizeidienststellen, Müllabfuhr und Technisches Hilfswerk als nicht gerade sexy gelten, sind sie es doch, die das Leben mit jener Sicherheit ausstatten, die lokale Communitys allein eben nicht gewährleisten können. Man könnte sie jetzt endlos aufzählen, die Gerichte, die Staatsanwaltschaften, den Rechnungshof, ja, auch die Finanzämter, die Bundeswehr und die Feuerwehr, die Stadtwerke und das Verkehrsamt – sie alle regeln das, was in noch so endlosen lokalen Abstimmungsprozessen nie verlässlich geregelt werden könnte. Denn die Institutionen funktionieren ja gerade deshalb, weil sie von der Aktualität und Zufälligkeit des Einzelfalls abstrahieren und nach allgemeingültigen Regeln verfahren. Das kann im Einzelfall extrem frustrierend sein, weil man im Regelwerk nicht vorgesehen ist oder es gegen einen ausgelegt wird, aber gesamtgesellschaftlich gewährleistet ein solches System weit mehr Schutz und Gerechtigkeit für die Einzelnen, als es lokale Communities jemals könnten.

Ich glaube, die Bereitschaft, Demokratie zu verteidigen und unsere Form von Gesellschaft grundsätzlich positiv zu sehen, wäre weit stärker verbreitet, wenn mehr Menschen über die Funktion von Institutionen für ihr ganz individuelles Leben Bescheid wüssten. Aber in der Regel betrachten sie sie als höchst abstrakte Behörden, die eher bedrohlich als hilfreich sind. Das ist so wie mit den Infrastrukturen: Dass es nicht einfach so geschieht, dass Wasser aus dem Hahn und Abwasser in die Kanalisation kommt, Strom aus der Leitung und Busse an die Haltestelle, ist den meisten Menschen ja auch nicht bewusst. Infrastrukturen sind da, und Institutionen auch, und eigentlich fallen sie nur auf, wenn irgendetwas nicht funktioniert. Wenn sie unauffällig vor sich hin arbeiten, werden ihre substantiellen Leistungen für das Zusammenleben in sehr

Abb. 15: Zivilisatorisches Projekt: Jan Böhmermann
»Ich hab Polizei«

großen Communitys wie eben einer ganzen Gesellschaft nicht zur Kenntnis genommen.

Deshalb sind funktionierende Verwaltungen, loyale Beamtinnen, einsatzbereite Notärzte und mutige Polizisten essentiell auch und gerade für eine Gesellschaft für freie Menschen. Ihre Existenz ist schon eine konkrete Utopie – noch vor wenigen Jahrzehnten hätten sich Menschen nach so viel Sicherheit gesehnt, wie sie heute ganz selbstverständlich ist. Und wer die Überraschung in Gesprächen mit Flüchtlingen kennt, wenn man ihnen sagt, dass man hierzulande niemanden schlagen darf, weiß, wie wenig selbstverständlich solche Sicherheit im globalen Maßstab ist.

Weiterbauen am zivilisatorischen Projekt erfordert den Erhalt und die Stützung jener Institutionen, die sich bislang als äußerst wertvoll erwiesen haben und von denen wir wissen, dass sie auch idiotische, böswillige oder totalitär gesonnene Politiker in Schach halten können. Und man müsste sie um solche ergänzen, die noch fehlen, wie einen internationalen Umweltgerichtshof zum Beispiel.

Lego 15:
Infrastrukturen

Im Jahr 2011 säbelte die fünfundsiebzigjährige georgische Rentnerin Hajastan Shakarian, offenbar auf der Suche nach verkäuflichem Metall, mit einer Fuchsschwanzsäge einen dicken Kabelstrang durch. Was sie nicht wusste: Dabei handelte es sich um die Internetverbindung zwischen Armenien und Georgien. Beide Länder waren erst mal für zwölf Stunden von der Welt abgehängt. Oma Shakarian beteuerte, sie habe nicht einmal gewusst, was das überhaupt sei, das »Internet«.

In dieser kleinen Geschichte ist alles drin, was das Thema »Infrastrukturen« ausmacht. Erstens: Infrastrukturen sind oft unsichtbar, ganz buchstäblich, weil sie im Untergrund oder in unauffälligen Leitungsnetzen wirken. Aber auch mental, weil einmal gebaute Infrastrukturen so schnell selbstverständlich werden, dass niemand mehr zur Kenntnis nimmt, dass es sie gibt. Und dass das keineswegs selbstverständlich ist. Zweitens haben Infrastrukturen ungleichzeitige Strukturen: Die 1924 eröffnete Berliner S-Bahn beispielsweise folgt in ihrem Streckenverlauf zum Teil der mittelalterlichen Stadtmauer, das ehemalige, extrem aufwendige Berliner Rohrpostnetz mit 400 Kilometer unterirdischen und 2000 Kilometer oberirdischen Leitungen wurde nach dem Verschwinden der Rohrpost für Telefon- und Elektrokabel genutzt.[47] Solche Überlagerungen und Nachnutzungen von Infrastrukturen finden sich überall, etwa auch, wenn stillgelegte Bahntrassen in Fahrradwege oder, wie die High-Line in New York, in Spazierwege umgewandelt werden. Drittens sind Infrastrukturen, so unsichtbar sie sind, elementar für das tägliche Funktionieren moderner Gesellschaften. Sie sind die Voraussetzung aller gesellschaftlichen Abläufe – von Straßen über Kanalisationen, Straßenbeleuchtungen, Hydranten, Brücken, Glasfasernetze bis hin zu Kläranlagen. Sie bilden so etwas wie ein »gesellschaftliches Unbewusstes«, dessen Existenz immer erst dann bewusst wird, wenn etwas nicht funktioniert, kollabiert, zusammenstürzt usw. Im Fall des Kollapses (für den eine Oma mit Fuchsschwanz ausreicht) zeigt sich, wie verletzlich moderne Gesellschaften sind.

Der Historiker Dirk van Laak hat ein wunderbares Buch über die Geschichte moderner Infrastrukturen geschrieben. Dass es ein solches Buch jahrzehntelang nicht gab, sagt selbst etwas darüber aus, wie tief die Infrastrukturen in unser Leben eingelagert sind. Interessanterweise kommen sie auch in den Debatten und Konzepten der Nachhaltigkeits-, Postwachstums- und Transitionsszene kaum vor, jedenfalls diesseits der Energieversorgungsinfrastrukturen, die von fossil auf erneuerbar und von zentralistisch auf dezentral umzustellen gedacht werden. Aber was erstens aus all der »toten Arbeit« in einer transformierten Gesellschaft wird und wie zweitens die Organisation dieser »zweiten Natur« in einer postfossilen Moderne aussehen soll – darüber wird wenig debattiert. So selbstverständlich ist die vorhandene Welt, dass man das meiste an ihr nicht sieht.

In ihrer unbewussten Existenz und Funktionsweise, aber auch in der Notwendigkeit ihrer Aufrechterhaltung und Finanzierung ähneln die Infrastrukturen den Institutionen – sie scheinen einfach da zu sein, ohne dass man das besonders bemerkenswert fände. Gerade aber wenn es um Fragen der gesellschaftlichen Teilhabe, der gleichen Lebensverhältnisse, der Gemeingüter geht, fällt die Bedeutung von Infrastrukturen gerade auch für eine weitergedachte Moderne, ja, für jede Gesellschaftsutopie sofort auf: Denn dass es eine staatliche »Daseinsvorsorge« (Ernst Forsthoff) gerade in einer auf mehr Gerechtigkeit und mehr Teilhabe abzielenden Gesellschaft geben muss und dass diese finanziert und organisiert werden muss, leuchtet ja unmittelbar ein. Umgekehrt wird an bröckelnden Schulfassaden, nicht mehr befahrbaren Brücken oder den ständigen Störungen des schon erwähnten Berliner S-Bahn-Verkehrs deutlich, wie schlecht es für das gesellschaftliche Klima ist, wenn Infrastrukturen kaputtgespart oder durch Privatisierung in der Nutzung sehr teuer und damit sozial ausschließend werden.

Damit ist die politische Dimension von Infrastrukturen angesprochen: Sie sind, wie van Laak sagt, immer auch »Machtspeicher« – was man etwa an militärischen Einrichtungen, Bunkeranlagen, Grenzanlagen sieht, aber auch daran, dass sie meist in zwei Richtungen nutzbar sind. Hitlers Reichsautobahnen waren nicht nur für die Absichten der deutschen Wehrmacht geeignet, sondern boten auch den einrückenden Alliierten 1944 und 1945 hervorragende Infrastrukturen für die Besatzung des Landes, übrigens genauso wie nicht wenige Konzentrationslager von den Sowjets umstandslos als »Speziallager« für Systemfeinde nachgenutzt wurden. Für die Gegenwart lässt sich in diesem Sinn formulieren, dass auch das Internet in beide Richtungen funktioniert; Smart Meters etwa bilden nicht nur Datenträger für Versorger, sondern Einfallstore für Hacker. Oder die NSA. Oder den BND.

Und schließlich haben einmal installierte Infrastrukturen große Beharrungskraft und wirken blockierend auf Transformationen. Man denke hier nur an die immensen Rückbaukosten und die ungelösten Endlagerprobleme der einstigen Wundertechnologie Atomkraft, an die zentralistische Struktur der Energiewirtschaft oder etwa auch an die Verkehrsinfrastruktur, die in der Stadt wie auf dem Land auf das Auto ausgelegt ist. Was einmal großflächig und großtechnologisch da ist, kriegt man schwer wieder weg, übrigens auch, weil infrastrukturell ganz eigene Logiken entfaltet werden: »Der Kühlschrank wurde nach und nach zu einem zentralen Bestandteil des Haushalts und seiner Organisation. Er ermöglichte es, Lebensmittel auf Vorrat zu halten, und er veränderte das Essverhalten. Denn nun konnte sich jedes Familienmitglied nach Belieben daraus bedienen, das gemeinsame Familienessen wurde hierdurch in Frage gestellt. Da man im Kühlschrank Vorräte anlegen konnte, lag es nahe, mit dem Automobil große Einkäufe zu tätigen. Dank einer sich ständig erweiternden Warenlogistik, für die seit den 1950er Jahren sinnbildlich der neu entwickelte Container stand, waren auf dem Markt oder im Supermarkt das ganze Jahr über Lebensmittel verfügbar.«[48] Das alles setzt wiederum Wasser- und Abwasser-, Elektrizitäts- und Verkehrsinfrastrukturen voraus, ebenso wie der Kühlschrank im Eigenheim das Automobil voraussetzt, mit dem der Familienvater morgens zum Arbeitsplatz in der Stadt pendelt.

Insofern muss man von einer komplexen Vernetzungsarchitektur von Infrastrukturen sprechen, die – einmal etabliert – nur sehr mühsam wieder aufzubrechen ist. Zumal sich die damit verbundenen Lebensformen und die ganz selbstverständlichen Vorstellungen über Wohnen, Mobilität, Ernährung, Freizeit usw. in die Innenwelten übersetzen, also auch »mentale Infrastrukturen« ausbilden.[49] Sofort wird klar, dass dieses gesellschaftlich und individuell Unbewusste ein Bollwerk gegen Veränderung und Veränderungszumutungen bildet, an das mit Wissensvermittlung oder »Bildung für nachhaltige Entwicklung« gar nicht heranzukommen ist. Es ist eben das Sein, das das Bewusstsein bestimmt, und nicht die insgesamt radikal überschätzte Bildung (die übrigens aus meiner Sicht nur deshalb so hochgeschätzt wird, weil sie das perfekte Externalisierungsobjekt ist: Nicht die Erwachsenen müssen sich Veränderungen zumuten, nur die Kinder müssen fitter werden – wie wohlmeinend).

Man kann das am besten am Beispiel der Digitalisierung

klarmachen: Nichts durchdringt unser alltägliches Sein, unsere Kommunikationsformen, unsere Selbst- und Fremdwahrnehmungen und unser Verhältnis zu den Dingen intensiver und in kürzerer Zeit als die Digitalisierung. Dabei ist sie ja nicht mehr als eine Kommunikationsinfrastruktur, die auf immer mehr Bereiche angewandt wird. Das Problem ist nur, dass die wirtschaftliche und organisationelle Macht, mit der das geschieht, die richtige Reihenfolge der Entscheidungen umdreht: Erst kommt die Behauptung, die roboterisierte Fabrik oder das autonom fahrende Auto sei »unsere Zukunft«, dann die Implementierung, dann die Auseinandersetzung mit den sozialen, juristischen, kulturellen Folgen. Das ist so, als würde man erst die Brücke bauen und sich hinterher fragen, was sie denn jetzt verbindet. Die richtige Reihenfolge, und die galt traditionell für die Implementierung von Infrastrukturen, ist: Die Gesellschaft bzw. ihre gewählten Repräsentantinnen und Repräsentanten befinden darüber, für welchen Fortschritt in welche Richtung man digitale Anwendungen gut gebrauchen kann und wo sie eher dysfunktional sind.

Technisch gesprochen: Die Frage, was das gute Leben ist, bildet die unabhängige Variable, die Mittel, mit denen man es am besten verwirklichen kann, die abhängige. So wird die Digitalisierung als Technologie – und mehr ist sie ja nicht – an den gesellschaftlich angemessenen Ort gerückt, wie andere Technologien übrigens auch.

De facto zeigt sich natürlich, dass vernetzte Infrastrukturen eine große Trägheit erzeugen, wenn sie erst mal da sind, also Folgekosten und -wirkungen erzeugen, an denen man gar nicht so schnell vorbeikommt. Genau wegen dieser Trägheit, wegen dieser ungeheuren Masse an toter Arbeit und materieller Welt, erscheint gesellschaftliche Veränderung oft als so gigantische, gar aussichtslose Aufgabe.

Und genau deshalb fällt Veränderung auch dann so schwer,

wenn sehr viele das »Richtige« wissen. Sie tun dann trotzdem das »Falsche«, einfach, weil die Parameter ihrer Lebenswelt so eingestellt sind, dass das Falsche viel naheliegender ist als das Richtige. Wenn man im öffentlichen Dienst angestellt ist, bekommt man die Dienstreise mit dem Flugzeug abgerechnet, aber nicht die mit dem Zug, wenn sie – was meist der Fall ist – teurer ist. Wenn die Autoindustrie in der Krise ist, gibt der Staat Verschrottungsprämien für das »alte« Auto, wenn man ein neues kauft. Er rechnet auch »Pendlerpauschalen« bei der Steuererklärung an, wenn man vom städtischen Arbeitsplatz in die Vororte pendelt, oder zahlt »Baukindergeld«, damit noch mehr Häuser gebaut und Flächen versiegelt werden. Es fällt einem Adorno mit seinem natürlich viel philosophischer gemeinten Satz ein, dass es kein richtiges Leben im falschen gäbe. Sagen wir: Es ist extrem schwer, richtig zu leben, wenn das Gewebe der Infrastrukturen die falschen Möglichkeitsräume schafft. Michael Kopatz hat in seinem Buch »Ökoroutine« sehr viele administrative Maßnahmen aufgezeigt, die genau das umdrehen würden, also nachhaltiges Handeln zur Regel und nichtnachhaltiges zur Ausnahme machen würden. Und Reinhard Loske hat die dazugehörende »Politik der Zukunftsfähigkeit« umrissen.[50] Es lässt sich viel machen. Zukunft kann man aber nicht denken ohne Zukunft der Infrastrukturen.

Lego 16:
Verschiedenheit und Erfahrung

Verschiedenheit ist eine entscheidende Ressource für Zukünftigkeit. Denn in der Kultur wie in der Natur entstehen Veränderung und Entwicklung aus dem Zusammentreffen disparater Elemente, aus Mangel und Reichtum, aus Widersprüchen,

Geschlechterdifferenzen, unterschiedlichen Begabungen, unterschiedlichen Erfahrungen, unterschiedlichen Charakteren, Mentalitäten, Temperamenten. Und in der erfolgreichen Überwindung von Widerständen. Im Augenblick ist gerade eine Art wütender Gleichheitsbehauptung in Mode, die in Gestalt sogenannter Identitätspolitik viel Unheil anrichtet. Unter anderem deswegen, weil sie ungeheuer aggressiv gegen jedes auch noch so freundliche Bestehen auf Verschiedenheit vorgeht, aktuell am dümmsten vielleicht dort, wo der ASTA der Berliner Alice-Salomon-Fachhochschule gegen ein Gedicht auf der Fassade des Unigebäudes vorging, das da lautete:

Avenidas
avenidas y flores

flores
flores y mujeres

avenidas
avenidas y mujeres

avenidas y flores y mujeres
y un admirador

auf Deutsch etwa

Straßen
Straßen und Blumen

Blumen
Blumen und Frauen

Straßen
Straßen und Frauen

Straßen und Blumen und Frauen
Und ein Bewunderer

Dieses Gedicht von Eugen Gomringer, das der Gattung *konkrete Poesie* angehört, in der es weniger um Inhalte als um Rhythmus und Klang der Worte geht, wurde von den Studierenden als »frauenfeindlich« identifiziert, mit der genderstalinistischen Begründung, dass Bewunderung eben auch eine Form von Diskriminierung sei. Man mag es kaum glauben, dass das Präsidium der Fachhochschule vor dieser Argumentation in die Knie gegangen ist und das Gedicht hat übermalen lassen, es ist aber tatsächlich so geschehen und zeigt, wie schnell und machtvoll Gegenaufklärung funktioniert. Und das radikal Reaktionäre liegt hier einerseits darin, dass es als unerträglich empfunden wird, wenn etwas den eigenen Normen zu widersprechen scheint (und zwar unabhängig vom historischen Kontext, das Gedicht ist vor sechs Jahrzehnten entstanden), andererseits im Willen, dies dann aus der Welt verschwunden zu wünschen, wenn es nicht anders geht, auch mit Gewalt.

Solches Denken ist totalitär. Wer sich durch Verschiedenheit überfordert fühlt, sehnt sich nach Einfachheit – der Betrachtung, des Denkens und des Sprechens über die Welt. Dies besonders dann, wenn – wie andere Beispiele aus England, Nordamerika, aber auch aus der Berliner Humboldt-Universität drastisch zeigen – Hochschullehrer keinen historischen Sachverhalt mehr korrekt darlegen können, weil sich dadurch irgendjemand in seinen Ansprüchen und Gefühlen »verletzt« sehen könnte. Mittlerweile sind schon einige akademisch Lehrende durch die studentischen Ansprüche auf eine wasserdicht verletzungsfreie Identität in echte berufliche Schwierigkeiten geraten. Philipp Roth hatte in seinem Roman »Der menschliche Makel« schon vor zwei Jahrzehnten vorgezeichnet, was da auf uns zuzukommen drohte. Die Wirklichkeit fiel schlimmer aus. An der Humboldt-Universität werden Kommilitonen schon zurechtgewiesen, wenn sie »Standpunkt« sagen, weil das eine Diskriminierung von Menschen darstelle, die nicht stehen können.

So weit der sprachpolizeiliche Aspekt von Identitätspolitik. Politisch ist etwas anderes folgenreicher, nämlich der Zusammenhang zwischen Neoliberalismus, Individualisierung und den Ansprüchen auf Anerkennung, der hier sichtbar wird.

Neoliberalismus ist eine Theorie des radikalen Individualismus. Am schlichtesten und eindeutigsten hat das Margaret Thatcher 1987 formuliert, als sie mitteilte, so etwas wie Gesellschaft gäbe es nicht, es gäbe nur Individuen. Und die, das lernen die Menschen seither fast überall auf der Welt, haben ihre Haut im globalisierten Wettbewerb zu Markte zu tragen, und dafür müssen sie leistungsbereit und leistungsfähig, gebildet, qualifiziert und anpassungsfähig sein, dazu gesund, flexibel und am besten dynamisch, unternehmerisch, kurz: zu allem bereit. Das neoliberale Projekt brauchte eine Gesellschaft von Ich-AGs, um den Markt, ihre parareligiöse Allinstanz, erfolgreich gegen staatliche Einflussnahme abzusichern. Denn der Universalismus, der den westlichen Nachkriegsgesellschaften auch und gerade wegen des Zivilisationsbruchs Holocaust ihre normative Grundlage gegeben hatte, setzt Daseinsvorsorge – etwa in den Bereichen Bildungs-, Gesundheits- und Sozialversorgung, aber auch in der Durchsetzung von Minderheitenrechten – zwingend voraus.

Der Universalismus ist mit dem Siegeszug des Neoliberalismus durch Rückbau des öffentlichen Sektors, Heruntersparen von Daseinsvorsorge, sozialem Wohnungsbau, Bibliotheken,

Sportstätten usw. sukzessive durch einen Partikularismus ersetzt worden, in dem die am besten wegkommen, die die besten Ausgangspositionen und Machtmittel haben und die in der Ökonomie der Aufmerksamkeit die vorderen Ränge belegen. Mit anderen Worten: Wer viel einzubringen hat auf dem Markt, kann auch viel gewinnen, wer wenig einzubringen hat, verliert – und logischerweise im Lauf der Zeit immer mehr. Das nennt man Pfadabhängigkeit.

Die gesellschaftspolitischen Auseinandersetzungen haben sich schnell, absichtsvoll und unauffällig vom Kampf um soziale Gleichheit auf den um symbolische Anerkennung verlagert. Anders gesagt: Sozialpolitik verwandelte sich in Identitätspolitik, die Armen interessierten niemanden mehr. Der Angriff auf die Schwächeren hat seither nicht aufgehört, aber immer noblere Namen bekommen. Man lässt Schulen und Lehrkörper verwahrlosen und nennt die Sparmaßnahmen »Inklusion«. Man fährt den sozialen Wohnungsbau bis auf nahe null zurück und veranstaltet stattdessen Festivals mit dem Motto »Vielfalt in der Stadt«. Man behandelt Menschen von oben herab und betont ohne Unterlass die »Augenhöhe«. Man betreibt eine mörderische Flüchtlingspolitik, aber Studentinnen fordern »Trigger-Warnungen«, falls in einer Vorlesung etwas kommen könnte, was sie emotional verletzen könnte.[51]

Politische Anerkennung von Verschiedenheit bedeutet aber nicht die Skandalisierung von »Mikroaggressionen« jeder Art und das Erlassen von Sprachregeln, es bedeutet die sozialpolitische Gewährleistung gleicher Teilhabechancen, es bedeutet, wie Amartya Sen gesagt hat: Menschen Entscheidungen zu ermöglichen.

Das ist der Zivilisierungsprozess selbst. Der besteht nicht im Verschwinden von Verschiedenheit, sondern ganz im Gegenteil in der Würdigung ihrer ungeheuer produktiven Rolle. Denn individuelle wie gesellschaftliche Entwicklung verdanken sich ja der Bearbeitung von Konflikten und Widersprüchen, und die wiederum basieren auf der Verschiedenheit von Wünschen, Träumen, Lebenslagen und Ansprüchen. Wenn diese in Reibung zueinander geraten, entsteht so etwas wie ein sozialer Temperaturanstieg und, wenn es gut läuft, nach der Reibung ein neues Niveau des Zusammenlebens. Die Temperatur sinkt wieder ab, man kann zur neuen Tagesordnung übergehen.

Man kann das Integration nennen; im Grunde ist es aber nur, was immer passiert, wenn Menschen auf zivilisierte Art und Weise zusammenzuleben versuchen. Dabei liegt die produktive Kraft solchen Zusammenlebens darin, dass es, mit einer Formulierung des Philosophen Odo Marquard, aus »Handlungs-Widerfahrnis-Gemischen« besteht. Diese Gemische »sind nicht ausschließlich naturgesetzliche Abläufe und nicht ausschließlich geplante Handlungen, weil sie zu Geschichten erst dann werden, wenn ihnen etwas dazwischenkommt. (...) Einen Lebenslauf ohne Kontingenzen gibt es nicht: wir sind stets mehr unsere Zufälle als unsere Leistungen. Wenn Kolumbus Indien amerikalos erreicht hätte, wenn Rotkäppchen die Großmutter wolflos besucht hätte, wenn Odysseus ohne Zwischenfälle schnell nach Hause gekommen wäre, wären das eigentlich keine Geschichten gewesen: vorher gäbe es – als Voraussage oder als Planung – die Prognose, hinterher nur die Feststellung: es hat geklappt.«[52] Genau das ist übrigens die zu Ende gedachte Digitalisierung: eine komplett ereignislose Welt.

Alles, was planmäßig läuft, ergibt keine erzählenswerte Geschichte. Das Leben interessiert uns wegen seiner ungeplanten, zufälligen, absurden Geschehnisse, nicht wegen der korrekt berechneten. Und verantwortlich für das Nicht-Geplante, Zufällige, Absurde sind eben genau jene Wesen, die anders sind als ich und mir exakt darin das andere meiner

Welt erschließen. Genau das ist auch der Unterschied zur Filterblase, die mir immer nur und immer wieder jene Ansichten von der Welt nochmals präsentiert, die ich eh schon kenne. Draußen, außerhalb der Filterblase, herrscht Verschiedenheit, drinnen porenlose Identität. Draußen kann ich lernen, drinnen nur: mich bestätigen lassen.

Reibungslosigkeit erzeugt keine Wärme, sie ist soziale Entropie, kultureller Kältetod. Eine Gesellschaftsutopie für freie Menschen ist anti-entropisch. Sie setzt auf Verschiedenheit, Konflikt, Dissens, Konsensfähigkeit trotz Unterschieden. Dies alles sind Ressourcen.

Lego 17:
Sinn

Kürzlich wurde bei einer YouGov-Umfrage in Großbritannien festgestellt, dass nur die Hälfte aller Menschen, die in einem festen Vollzeitjob arbeiten, überzeugt sind, dass ihre Tätigkeit in irgendeiner Weise sinnvoll ist. Sagenhafte 37 Prozent sagten, dass ihre Arbeit keinerlei Sinn habe.[53]

Das ist für Gesellschaften, in denen Arbeit als Wert betrachtet wird, ein erschütterndes Ergebnis, zumal es keine Korrelation zwischen Sinnlosigkeit und Bezahlung gibt. Leute, die bei der Stadtreinigung, als Verkäuferinnen oder als Dienstleister arbeiten, finden ihre Tätigkeit fast nie sinnlos, fühlen sich aber zu Recht unterbezahlt und zu schlecht angesehen. Berater, PR-Leute, Lobbyisten hingegen machen überproportional Dinge, die die Welt nicht braucht, bekommen dafür aber gute Gehälter. Und man könnte sagen: Die, die Müll produzieren, genießen merkwürdigerweise höheres gesellschaftliches Ansehen als die, die ihn wegräumen.

David Graeber, der unlängst ein Buch über »Bullshit-Jobs«

veröffentlicht hat,[54] nennt vor allem Assistenten (Power-Point-Präsentationen für den Chef basteln), Unternehmensanwälte, Lobbyisten, PR-Leute als Beispiele für Bullshit-Jobs – deswegen, weil sie keinen gesellschaftlichen Nutzen stiften und jenen, die sie ausüben, das betrübliche Gefühl verleihen, eigentlich nichts beizutragen, was die Welt besser macht.

Psychologisch würde man das einen Mangel an »Selbstwirksamkeitsgefühl« nennen, und tatsächlich demoralisiert es Menschen, wenn sie nur sinnloses Zeug machen, auch wenn sie gut dafür bezahlt werden und eindrucksvolle Titel führen (»science support officer«). Man kann das auch den zahllosen Alltagsgesprächen abhören, in denen Angestellte darüber klagen, wie schlecht die Abläufe in ihren Unternehmen oder Organisationen koordiniert sind, wie schwer man mit Verbesserungsvorschlägen durchkommt, wie blockiert sie sich mit ihren Qualifikationen von Vorgesetzten fühlen usw. In solcher Kritik bringt sich eben auch das Gefühl zum Ausdruck, nicht so wirksam sein zu dürfen, wie man es den eigenen Fähigkeiten nach sein könnte.

Umso betrüblicher, dass viele Menschen ihre Sinndefizite im Beruf auch in der Freizeit nicht ausgleichen, etwa durch ehrenamtliche Tätigkeiten in Hilfsorganisationen, Sportvereinen etc., sondern sich gleichermaßen sinnfreien Zerstreuungen in Freizeitparks, auf Sommerfesten und Weihnachtsmärkten oder gleich auf Kreuzfahrten hingeben. Mein Nachbar, der ein routinierter Kreuzfahrer ist, berichtete glaubwürdig, dass sehr viele Mitreisende sich auf dem Schiff einfach nur langweilen würden, sie könnten »damit nicht umgehen«. Dass dieser Befund zutreffend ist, zeigt sich auch an der Hochrüstung dieser Schiffe mit Kinos, Go-Kart-Bahnen, Erlebnisbädern usw., die es ja nicht geben würde, wenn es um das Reisen ginge; und alle Berichte von Kreuzfahrten in den Reisebeilagen der Zeitungen berichten endlos über das Essen, was eine der Haupttätigkeiten auf so einem Schiff ist. Vermutlich sind viele Kapitäne von Kreuzfahrtschiffen ebenfalls der Meinung, einen Bullshit-Job zu haben.

Das bedeutet aber umgekehrt, dass das Bedürfnis nach Sinn trotz aller konsumistischen und zerstreuenden Ablenkungen für viele Menschen nach wie vor sehr stark ist. Sinn bezieht sich notwendigerweise auf etwas oder jemand anderes. Sinn braucht eine Referenz im Sinne von: Hier braucht jemand Unterstützung, hier kann ich etwas besser machen, als es ohne meine Hilfe wäre, hier mache ich einen Unterschied usw. Deutlich wird dieses Bedürfnis nach Sinn auch dort, wo Menschen an ihrem Lebensende Bilanz ziehen. Wenn sie Versäumnisse nennen, dann geht es oft darum, dass man sich zu sehr nach anderen gerichtet hat, anstatt »sich selbst treu zu sein«, dass man anderen öfter seine Gefühle hätte zeigen, nicht so viel hätte arbeiten oder viel mehr Zeit für Freunde und Kinder hätte haben sollen.[55]

Konsumistische Werte spielen in Lebensbilanzen gerade nicht die Rolle, die sie in unserem Alltag eingenommen haben, und am Ende ist es der auf andere, auf das Hinterlassen einer sozialen Spur gerichtete Sinn, der bilanziert wird. Insofern schließt sich der Kreis: Das Soziale ist lebensgeschichtlich das Primäre und wird es am Ende wieder. Dazwischen wird viel Zeit mit Bullshit vertan.

Eine Gesellschaftsutopie für freie Menschen hat es leicht mit dieser Kategorie: Denn eine bessere Gesellschaft mit zu schaffen, dafür zu kämpfen, dass es gerechter, friedlicher und freundlicher in der Welt zugeht als bislang, ist ja selbst schon sinngebend. Man könnte sogar sagen: Wenn eine solche Utopie überzeugend ist, ist sie Anti-Bullshitty schon darin, dass sie etwas in die Welt bringt, wofür es sich einzusetzen und zu streiten lohnt. Genau das war es ja, was soziale Bewegungen immer angetrieben hat: eine neue Geschichte erzählen zu können.

Abb. 16: Häuser können ja auch fliegen
(Roman Signer, Haus mit Raketen)

»I have a dream« ist die kürzeste und wirkmächtigste dieser Geschichten, aber auch die Allgemeine Erklärung der Menschenrechte, das Grundgesetz, der Kampf um Gleichheit sind Geschichten, in die man das eigene Leben so einschreiben kann, dass es sinnvoll erscheint. Übrigens sind das alles Geschichten über berechtigte Ansprüche, nicht darüber, dass man sie Paragraph für Paragraph einlösen könnte. Sie bezeichnen Rechte, deren universelle Geltung immer umkämpft ist. Geschichten sind Möglichkeitsräume. Alles könnte anders sein.

Zwischenspiel II:
Modulare Revolutionen

Wir haben jetzt die Legos beisammen, die wir im Weiterbauen des zivilisatorischen Projektes nutzen und kombinieren können. Und wir haben die Produktivkräfte, die wir fürs Weiterbauen brauchen und die die Motive für den Aufbruch in eine andere Wirklichkeit, für die Entwicklung eines neuen Realismus liefern. Aber schon jetzt werden eine Menge Leute sagen: »Das ist ja alles gut und schön. Aber Wirtschaft und Politik und die Gleichgültigkeit der Menschen und der Klimawandel und der Zustand der Welt und die fehlende Zeit und die Vogonen – das alles zeigt doch, dass Veränderung selbst dann unmöglich ist, wenn man sie ganz doll will!«

Diesen Einwand haben wir alle tausendmal gehört, aber letztlich ist er nur ein Einwand gegen sich selbst. Schon bei den Zukunftsbildern der Jugendlichen (vgl. S. 44) war ja zu sehen, dass sie sich in ihren Wünschen, Träumen und Hoffnungen selbst zensierten, ja, sich geradezu untersagten, vom Gegebenen zu weit wegzudenken und andere Welten tatsächlich für möglich zu halten. Und in vielen Diskussionen höre ich den Einwand, dass es vielleicht möglich sei, hier und da mit kleineren Veränderungen zu beginnen, dass man aber nicht wisse, ob das dann für eine »große« Veränderung ausreiche und man dafür »Mehrheiten« bekomme.

Ich sage dann:

1. Die Verbesserung der Welt kann man nicht delegieren, die muss man selbst machen.
2. Im Unterschied zum Kauf einer Ware bekommt man für Weltverbesserungsversuche keine Quittung; man kann sie nicht zurückgeben, wenn sie nicht funktioniert haben.
3. Mehrheiten gehen immer mit dem Wind. Sie schließen sich an, wenn man das Richtige überzeugend vorführen kann.
4. Um etwas Richtiges überzeugend vorführen zu können, muss man es überzeugend vorführen können.

Das sind die vier Gesetze der modularen Revolution. Was heißt »modulare Revolution«?

Das Weiterbauen am zivilisatorischen Projekt ist eine kombinatorische Arbeit, keine Revolution – schließlich bauen wir ja auf vielen Elementen auf, die – wie die Gewaltenteilung, das Wahlrecht oder die Rechtsstaatlichkeit usf. – bewahrt und gerade nicht verändert oder gar aufgegeben werden sollen. Deshalb geht es auch um keine »große Transformation«, sondern um ein modulares Projekt aus sehr vielen kleinen Transformationen, die im Idealfall zusammenwirken und konkrete Utopien bilden. Zudem haben uns das 20. Jahrhundert genauso wie technische Großutopien (wie etwa die zivile Nutzung der Atomenergie) darüber belehrt, dass Masterpläne zur Beglückung der Menschheit in der Regel tödliche Folgen haben. Das zivilisatorische Projekt ist nicht geschlossen, sondern offen, und es hat weder ein vorab fixiertes Endziel noch gar eine Endlösung. Es muss unter sich verändernden Bedingungen und Anforderungen flexibel weiterbaubar sein, mit Fehlern und Kollateralschäden rechnen, also korrigierbar sein.

Daher darf es, im Unterschied zur alten Moderne, kein

Abb. 17: Nikolai Kondratieff, Ökonom im Stalinismus, kritisierte die totale Kollektivierung, wurde erst zu acht Jahren Haft verurteilt, dann als »Kulak-Professor« erschossen

Expertenprojekt sein, das technische und wissenschaftliche Eliten entwerfen und das die Politik dann über die Lebenswelt legt, sondern es muss in den Lebenswelten entworfen und erprobt werden. Fünftens überzeugen die einzelnen Entwürfe und Erprobungen nicht dadurch, dass es schön wäre, wenn es sie gäbe, sondern dadurch, dass es sie *gibt*, dass man sie anschauen, ausprobieren, erleben *kann*.

Die Gesamtheit dieser angewandten »kleinen Transformationen« oder konkreten Utopien ergibt modulare Revolutionen, ein Mosaik gelingender Verbesserungen der Welt – eben nicht *die* Verbesserung der Welt.

Nicht Utopie, sondern Heterotopie – viele Orte, viele Geschichten

Der im Stalinismus zum Tode verurteilte und hingerichtete sowjetische Ökonom Nikolai Kondratieff (der die Theorie aufgestellt hatte, dass die kapitalistische Entwicklung jeweils in Zyklen von etwa 50 bis 60 Jahren verläuft (»Kondratieff-Zyklen«)), hat die folgenden Notizen hinterlassen:

»1. Ein goldenes Zeitalter des Kapitalismus gibt es nicht.
2. Die meisten Organisationen, in denen sich Menschen kollektiv wehren können, besitzen keine eigene Produktionsstruktur. Im Ernstfall sind sie erpressbar.
3. Wir müssen nach Organisationen der Solidarität suchen, die eine eigene Produktionsstruktur besitzen. Es gibt sie. In ihnen können Menschen sich nicht nur verteidigen, sondern (ohne ein System direkt anzugreifen) autonome Alternativen dagegensetzen. Nicht Utopie, sondern Heterotopie.«[56]

Protest ist entweder ein Modernisierungsfaktor, der die Produktionsstruktur verändert (wie etwa die Ökologiebewegung oder die Frauenbewegung gezeigt haben) oder er bleibt völlig ohne Wirkung (wie etwa Occupy). Ohne die Autonomie einer eigenen Struktur von Produktion und Konsumtion und einer eigenen Ästhetik bleiben Protestbewegungen im Gravitationsfeld der Verhältnisse, die sie verändern wollen, und werden rückstandslos absorbiert. Gegenbewegungen können sich nicht auf Aufklärung, Protest und Argumente verlassen, sondern müssen den bestehenden Verhältnissen andere entgegenstellen. Dies ist natürlich nicht als Masterplan zu denken, sondern als eine Kombination aus zahlreichen unterschiedlichen Erprobungen einer anderen Praxis. Zusammengenommen ergeben sie eine politische Gegengeschichte, die in ihrer Heterotopie und Kombinatorik machtvoll wird. Ihre einzelnen Kapitel sind politische Lerngeschichten.

Heterotopie 1. Ich stelle mir vor: Der Senat der Stadt Berlin beschließt, dass Schulkinder nicht mehr mit privaten Autos zur Schule gebracht werden sollen. Das ist einfach umzusetzen: Parken im Umfeld von Schulen wird weiträumig verboten, weshalb es für die Eltern keinen Sinn mehr macht, die Kinder zu chauffieren. Stattdessen werden Busservices eingerichtet, die alle Berliner Schülerinnen und Schüler zuverlässig, sicher und komfortabel transportieren (nach Berechnungen des Berliner Senats kostet das etwa 47 Millionen Euro pro Jahr). Natürlich können sie auch zu Fuß gehen oder mit dem Rad fahren, wenn sie wollen. Diese Maßnahme führt zu praktizierter Gleichheit unter den Kindern unabhängig vom den finanziellen Möglichkeiten ihrer Eltern, entlastet sie von Überbetreuung und emanzipiert sie, gibt ihnen Gelegenheit zu Gemeinschaftlichem jenseits der Schulstunden, macht die Schulwege sicherer, befriedet das schulische Umfeld (der morgendliche und mittägliche SUV-Krieg ist abgeschafft) und entlastet die Anwohnerschaft, reduziert die Schadstoffbelastung, den Treibstoffverbrauch, die Nerven aller Beteiligten, kurz: Sie verbindet soziale und ökologische Ziele auf höchst einfache und überzeugende Weise. Wenn es erst einmal ein solches Modell gibt, kann es gegen konventionelle Verhältnisse und die zugehörigen Standardargumente (»Geht nicht«, »War schon immer so«) gestellt werden und als *bessere Praxis* überzeugen. Geht doch.

Heterotopie 2. Ich stelle mir vor: Die Stadt Kopenhagen ist in ihrer Strategie, die Autos aus dem städtischen Raum zurückzudrängen und den Fahrradverkehr durch die Einrichtung entsprechender Fahrspuren, Vorfahrtsregelungen usw. weiter zu fördern, außergewöhnlich erfolgreich. Als weiteres Element der Kopenhagener Mobilitätsstrategie wird der Schulbusservice übernommen, der in Berlin entwickelt und erprobt worden ist. Der Erfolg des Berliner Schulbusbeispiels wird durch die internationale Nachahmung unterstrichen; umgekehrt wird es attraktiv, Elemente des Kopenhagener Masterplans für die Berliner Mobilitätsplanung zu übernehmen. Beide *bessere Praktiken* unterstützen sich gegenseitig, weil sie eben keine Theorien geblieben sind, sondern weil man sie anschauen, ausprobieren, bewerten und kombinieren kann.

Heterotopie 3. Ich stelle mir vor: Der Rat der Stadt Hannover, wo in Kooperation mit der Volkswagen AG ein Rufbus-System erprobt wurde, das den öffentlichen Nahverkehr mit S- und U-Bahnen sehr komfortabel ergänzt und von den Nutzerinnen und Nutzern begeistert angenommen wird, beschließt, sowohl das Kopenhagener als auch das Berliner Modell zu übernehmen, und sieht die Chance, Hannover als erste autofreie Großstadt weltweit zu profilieren. Der Rat der Stadt kann auf die funktionierenden Praktiken in Berlin und Kopenhagen verweisen und auf den Heterotopien 1 und 2 aufbauen.

Heterotopie 4. Ich stelle mir vor: Das Referenzprojekt autofreies Hannover funktioniert und hat Ausstrahlungswirkung gerade deswegen, weil diese Stadt nach den Zerstörungen des Zweiten Weltkriegs als erste »autogerechte Stadt« wieder aufgebaut wurde. Die Transformation in die »autofreie Stadt« ist hier besonders sinnfällig, weil sich die nunmehr überdimensionierte Verkehrswegeinfrastruktur für Nachnutzungen anbietet. Die vielspurigen Schnellwegtrassen können mit Windkraft- und Solaranlagen bestückt, die innerstädtischen Straßen rückgebaut und in Flanierzonen sowie Spazier- und Fahrradwege konvertiert werden. Durch die radikale Erhöhung der »Begegnungsqualität« im öffentlichen Raum, durch das Verschwinden tödlicher Verkehrsunfälle, die radikal verminderte Schadstoff- und Lärmbelastung zeichnet sich ein neues zukunftsweisendes Konzept ab: die »autofreie Stadt« ist mehr und mehr auch die »analoge Stadt«, also die Stadt, in der die für Demokratien immens wichtige bürgerliche Öffentlichkeit zurückkehrt.

Das könnte man jetzt beliebig weiterspinnen, so lange, bis wieder jemand sagt: »Aber das geht doch alles nicht.« Das kann er aber nur so lange sagen, als es keine der vorgestellten Heterotopien in der Wirklichkeit gibt. Sobald etwas davon in Kopenhagen und Berlin und Hannover zu besichtigen ist, weil es real existiert und funktioniert, dreht sich das Argument in ein souveränes »Geht doch« um und eröffnet weitere Möglichkeitsräume, die ohne die Heterotopien 1, 2 und 3 nicht existieren würde. Das heißt:

*es werden ganz neue Pfadabhängigkeiten geschaffen,
wenn konkrete Heterotopien Wirklichkeit werden.*

Man kann das Ganze auch noch aus einer anderen Perspektive anschauen, nämlich aus der vollendeten Zukunft, dem Futur II: Die Verkehrswelt der Berliner Schülerinnen und Schüler hat sich so verändert, dass es ihnen völlig selbstverständlich erscheint, dass man mit dem Bus zur Schule fährt und nicht anders. Seltsam erscheint es ihnen, wenn Cousins oder Freundinnen aus anderen Städten erzählen, dass sie jeden Morgen total uncool von der Mutter in einem riesigen Auto zur Schule gefahren werden, vor der es jeden Morgen dasselbe Chaos durch alle anderen Mütter-die-ihre-Kinder-in-riesigen-Autos-vor-das-einzige-Schultor-zu-bringen-versuchen gibt, inklusive aller Stresserscheinungen, Genervtheiten, Blech- und gelegentlich Personenschäden. In Berlin ist schon längst eine andere Welt so eingeübt, dass nichts daran bemerkenswert erscheint, in Kopenhagen ebenso. Heterotopien sind für die, die in ihnen aufwachsen, das Normalste von der Welt. Sie finden es nur seltsam, wenn es anderswo anders ist. Solche Kinder werden andere Phantasien haben, wenn es um die Zukunft der Mobilität geht, als die SUV-Kinder mit den gestressten Müttern. Vielleicht sind sie mehr an Bewegung und Zusammensein interessiert, während die anderen, erwachsen geworden, darüber nachsinnen, wie man mehr Platz für Autos schaffen kann und weniger in Kontakt mit den Konkurrenten in den anderen Autos treten muss. Vielleicht entwerfen die einen Plätze, die anderen Zugangsalgorithmen. Auch das sind Pfadabhängigkeiten des Zukünftigen, die – je nach modularer Revolution – sehr unterschiedlich ausfallen können.

III.

Der neue Realismus[57]

Sinn realistisch

Ich stelle mir vor: Eine Gesellschaft, in der die Menschen nicht feindselig, sondern freundlich miteinander umgehen, weil sie keine Angst voreinander haben. Das ist sehr einfach möglich, wenn Hierarchien keine Rolle spielen.

Anmut sparet nicht noch Mühe,
Leidenschaft nicht noch Verstand,
dass ein gutes Deutschland blühe,
wie ein andres gutes Land.

Dass die Völker nicht erbleichen
wie vor einer Räuberin,
sondern ihre Hände reichen
uns wie andern Völkern hin.

Und nicht über und nicht unter
andern Völkern wolln wir sein,
von der See bis zu den Alpen,
von der Oder bis zum Rhein.

Und weil wir dies Land verbessern,
lieben und beschirmen wir's.
Und das liebste mag's uns scheinen
so wie andern Völkern ihrs.

Das ist die Kinderhymne von Bertolt Brecht, ein Manifest für die Freundlichkeit eines Landes. Vor dem Hintergrund der deutschen Geschichte ist die Idee, eine egalitäre Rolle einzunehmen und so offen wie verbindlich zu anderen sein zu wollen, geradezu verwegen: Der Imperialismus und natürlich noch mehr der Nationalsozialismus gingen von der Überlegenheit der eigenen Nation aus, die zudem noch biologistisch begründet war; die heutige Hymne, das »Lied der Deutschen« war denn auch genau gegenteilig angelegt: »D, D …über alles«, ich kann das gar nicht schreiben. Heute sind die ersten beiden Strophen der Hymne verpönt, und tatsächlich hat dieses Land seit Brechts Tagen deutliche Schritte in Richtung der Kinderhymne gemacht, und am deutlichsten wurde das im heute so böse entwerteten Spätsommer 2015, als Millionen Deutsche die Flüchtlinge willkommen hießen, Hilfe anboten und sich zu Hunderttausenden in der Flüchtlingshilfe registrieren ließen. In der Stadt, in der ich an der Universität lehre, in Flensburg, waren von 80 000 Einwohnerinnen und Einwohnern sage und schreibe 10 000 als Helferinnen und Helfer registriert; das kann man eine Sternstunde der Demokratie nennen, und ich war stolz auf mein Land. (Diese Sternstunde hätte ich gern verlängert gesehen, aber es kam anders. Was eine große Zivilisierungschance war, wurde verstolpert und verhunzt und in eine Entzivilisierungswelle umgedreht.)

Sternstunden wie diese zeigen, dass historisches Lernen möglich ist. Mit zwei, drei Generationen Abstand zu totalitärer Herrschaft fangen Menschen an, die Demokratie zu lieben. Und freundlich zu werden.

Und je länger Demokratien bestehen, desto zivilisierter werden die Gesellschaften nach innen. Für mich ist das eindrucksvollste Beispiel die Schweiz. Dieses Land ist formell mindestens nach der ersten Bundesverfassung von 1848 demokratisch, aber liberale Elemente gab es in einzelnen Kantonen auch schon vorher. Das bedeutet, dass sechs Generationen Demokratie eingeübt haben, und man muss übrigens genau vor diesem Hintergrund verstehen, wie die direkte Demokratie in der Schweiz funktioniert. Nämlich nicht nach den akklamatorischen Vorstellungen von Populisten, sondern mit voraussetzungsreichen Volksabstimmungen, die ihrerseits dann parlamentarisch weiter bearbeitet werden.

Demokratie setzt Übung voraus.

In den Nachfolgegesellschaften des ehemaligen Ostblocks, der 1989 zusammenbrach, ist dagegen noch wenig generationelle Demokratieübung erfolgt; deshalb ist dort die Attraktivität der Autokratie noch weit stärker ausgeprägt als etwa in den westeuropäischen Gesellschaften, daher auch der politische Klimaunterschied in West- und Ostdeutschland. Im Osten liebt man die Freiheit noch nicht. Aber bleiben wir in der Schweiz, die überdies noch den Vorteil hat, sehr reich zu sein und ihren Bürgerinnen und Bürgern extrem hohe Durchschnittseinkommen zu erlauben.

Wenn ich in der Schweiz bin, erstaunt es mich immer wieder, dass der öffentliche Raum im Vergleich zu Deutschland hierarchiefrei anmutet: Man spürt im alltäglichen Umgang keine Unterschiede zwischen der Supermarktkassiererin und dem Manager, nicht zwischen der Professorin und dem Hausmeister der Universität. Die sozialen Beziehungen haben eine ganz erstaunliche Zivilisiertheit; mir ist es schon oft passiert, dass sich auf Konferenzen Leute vom Servicepersonal meinen

Vortrag anhörten und mich hinterher darauf ansprachen, kollegial. In der Verwaltung der Uni, an der ich in der Schweiz lehre, kennen Leute aus der Verwaltung Bücher von mir, und umgekehrt kann man sich etwa über Strukturprobleme in der Organisation unterhalten. Man geht auch gemeinsam essen; alles das ist in Deutschland absolut undenkbar, und ich bemerke gerade im Kontrast, wie extrem hierarchisch sich die Menschen in Deutschland im alltäglichen Umgang verhalten. Das markiert einen Unterschied im Grad der Zivilisierung; man findet ihn in unterschiedlicher Ausprägung übrigens auch in den Niederlanden und in den skandinavischen Ländern.

Da kann man schlicht und ganz unwissenschaftlich sagen: Ein Zivilisierungsniveau wie in der Schweiz führt zu einem deutlich angenehmeren und interessanteren Alltag. Ein niedrigeres Zivilisierungsniveau mit viel deutlicherer Hierarchie und Schichtentrennung führt zu einem anstrengenderen und uninspirierteren Alltag. Die Menschen betrachten sich feindlicher und neigen eher zu Abwertungen, wechselseitig.

Wenn im deutschen Nachrichtenfernsehen etwa über Hartz-IV-Empfänger berichtet wird, wird einem als Hintergrundbild eine übergewichtige, schlecht angezogene Familie in Rückenansicht gezeigt, eine unglaubliche Diffamierung, die aber niemand bemerkt, so selbstverständlich sind die Unterschiede in den Mentalitäten verankert. Oder man denke an den wirklich infamen Begriff der »bildungsfernen Schichten«, mit denen eine von Idiotie ununterscheidbare politische Korrektheit zu sagen vermeidet, dass es in unserer Gesellschaft Menschen gibt, die arm sind. Aber sind Eltern, die Sozialunterstützung bekommen, deshalb genetisch nicht interessiert daran, dass ihre Kinder gut in der Schule sind? Meine Eltern hatten beide wegen des Krieges keinerlei Schulabschluss, aber gerade darum war es ihnen sehr wichtig, dass ihre Kinder gute Bildungsabschlüsse machten – waren sie »bildungsfern«?

Das Verschwinden der feinen und weniger feinen Unterschiede im sozialen Umgang miteinander ist ein enorm wichtiges Ziel unserer Gesellschaftsutopie für freie Menschen. Denn Freiheit erlebt man in angstfreien Situationen, und Hierarchien sind nie angstfrei, weil Abwertung immer eine Möglichkeit ist und deshalb für viele auch eine oft gemachte Erfahrung. Eine stabile Demokratie braucht einen Zusammenhalt, der auf dem Gefühl beruht, Teil von einem Gemeinwesen zu sein, von dem die anderen auch ein Teil sind. Das schließt wechselseitige Abwertungen, gar das Verächtlichmachen von anderen systematisch aus.

Mit der Verwirklichung der Idee von der freundlichen Gesellschaft, wie sie in Brechts Kinderhymne formuliert ist, käme man der Utopie ein ganzes Stück näher. Finden Sie nicht?

Migration realistisch

Ich stelle mir vor: Es gibt unterschiedliche Gesellschaften mit unterschiedlichen Verfassungen und unterschiedlichen Ordnungen. So eine plurale Welt bedeutet aber nicht: eine Welt mit voneinander abgeschotteten Ländern. Sie bedeutet: freier Verkehr nicht nur von Waren, Viren und Emissionen, sondern auch von Menschen. Grenzen sind von gestern. Übrigens gab es vorgestern auch keine.

Wie kommt es eigentlich, dass im Zeitalter der Globalisierung lediglich drei Prozent der Menschen *nicht* in ihrem Heimatland leben? Und wie kommt es, dass in den hochmobilen Zeiten unserer hyperdynamischen deutschen Gegenwart die

Hälfte der Bevölkerung an dem Ort wohnt und leben bleibt, der schon ihr Geburtsort war? Wie ist es zu erklären, dass vor der brutalen Grenzpolitik der USA nach 9/11 85 Prozent der mexikanischen Einwanderer schließlich wieder nach Mexiko zurückgingen (heute sind es nur noch 7 Prozent)? Warum kehren gegenwärtig eine Menge syrischer Flüchtlinge in ihre Heimatorte zurück, obwohl diese völlig zerstört sind, kein Schul- und kein Versorgungssystem funktioniert, die Arbeitslosigkeit hoch und die Armut groß ist? Die Antwort auf all diese Fragen ist einfach: Menschen sind heimatverbunden.

Diese Aussage hat nichts mit dem Kitsch zu tun, mit dem der Begriff Heimat inzwischen so überladen ist, dass ein deutscher Ausgrenzungsminister einem eigens für ihn erfundenen Heimatministerium vorstehen darf. Sie ist sozialpsychologisch zu verstehen: Die Lebenswelt von Menschen ist eine physische und eine soziale Welt zugleich. Die frühesten Erfahrungen, die Kinder machen, sind an Menschen und an Räume, also an Temperaturen und Topographien, Gerüche und Geräusche, gebunden. Diese bilden ihre Welt, und was man als seine Welt begreift, das gibt man ungern auf. Eine Welt, in die man hineingewachsen ist, bietet Orientierung, man weiß ohne Nachdenken, wie sie funktioniert und wie man sich in ihr zu verhalten hat. Niemand hat eindrücklicher als der gejagte und schließlich ins KZ gesteckte Jean Améry (eigentlich Hans Mayer) beschrieben, welche Rolle die Sprache und besonders der Dialekt für das Gefühl sicherer Zugehörigkeit spielen, und die bodentiefe Frage gestellt: »Wie viel Heimat braucht der Mensch?« Eine Menge, würde ich sagen, falls man nicht gerade Angehöriger jener kosmopolitischen, akademisch gebildeten, im globalen Vergleich superreichen Klasse ist, die sich ihre Zugehörigkeit wechselseitig durch Kosmopolitismus, Bildungsabschlüsse, Reichtum und Weltverbrauch bestätigt. Wie viel Prozent der Menschheit sind das? Eben. Die anderen 99 Prozent können sich das jedenfalls nicht leisten und müssen ihr Bedürfnis danach, irgendwo dazuzugehören, anders befriedigen.

Meine Definition von Heimat:

Heimat ist dort, wo es nicht egal ist, ob es mich gibt.

Mir scheint, diese Definition von Heimat ist einfach und in keiner Weise ausschließend. Psychologisch betrachtet ist sie plausibel: Denn natürlich ist das Bedürfnis, zu anderen zu gehören, für das Sozialwesen Mensch elementar, lebenspraktisch ein Grundbedürfnis. Deshalb möchten die meisten, die irgendwo hingehen mussten, um ihre Lebensverhältnisse zu verbessern oder nur, um zu überleben, irgendwann wieder zurück. Wenn sie in irgendeiner Fremde hart arbeiten, um regelmäßig Geld an die daheim gebliebene Familie überweisen zu können, dann haben sie dabei auch die Hoffnung, irgendwann zu genau dieser Familie zurückzukehren. Solche Transfers machen nach Schätzungen der Weltbank übrigens das Dreifache der weltweit gezahlten Entwicklungshilfe aus; in Kenia und Nigeria beläuft sich die Summe der Rücküberweisungen auf mehr als die Hälfte des staatlichen Investitionsvolumens[58] – allein aus Deutschland überweisen nigerianische Migranten mehr als 600 Millionen Euro in ihr Heimatland zurück.[59] Dabei läuft im Hintergrund fast immer die Hoffnung mit, irgendwann einmal in die Heimat und zu den Angehörigen zurückgehen zu können. Die Phobie, die extrem reiche Bewohnerinnen und Bewohner ausgerechnet jener Länder quält, in denen man lebenslänglich in seinem Heimatort bleiben *kann*, dass sie nämlich wahlweise überfremdet oder unterwandert werden, ist der reinste Quatsch, den man sich vorstellen kann.

Genauso, wie es überhaupt Blödsinn ist, mit einem Begriff wie »Wirtschaftsflüchtling« zu hantieren. Globale Ungleichheit ist eklatant: In den reichen Gesellschaften gibt es Arme, die de facto reicher sind als die oberen Mittelklassen in armen Ländern, und Arbeiter, deren Einkommen das der Privilegierten in armen Ländern übersteigt. Die 20 Prozent ärmsten Dänen sind reicher als die reichsten 20 Prozent in Mali. Beispielsweise.

Was soll denn falsch daran sein, wenn jemand seine Lebensverhältnisse verbessern möchte und dafür sogar bereit ist, das Risiko auf sich zu nehmen, alles Gewohnte und Bekannte hinter sich zu lassen und irgendwohin zu gehen, wo man ihn nicht kennt, seine Sprache nicht spricht, sich distanziert zu ihm verhält oder verächtlich oder abfällig und niederträchtig? Bei einer Lebensform, deren evolutionärer Erfolg im Wandern und im Erschließen neuer Überlebensräume bestand und die den längsten Teil ihrer Geschichte nomadisch war, muss man schon viel künstliche Dummheit aktivieren, um ernsthaft einen Begriff wie »Wirtschaftsflüchtlinge« zu gebrauchen. Mal ganz abgesehen davon, dass Migrantinnen und Migranten schon aufgrund der Tatsache, dass sie sich auf den Weg gemacht haben, mehr Autonomie, Initiative und Engagement bewiesen haben als die meisten nicht-migrierten Inhaber von gutbezahlten Bullshit-Jobs.

Machen wir es also kurz: Es gibt keinen, aber auch wirklich keinen Grund, dass Menschen nicht dorthin gehen können sollten, wo es ihnen bessergeht als dort, wo sie herkommen. Deshalb lautet Artikel 13, Absatz 2 der Allgemeinen Erklärung der Menschenrechte: »Jeder hat das Recht, jedes Land, einschließlich seines eigenen, zu verlassen und in sein Land zurückzukehren.«

Kommen wir damit zurück auf das verblüffende Faktum, dass moderne Grenzregime und Ausweispflichten erst ein Jahrhundert jung sind und sich gerade jetzt als historische

Verirrungen erweisen könnten. Denn in vielerlei Hinsichten spielen nationalstaatliche Grenzen ja überhaupt keine Rolle mehr, weder was die Folgen des Klimawandels noch von Finanzkrisen angeht, auch nicht für multinationale Konzerne oder organisiertes Verbrechen, und schon längst nicht mehr für Mode, Musik, Architektur, Konsumstile. Und nicht zuletzt gibt es eine Fülle von Infrastrukturen – von der Eisenbahn über den Flugverkehr, Gas- und Ölpipelines, Seefracht, Glasfaserkabel usw. usf. –, die transnational ausgelegt sind und auch nur so funktionieren. Dass die Autobahn A 10 in Berchtesgaden an einer Mauer endet und nicht nach Österreich und Italien weitergeht, hätte sich ja noch nicht einmal der Führer gewünscht, und der war bekanntlich eher national eingestellt.

Tatsächlich gibt es volkswirtschaftliche Berechnungen, die besagen, dass eine allgemeine Freizügigkeit für Arbeitsmigrantinnen und -migranten den globalen Wohlstand um 65 Billionen Dollar erhöhen würde, ausgeschrieben sieht diese Zahl so aus: 65 000 000 000 000. Konkret würde sich das Einkommen eines Angolaners um 10 000 Dollar im Jahr erhöhen, das eines Nigerianers um 22 000 Dollar.[60] Wie sehr solche Zahlen belastbar sind, sei mal dahingestellt, aber klar ist doch, dass Menschen das Geld, das sie verdienen, wieder in den Wirtschaftskreislauf einbringen, also Dinge kaufen, Steuern zahlen, Tickets buchen, Wohnungen mieten usw. Wenn gegenwärtig auf die ärmste Milliarde Menschen lediglich ein einziges Prozent des globalen Konsums entfällt, muss doch noch dem engstirnigsten Ökonomen einleuchten, was hier volkswirtschaftlich brachliegt, nur weil die magische Idee vorherrscht, dass Grenzen irgendeinen Sinn hätten.[61]

Jedenfalls: Eine Welt ohne Grenzen in unserem heutigen, ganz und gar antimodernen Sinn kann man sich schon deshalb leicht vorstellen, weil es sie jahrtausendelang gab. Und wenn man sich beispielsweise die Besiedelung eines fernen Planeten vorstellen kann, warum dann nicht etwas so Einfaches wie eine Welt ohne Grenzen?

Wohlgemerkt: das Verschwinden von Schlagbäumen, Grenzerhäuschen, Videoüberwachung, Zäunen, Mauern und Wachmannschaften heißt ja nicht, dass es fortan keine Staaten mit Territorien mehr gibt, die ihre inneren und auswärtigen Angelegenheiten souverän regeln, Wirtschafts- und Umweltgesetze verabschieden, Ansprüche an ihre Sozialsysteme definieren und Teilhabe an öffentlicher Daseinsvorsorge nach Zugehörigkeit gewähren oder auch verweigern. Denn mit der Teilnahme am Arbeitsmarkt sind ja nicht automatisch staatsbürgerliche Rechte und Pflichten verbunden. Mit dem Recht, in irgendeinem Land als Tourist einzureisen und dort Infrastrukturen in Anspruch zu nehmen, Strände und Bars aufzusuchen und sich gegebenenfalls gegen Bezahlung trottelhaft zu benehmen, sind ja auch keine weiteren Rechte verbunden – wieso sollte das dann bei der Arbeitsmigration der Fall sein?

Wo wir gerade dabei sind, nur als Kontrast zu der ganz und gar unzeitgemäßen Betrachtung von Flucht und Migration: 2016 gab es 1,235 Milliarden Touristen weltweit, ihre Zahl hat sich seit 1950 verfünfzigfacht, die Steigerungstendenz ist ungebrochen.[62] Dieses Milliardenheer ist völlig unbehelligt irgendwo unterwegs, für ein paar Tage oder Wochen, verbraucht Energie, Wasser, Landschaft, verdrängt – wie auf Sylt und in Barcelona – die Einheimischen, kehrt nach Hause zurück und macht sich wieder auf den Weg. Warum sind die alle kein Problem, die Migranten aber schon? Ach ja: Die Touris werden als Wirtschaftsfaktor betrachtet – der Tourismus ist die drittgrößte Dienstleistungsbranche überhaupt. Dass man diese Sichtweise auf Flüchtlinge und Migranten nicht anzulegen in der Lage ist: Was sagt das über unsere Gesellschaft?

Es sagt: Sie ist antiquiert. Weil sie im Unterschied zu ihren universalistischen Ansprüchen die anderen nach Kategorien sortiert und ungleich wahrnimmt und behandelt. Eine Gesellschaft für freie Menschen braucht weder Mauern noch Zäune noch Grenzen. Sie kann selbstverständlich Staatsbürgerschaft und rechtliche Zugehörigkeit definieren und regulieren, sie kann festlegen, wer wählen darf, wer für Ämter kandidieren kann, wie Schulabschlüsse vergeben werden, wer welche Leistungen warum beziehen darf und wer nicht. Aber was bitte hat all das mit Grenzregimen zu tun, in einer Welt, wo alles, von den Viren bis zu den Waren, von den Daten bis zu den Freundschaften, von den Pipelines bis zu den Finanztransaktionen grenzüberschreitend stattfindet? Wo Unternehmen wie Google, Amazon und Apple wirtschaftlich größer und mächtiger als viele Nationen sind?

Die Vernetzungsarchitektur moderner Infrastrukturen hat selbst für die Entgrenzung nationaler Verkehrsformen gesorgt: Binnenschifffahrt, Eisenbahn, Telegraphie, Elektrifizierung, Gas- und Ölpipelines – sie alle wurden schon vor mehr als hundert Jahren als »übernationale« Strukturen betrachtet, und gerade daran knüpften sich Hoffnungen, dass »die freie Zirkulation von Menschen, Gütern und Ideen« friedensstiftend sei und zu supranationalen Organisationsformen führen würde.[63] Heute, im Zeitalter von Donald Trump, Horst Seehofer und Victor Orban, darf alles zirkulieren, nur die Menschen nicht (es sei denn sie sind Touristen oder Politiker).

Der Prozess der Zivilisation ist gar nicht zu denken, ohne dass Menschen gelernt hätten, sich trotz aller kultureller, religiöser, mentaler Verschiedenheit friedlich zu begegnen und voneinander gerade deswegen zu lernen, weil Diversität ein kultureller Speicher unterschiedlicher Lösungswege für Menschheitsprobleme ist. Gerade vor diesem Hintergrund erschließt sich a), dass wir schon mal weiter waren und b), dass wir uns im Augenblick in einem Entzivilisierungsschub befinden. Und dem muss man c) entgegenhalten, dass nicht die Sicherung, sondern die Abschaffung der Grenzen die zivilisierende Kraft hat, die wir brauchen, um durchs 21. Jahrhundert zu kommen.

Wenn man eine solche Utopie noch zusammendenkt mit einem zwischenstaatlichen Gewaltmonopol (vgl. S. 131), kommt man dem alten Menschheitstraum vom ewigen Frieden erheblich näher als durch antiquierte Grenzregime und antiquierten Nationalismus.

Das Motto für die von der UN verkündeten Ziele nachhaltiger Entwicklung lautet: »Leave no one behind.« Das ist gut, funktioniert aber nur dann, wenn es ergänzt wird um »Leave no one outside.« Wenn man sich anschaut, wie befreiend die Beseitigung der Grenzen im europäischen Binnenraum war, sieht man sofort das utopische Moment, das in der Freizügigkeit für alle Menschen liegt: Es geht hier um das Recht auf Freiheit ohne Ansehen persönlicher Merkmale, und damit nicht nur um wirtschaftliche Chancen für Individuen und Gesellschaften, sondern auch um basale Voraussetzungen zivilisierten Umgangs: ohne Angst verschieden sein zu können.[64]

Solidarität realistisch

Ich stelle mir vor: Eine Lebenswelt, in der solidarische Haltungen selbstverständlicher Teil von Schule, Ausbildung, Arbeit sind und die Menschen es ablehnen, sich als Wettbewerber fühlen zu sollen. Wir nennen das: Arbeit 80/20. Und international wird Solidarität zum übergreifenden Motiv, an dem sich eine globale Zukunftspolitik ausrichtet.

Eine grenzenlose Welt wäre ein gutes Training für Empathie und Solidarität, denn die kategoriale Unterscheidung zwischen »unserer« Welt und »denen da draußen« würde nach und nach verschwinden. Das setzt eine Durchlässigkeit zwischen allen Schichten und Gruppen voraus, die wiederum erst Empathie und Solidarität ermöglicht, und diese Durchlässigkeit müsste es innergesellschaftlich wie international geben.

Solidarität, national

Eine Gruppe von Studierenden an der Uni Sankt Gallen hat unlängst eine sehr kluge konkrete Utopie über die »Zukunft der Solidarität« entwickelt. Sie ist davon ausgegangen, dass es (wie in der Bundesrepublik) in der Schweiz schon eine ausgesprochen große Zahl von Bürgerinnen und Bürgern gibt, die sich in irgendeiner Weise ehrenamtlich engagieren, und dass sich solches Engagement über das Internet und die sozialen Netzwerke tendenziell ausweitet – wie es übrigens schon im Zusammenhang der Flüchtlingshilfe nach dem Spätsommer 2015 der Fall war. Gleichwohl ist es natürlich nicht allen Menschen gleichermaßen möglich, sich ehrenamtlich zu engagieren, hier spielen Geld, Zeit, soziale Umfelder und vieles andere oft hinderliche Rollen – und natürlich auch die Frage, wie gesellschaftlich normal und erwartbar solches Engagement ist. Ist es eine Ausnahme oder die Regel?

»Solange die Grundproblematik existiert«, schreibt die Arbeitsgruppe, »dass eher Menschen mit höherer Bildung und stärkerer finanziellen Stabilität es sich leisten können, sich stärker für eine Freiwilligtätigkeit zu engagieren, ist von Gesellschaft, Politik und Wirtschaft gefordert, allen Menschen gerechte Chancen zu ermöglichen, etwas Gutes für unsere Gemeinschaft zu tun.«[65] Die Idee der Studierenden: eine Quote für das soziale Engagement. Mindestens 20 Prozent der Ausbildungs- und Arbeitszeit soll der ehrenamtlichen Tätigkeit zur Verfügung stehen, und zwar vom Kindergarten bis zum Ruhestand. »Wir gehen davon aus, dass sich grundsätzlich viel mehr Menschen sinnvoll engagieren möchten, ihnen jedoch die Zeit dazu fehlt oder sie es sich finanziell nicht leisten können. In erster Linie sind sie damit beschäftigt, ihre Existenz langfristig abzusichern und ihre engeren Beziehungen zu pflegen. Um den bisherigen Lebensstandard der Menschen zu halten, wird in unserem Modell bei einem 80-Prozent-Pensum weiterhin der volle Lohn ausbezahlt. Die solidarische Tätigkeit, also die 20 Prozent, werden vom Staat über Steuergelder an den Arbeitgeber als Ausgleich gezahlt. Unternehmen gewinnen hier in zweierlei Hinsicht: Einerseits profitieren sie von staatlichen Subventionen, andererseits ist zu erwarten, dass bei einem 80-Prozent-Pensum die Produktivität nicht ab-, sondern sogar zunehmen wird, weil Arbeitnehmende zufriedener und gesünder sind.«

Im Gegenzug zur gesellschaftlichen Wertschöpfung durch ehrenamtliche Tätigkeit bekommen die Bürgerinnen und Bürger nach diesem Modell ein Grundeinkommen und kostenlosen Zugang zu Bildungs- und Gesundheitseinrichtungen.

Das soziale Engagement kann so stattfinden, wie es am besten zu den Fähigkeiten, Werten, Lebensentwürfen und Lebensphasen der Einzelnen passt. Angebot und Nachfrage werden über Plattformen und soziale Netzwerke reguliert. Der Charme der 80/20-Idee liegt darin, dass ein Gegenmodell zur individualisierten Wettbewerbskultur entworfen wird, das nichtmonetäres Engagement für andere als ganz selbstverständlichen Teil des Alltags und der Lebenswelt vorsieht. Statt »Unterm Strich zähl ich« ist hier ein Fünftel des Ichs für andere reserviert, und das dürfte das gesellschaftliche Grundklima genauso verändern, wie es die individuellen Erfahrungsräume erweitert. Die Hermetik sozialer Filterblasen wird schon deutlich perforiert werden, wenn man als Beraterin einen Tag die Woche im Hospiz arbeitet oder als Müllfahrer in der Kita. Die Gesellschaft wird durchlässiger, der Zusammenhalt schon dadurch gestärkt, dass man fast zwangsläufig die Welt auch mal mit den Augen von anderen zu sehen lernt.

Der Entwurf der Arbeitsgruppe legt das 80/20-Konzept über den gesamten Lebenslauf:

Kindheit

Die Arbeitsgruppe geht davon aus, dass das ehrenamtliche Engagement gleich mit der Einschulung beginnt und neben die konventionellen Lernziele tritt. Dabei ist es vom jeweiligen Engagement abhängig, ob die 20 Prozent auf einen Tag oder verteilt auf die Woche fallen – regelmäßige Besuche im Seniorenheim etwa legen eine andere Zeitstruktur nahe als eine Kleidersammelaktion. Die Kinder sollen aber nicht einfach auf die ehrenamtlichen Tätigkeiten losgelassen werden, sondern etwa auch handwerkliche und soziale Fähigkeiten lernen, die ihnen bei der Hilfe helfen. »Das Angebot für Kinder und Jugendliche könnte Kochkurse gegen Lebensmittelverschwendung, Gärtnern, Musikunterricht und vieles mehr beinhalten. Mit dem Alter wächst dann die Verantwortung und die Komplexität der Aufgaben.«

Lebensmitte

Nach Schulabschluss, Lehre oder Studium wird das 80/20-Konzept in der Arbeitswelt fließend weitergeführt. Die Arbeitgeber sind verpflichtet, ihre Beschäftigten für solidarische Tätigkeiten freizustellen, für ein Fünftel der Arbeitszeit. Der Lohn bleibt auf gleichem Niveau, wodurch der Zugang zu solidarischem Engagement gleich verteilt wird. Auch Mitarbeitende in

Unternehmen haben die Wahl, ihre solidarischen Zeiten am Stück oder verteilt auf bestimmte Zeiträume zu nehmen. Dabei gelten die 20 Prozent als Minimum, das die Beschäftiger fördern müssen; natürlich können sie die Quote auch freiwillig erhöhen.»Hohe Flexibilität beim Solidaritäts-Pensum erhöht die Attraktivität der Unternehmen auf dem Arbeitsmarkt. Auch Leerlaufzeiten bei Mitarbeitern, die sonst im Büro ›abgesessen‹ worden wären, können auf diese Weise produktiver genutzt werden.« Selbständige bekommen eine Kompensation für ihr ehrenamtliches Engagement. Insgesamt erzeugt das 80/20-System erheblich mehr Flexibilität in der Gestaltung von Arbeits- und Lebenszeit, verflüssigt das bis dato vielfach starre System von Arbeits- und Freizeit und wertet Beziehungs- und Sorgearbeit gegenüber dem bestehenden System stark auf.

Letztes Lebensdrittel

Auch mit dem Eintritt ins Rentenalter wird die solidarische Tätigkeit weitergeführt und übernimmt gegenüber dem heute abrupten Renteneintritt stark moderierende Funktionen. Das Ehrenamt wirkt sinnstiftend und gibt dem Alltag Struktur. »Mit dem Auszug der Kinder und dem Eintritt in die Rente stehen ältere Menschen vor der Herausforderung, eine radikale Umstellung von einem fremdbestimmten zu einem selbstbestimmten Alltag zu vollziehen. Viele Strukturen und soziale Kontakte, die das Leben vorher geprägt haben, fallen weg.

Wird solidarische Arbeit auch im Alter gesellschaftlich breit verankert, können die Zugangschancen zur aktiven Teilhabe an der Gesellschaft gerechter verteilt werden, und wir können Ältere wieder in die Mitte der Gesellschaft bringen. Sie werden mit fortschreitendem Alter nicht lokal ausgegrenzt und in Altersheimen untergebracht, sondern von Mitgliedern ihrer Gemeinschaft unterstützt, falls der Alltag allein schwierig zu bewältigen wird.« Besonders an diesem Lebensabschnitt wird deutlich, dass Engagement keine rein altruistische Angelegenheit ist, sondern auch für die Helfenden positive Funktionen hat: Das Gefühl, gebraucht zu werden, wirksam zu sein, in ständigem Austausch mit anderen zu stehen – alles dies sind Aspekte, die als positiv und sinnstiftend erlebt werden. Und: auch Ärger über andere, wenn etwas nicht funktioniert, gehört zum Lebensgefühl, integriert zu sein und dazuzugehören.

Die 80/20-Utopie vereinigt viele sinnvolle Aspekte in einem Konzept: Erstens ist es ein Moment der Sinngebung, da das soziale Engagement neben die eigentliche Erwerbsarbeit bzw. Ausbildung tritt und deren etwaige Bullshit-Elemente kompensiert – wenn schon der Job mir nichts gibt, freue ich mich umso mehr aufs Ehrenamt. Zweitens ist sie eine effektive Maßnahme gegen Vereinzelung, Atomisierung und Filterblasenexistenz und schafft Ansatzpunkte für Vergemeinschaftungen und sozialen Zusammenhalt. Drittens ist sie ein Training in Empathie und Perspektivenübernahme und stärkt damit die persönlichen Fähigkeiten. Viertens vermittelt sie das Gefühl von Selbstwirksamkeit und wird als positiv erlebt. Fünftens trägt sie zur gesellschaftlichen Wertschöpfung bei. Sechstens verändert sie das gesellschaftliche Klima und damit die individuellen Orientierungen, die in der Wir-ich-Balance stärker auf das Wir gelegt werden. Wahrscheinlich gibt es noch eine Menge anderer Effekte des Modells; umso besser, dass die Gruppe versucht, im Rahmen eines Crowdfunding-Modells erste praktische Umsetzungen zu erproben. Im Sinn eines Experiments, in dem die Hypothese geprüft wird, dass praktische Solidarität sowohl das Leben der Einzelnen wie der Gesellschaft insgesamt verbessert, spricht jedenfalls einiges dafür und nichts dagegen, die 80/20-Utopie zu erproben. Übrigens auch und gerade in dem Sinn, dass das Ehrenamt nicht die Ausnahme, sondern die Regel ist und der Kultur der Ich-AGs ein anderes, viel freundlicheres Modell entgegenstellt.

Solidarität, international
Solidarität hat freilich nicht nur eine innergesellschaftliche Dimension, sondern auch eine zwischengesellschaftliche. Eine Gesellschaft für freie Menschen hat eine universalistische Perspektive, also müssen zivilisatorische Güter wie Freiheit, Recht, Autonomie, Lebenssicherheit, Frieden für alle gelten. Solche Ziele kann man nur durch Schaffung internationaler Organisationen und Rechtsinstitutionen erreichen, und da lässt sich vielfältig auf das aufbauen, was seit dem Ende des Zweiten Weltkriegs erreicht worden ist. Man denke nur an das Völkerrecht, den internationalen Strafgerichtshof in Den Haag, die Vereinten Nationen, die internationalen Abkommen von der Ächtung des Kriegs bis zum Klimaabkommen von Paris, dazu die unzähligen internationalen Organisationen in Kultur, Wirtschaft, Umweltschutz usw. usf.

Was bislang fehlt, sind transnationale Rechtsregime in Dingen, die alle auf der Welt angehen: wie den Strafgerichtshof für Massenverbrechen, einen Umweltgerichtshof für ökologische Verbrechen, einen Finanzgerichtshof für steuerliche Vergehen. Und als Wichtigstes: ein zwischenstaatliches Gewaltmonopol, das im Übrigen perfekt zu einer Welt ohne Grenzen passt. Und die Rüstungskosten radikal absenken, mithin unfassbar viel Geld für lebensdienliche Dinge freisetzen würde.

Alles dies kommt zunächst in die Welt, weil jemand eine Geschichte darüber erzählt, wie es wohl wäre, wenn es internationale Institutionen der Solidarität gäbe. Denn Kants Idee vom ewigen Frieden ist eine Geschichte genauso wie die Allgemeine Erklärung der Menschenrechte oder auch das Grundgesetz, wie die Vereinten Nationen oder eine Welt ohne Grenzen. Erst wenn Geschichten solcher Art in der Welt sind, wird ihre langwierige und mühsame, oft aber doch erfolgreiche Umsetzung in konkrete Utopien realistisch. Und das heißt keineswegs, dass mit der Erklärung der Menschenrechte plötzlich überall die Menschenrechte geachtet werden, dass mit der Genozid-Konvention Völkermorde abgeschafft sind oder mit der Genfer Konvention Kriegsverbrechen nie wieder vorkommen. Aber sobald eine solche Geschichte eine Form bekommen hat und von einer Mehrheit der Staaten ratifiziert worden ist, kann man gegen Verstöße vorgehen, rechtlich und symbolisch. Und umgekehrt wird es riskanter, solche Verstöße zu begehen, der Raum des Straflosen wird kleiner. So wird insgesamt das Zivilisierungsniveau höher.

Zu diesem Niveau gehören auch die vielkritisierten SDGs, die »Sustainable Development Goals«, die deshalb konkrete Utopien sind, weil sie für alle Gesellschaften Entwicklungsziele formulieren, also nicht nur für die armen, auch für die reichen. Das heißt, dass alle 17 Ziele, unterteilt in 169 Zielvorgaben zur Erreichung etwa von Ernährungssicherheit, gleichen Bildungschancen, Verringerung sozialer Ungleichheit oder Schutz von Ökosystemen, allen Ländern aufgegeben sind, die entsprechende Umsetzungspläne zu entwickeln haben. So etwas mag sich sehr technisch anhören, stellt aber einen praktischen Fortschritt in der internationalen Kooperation dar, wie er vor ein paar Jahrzehnten noch undenkbar gewesen ist. Da muss man weitermachen.

Die nächste Geschichte wird dementsprechend eine sein, die von der Gleichheit der Lebenschancen auf der Welt handelt, und das schließt die ökologische Gleichheit ein.

Niemand hat das Recht, die Welt von jemand anderem zu verbrauchen, und niemand hat das Recht, die Lebenschancen anderer Menschen einzuschränken.

Amartya Sen hat dies, wie gesagt, als das Ziel von Entwicklung überhaupt formuliert:

Menschen Entscheidungen zu ermöglichen.

In diesem Sinn könnte man, weit über die konventionelle Entwicklungshilfe hinaus, Partnerschaften zwischen Nationen etablieren, zum Beispiel zwischen sehr reichen und sehr armen, also etwa zwischen Mali und Deutschland, und experimentieren, wo überall praktische und solidarische Kooperationen möglich und wirksam sind: ökologisch, wirtschaftlich, im Bildungs- und Kulturbereich, im Energiesektor, beim Sport. Solche bilateralen Reallabore der Solidarität schaffen zum Beispiel Lernräume nachhaltigen Wirtschaftens, die für beide Seiten hilfreich sind, praktische Begegnungen und auch neue Vergemeinschaftungen, die die antizivilisatorische Differenzierung von Zugehörigen und Nicht-Zugehörigen aufheben. Solche solidarischen Partnerschaften würden die alte und problematische Idee der Entwicklungshilfe aufheben und weit über die »Entwicklungspartnerschaft« hinausgehen. Denn auch und vielleicht sogar besonders die reichen Gesellschaften verstehen sich jetzt als Entwicklungsländer, nur mit mehr Geld.

Der Politikwissenschaftler Dirk Messner hat gerade eine »Weltzukunftskonferenz 2020« vorgeschlagen, die von transnationalen Organisationen wie dem Städtenetzwerk ICLEI, dem Sustainable Solutions Network und dem Wissenschaftskonsortium Future Earth vorbereitet werden könnte. Auf dieser Konferenz soll über ein »Weltgemeinwohl« debattiert werden, vor allem aber drei Beschlüsse gefasst werden: »(1) konkrete Fahrpläne zur Reduzierung der Ungleichheiten in den Gesellschaften; die Verbesserung des Gini-Index[66] wird zu einem zentralen Entwicklungsparameter; (2) die wirksame Bekämpfung der gemeinwohlzerstörenden Steuervermeidung; ein internationaler Mindeststeuersatz wird eingeführt; (3) wirksamer Klimaschutz als Grundlage ökonomischer

Modernisierungs- und Wohlfahrtsprojekte; in den beteiligten Gesellschaften werden bis 2035 die letzten Kohlekraftwerke geschlossen, ab diesem Zeitpunkt keine fossil betriebenen Fahrzeuge mehr verkauft (...); die Einnahmen aus der Besteuerung von Treibhausgasemissionen werden in Transformationsprojekte für nachhaltige Mobilität, Energie und Städte sowie in nationale und internationale Vorhaben zur Stärkung des gesellschaftlichen Zusammenhalts investiert.«[67]

Das ist Solidarität, heterotopisch und damit realistisch gedacht: So wird sie von einer Kategorie des empathischen Zur-Seite-Stehens zu einem politischen Instrument, das dazu dient, die Welt gemeinsam besser einzurichten.

Wirtschaft, realistisch

Ich stelle mir vor: eine kapitalistische Wirtschaft mit Unternehmen, die dem Gemeinwohl verpflichtet sind, in der zugleich Commoners Gemeingüter bewirtschaften, Genossenschaften Banken betreiben und Aktiengesellschaften Bauernhöfe. In dieser Wirtschaft gelten wahre Preise, und Wachstum ist kein Zwang mehr. Wir nennen das: aufgeklärten Kapitalismus.

»Die Wirtschaft ist auserzählt, da gibt es nichts mehr zu holen außer Geld«, sagte Jan Böhmermann in unserem Gespräch für das Magzin taz.FUTURZWEI. Tatsächlich: Je mehr über Innovation, Disruption, Emerging Markets, Entrepreneurship, Start-ups geredet wird, desto stärker hat man das Gefühl, dass das meiste davon ziemlich hohl ist. Denn die Wahrheit ist wie immer einfach: Seit sich der Kapitalismus entgrenzt hat, nehmen die multinational agierenden Unternehmen auf nationalstaatliche Steuergesetze und Regulierungen kaum noch Rücksicht, drohen nationalen Regierungen beliebig mit Weggang und Arbeitsplatzverlusten, haben auf diese Weise die Gewerkschaften entmächtigt und ein wirtschaftliches Klima geschaffen, in dem von Sozialbindung, Gemeinwohl, gesellschaftlicher Verantwortung kaum noch die Rede ist. Stattdessen erzählen die Googles unablässig, dass sie »die Welt zu einem besseren Ort« machen wollen, aber ich befürchte, dass ihre Definition von »besser« eine andere ist als meine. Nach meiner Vorstellung wäre die Welt schon besser, wenn die Wirtschaft wieder in eine dienende Funktion für das gute Leben für alle eintritt.

Wie weit denkt der reichste Mann der Welt?

Es ist ja auch nicht so, dass »die Welt« um »Verbesserung« durch die Leute aus dem Silicon Valley gebeten hätte und dass die Verbesserung ihres eigenen Lebens mit der der Welt identisch wäre. Wie sonst wäre es zu erklären, dass die Lobbyisten der Digitalwirtschaft die Bildungssysteme durchdigitalisieren wollen, ihren eigenen Nachwuchs aber lieber in smartphonefreie Kitas und Schulen schicken?[68] Die geistige Grundlage von manchen dieser Vorkämpfer für eine bessere Welt ist allerdings, sagen wir, bemerkenswert. Unlängst feierte der Springer-Verlag die Vergabe seines Axel-Springer-Preises für »visionäres Unternehmertum« an den reichsten Mann der Welt. Das ist Jeff Bezos, der es mit seinem Online-Handel Amazon geschafft hat, dass Menschen unablässig Dinge kaufen, von denen sie kurz zuvor nicht einmal ahnten, dass sie sie jemals haben wollten.

Damit hat Bezos Fantastilliarden angehäuft, und mit seiner Firma »Blue Origin« möchte der reichste Mann der Welt nun auch gern der reichste Mann des Universums werden. Denn er sieht, wie er sagt, in der Eroberung des Weltraums die einzige Möglichkeit, eine »Zivilisation des Stillstands« zu vermeiden.

Warum? Ganz einfach: Weil die Menge an Energie, die die Menschen verbrauchen, von Jahr zu Jahr wächst und die Erde nicht genug Platz für die Solarzellen hat, die man bräuchte, um die permanenten Zuwächse zu gewährleisten. Aber, so der reichste Mann der Welt beim Gespräch aus Anlass der Preisverleihung, das »Sonnensystem kann problemlos eine Billion Menschen aufnehmen« und mit unendlichen Mengen Energie ausstatten!

Das ist doch wirklich toll, und man sieht schon vor seinem inneren Auge, wie zwischen den Sternen unseres Sonnensystems lauter Amazon-Paket-Raketen umherfliegen, damit diese Billion Menschen mit Warp-Geschwindigkeit elektrische Zahnbürsten mit Atomantrieb zugestellt bekommen, während sie in ihren interstellaren Hängematten liegend die neuesten Unterhaltungsangebote konsumieren. Die Welt wie jetzt, nur größer! Man könnte dann auch SUV-Raketen, also Weltraum-Geländewagen haben, natürlich Weltraum-Kreuzfahrten mit AIDA-Krypton, Weltrauminstagram mit automatischer Gesichtserkennung für Aliens, wegen der Sicherheit, und natürlich Weltraumgeld, mit Bezahlstrahl.

Aber Jeff Bezos denkt noch viel weiter: »Und wenn wir eine Billion Menschen hätten, hätten wir tausend Einsteins und tausend Mozarts und unbegrenzte Ressourcen und unbegrenzte Sonnenenergie für alle praktischen Belange und alle praktischen Zwecke.« Klare Sache: die Mozartquote. Warum gibt es heute so wenige Mozarts? Ganz einfach. Zu wenig Menschen! Man muss schon ausnahmegenial sein, um auf so etwas zu kommen, und ich kann nur sagen: Wenn ein Mann Preise verdient, dann dieser!

Normal Begabte denken ja irrigerweise darüber nach, wie man das Leben auf der Erde so verbessert, dass es gerechter und ökologisch verträglicher wird. Und Tausende von Jahren haben sie damit zugebracht, so etwas Mühseliges wie Zivilisation zu schaffen, mit Recht und Gesetz, Schulbildung und Emanzipation, Ächtung von Gewalt und Krieg und so. Wie klein werden ein paar zehntausend Jahre Prozess der Zivilisation gegen Bezos' Visionen! Und während wir noch darüber nachgrübeln, was der Sinn des Lebens ist, ob es irgendwo da draußen Intelligenz gibt, die uns helfen könnte, weiß Bezos schon längst um die Einzigartigkeit unserer Existenz, denn: »Wir haben Robotersonden zu jedem Planeten in diesem Sonnensystem geschickt, und glauben Sie mir, unser Planet ist der beste.«

Wenn Sie spätestens jetzt glauben, dies alles hätte ich mir ausgedacht, weil kein erwachsener Mensch öffentlich so einen Schmu erzählen könnte, ohne dass jemand die Ambulanz ruft: Nein, das alles ist wahr. Ich schwöre: Alles das und noch viel mehr hat der reichste Mann der Welt auf der Festveranstaltung im Gespräch mit Mathias Döpfner, dem Chef des Axel-Springer-Verlags, tatsächlich gesagt, am 24.4.2018.[69]

Bezos ist die Mensch gewordene Bestätigung für Jan Böhmermanns Satz, dass die Wirtschaft auserzählt sei. So sehr, dass wir offenbar aus dem Stadium heraus sind, in dem Erwachsene mit Geld und Macht die Welt nach ihren Wünschen einzurichten trachteten. Nun sind es Erwachsene mit der Weltsicht von Achtjährigen, die das Geld und die Macht haben, die Welt nach ihren Wünschen einzurichten, und so sieht sie dann auch aus.

Außer »mehr« von dem haben zu wollen, was ohnehin schon da ist, fällt diesen Leuten nichts ein. Und mal ehrlich: Niemand würde ihrem Unsinn zuhören, wenn sie nicht so unglaublich viel Geld und damit Macht hätten. Es ist leider ein Versagen gleichermaßen von Politik und Zivilgesellschaft, dass sie diese ungeheuerliche Anhäufung von Geld und Macht sehenden Auges zugelassen hat, obwohl die Zukunftsversprechen der Digitalwirtschaft – Raketen! Künstliche Intelligenz! Pizzaservice! – alle so aussehen, als wären sie 1950 festgefroren. Und nur gelten, solange Strom da ist.

Denn das ist ja das eigentlich Antiquierte: dass hier eine durch und durch von externer Energiezufuhr abhängige Technologie als zukunftsfähig gepriesen wird, obwohl sie zur Lösung der Energie-, Ressourcen-, Emissions- und Müllprobleme der Gegenwart nicht das Geringste anzubieten hat, sondern diese dynamisch vermehrt. Die großen zivilisatorischen Revolutionen der Menschheitsgeschichte basierten auf einem Wechsel des Energieregimes – vom Sammeln zum planmäßigen Anbau im Neolithikum, von Holz- auf fossile Energie in der Industrialisierung. Tatsächlich ist der Exzess der Intensivierung des Raubbaus an den Überlebensvoraussetzungen das sicherste Zeichen dafür, dass eine Kultur am Ende ist. Jared Diamond hat es in seinem Buch »Kollaps« am Beispiel gescheiterter Zivilisationen gezeigt.

So wird ein Schuh draus: Bezos und seinesgleichen repräsentieren das Delirium der Hyperkonsumkultur. Das alles ist auserzählt. Also brauchen wir eine andere Geschichte, die Wirtschaft über sich erzählen kann, genauer eine darüber, ob es einen ökosozial aufgeklärten Kapitalismus geben kann, der eine dienende Funktion für die Bewältigung der Zukunftsanforderungen im 21. Jahrhundert hat. Sozialistische und kommunistische Utopien, Planwirtschaften unterschiedlichster Strickmuster und Masterpläne, darüber hat uns das vergangene Jahrhundert belehrt, taugen nichts.

Was wir brauchen, sind – mit Kondratieff – Heterotopien, Bausteine anderen Wirtschaftens, die man miteinander kombinieren kann. Hier eine Auswahl, die natürlich nicht restlos sein kann. Schon deswegen nicht, weil die Re-Regionalisierung und Re-Lokalisierung von Produktion und Konsumtion, die zunehmende Verwandlung von Konsumenten in »Prosumenten«, die Ersetzung von Erwerbsarbeit in Eigenarbeit usw. gewiss in Teilbereichen gelingen kann. Aber ich kann mir nicht vorstellen, dass das 21. Jahrhundert, auch ein ökosozial transformiertes, ohne große Industrie auskommen kann und wird, eine Industrie, in der Massenprodukte wie Mikrochips oder Schrauben oder Gebäudeteile oder Medikamente hergestellt werden. So etwas lässt sich mit vertretbarem ökologischen und finanziellen Aufwand nicht Dorf für Dorf machen, und mir schiene es auch dann nicht wünschenswert, wenn es tatsächlich möglich wäre.

Denn warum sollte man ausgerechnet in dem historischen

Augenblick Massenproduktion abschaffen, wo sie tatsächlich ohne menschliche Arbeitskraft stattfinden kann? Warum sollten wir gerade für unsere Gesellschaftsutopie die Chance ungenutzt lassen, Scheißarbeit, also öde Fließband- und schwere körperliche Arbeit abzuschaffen? Eine Gesellschaft für freie Menschen setzt ja sogar voraus, dass man sich von entfremdeter Arbeit befreien können sollte, und wenn niemand mehr in die vollautomatisierte Fabrik fahren muss, fallen schon mal eine Menge Mobilitätsaufwände weg. Und eine Fabrikorganisation, die auf die menschlichen Belange von Arbeitenden keine Rücksicht nehmen muss, kann erheblich effizienter geplant und gebaut werden als bisher.

Ganz unbeschadet von solchen technischen Fragen der »großen Industrie« bleibt aber die gesellschaftliche Zielvorstellung, wofür und wem der wirtschaftliche Stoffwechsel dienen soll. Und da kommt der Baustein

Gemeinwohl

ins Spiel. Über das 80/20-Modell der Solidarität hinaus muss die Kategorie des Gemeinwohls allgemein ein zentrales Element einer Gesellschaft für freie Menschen sein. Auch wenn, wie bereits gesagt, jeweils kulturell und historisch genau zu bestimmen bleibt, was unter »Gemeinwohl« zu verstehen ist, kann man es allgemein als Leitbegriff für ein Handeln definieren, dass nicht nur das eigene, sondern immer auch das Wohlergehen aller zum Ziel hat. Umgekehrt ist die Herstellung von Gemeinwohl die Aufgabe aller in einer demokratischen Gesellschaft, die ja, gemäß einer schon einmal verwendeten Definition »der von Furcht freie wohlmeinende Streit um die Optimierung der Mittel beim Streben nach Gemeinwohl« ist (vgl. S. 35). Vor diesem Hintergrund kann man sagen: Gemeinwohl ist das allgemeine Ziel, um Zusammenhalt als Grundlage der demokratischen Einrichtung der Gesellschaft zu gewährleisten. Die Wirtschaft ist das Mittel, es gemeinsam zu verfolgen.

Gemeinwohlorientierung ist in einem wachstumswirtschaftlichen Kapitalismus insofern ein Widerspruch in sich selbst, da ja das Wohl künftiger Generationen in ihm nicht verwirklicht wird. Und das neoliberale Regime hat in den vergangenen dreißig Jahren eine fundamentalistische Zivilreligion des Egoismus geschaffen, die tief in unsere Verkehrsformen und Selbstbilder eingesunken ist. Das Selfie ist nicht umsonst das ikonische Bild der Epoche, und die ausufernde Rhetorik des »Wir« (»WeQ« statt »IQ« usw.) bringt nur zum Ausdruck, dass es als handlungsleitendes Bild überhaupt nicht existiert. Stattdessen wird der Mythos einer Meritokratie und Wettbewerbsgesellschaft beschworen, die individuellen Aufstieg verspricht, wenn man nur alles von sich fordert – während doch alle Daten belegen, dass man in Deutschland vor allem dann eine akademische Karriere anstrebt, wenn man aus einer Akademikerfamilie kommt, und dass wirtschaftlicher Erfolg oft eher eine Angelegenheit der Herkunft als der Fähigkeit ist.

Das Gemeinwohl ist also heute eher eine Sehnsuchtskategorie als alles andere, aber gerade als altruistische Sehnsucht bildet es eine reale Gegenkraft gegen die Kultur der Ich-AGs. Und nicht zufällig sind in der Nachhaltigkeitsszene Strategien en vogue, die sich um die Herstellung von Gemeinwohl zentrieren. Einige davon können wir wunderbar in unserer Gesellschaft für freie Menschen gebrauchen.

Zum Beispiel: Die Gemeinwohlökonomie und -bilanzierung
Hinter diesen Begriffen verbirgt sich kein Konjunktiv – »müsste«, »könnte«, »sollte« –, sondern eine enorm erfolgreiche Bewegung für ein unternehmerisches Handeln, das auch, aber eben nicht nur, am eigenen Gewinn interessiert ist.

Die Grundlage dafür hat der unkonventionelle Ökonom und Tänzer Christian Felber 2010 mit seinem Buch »Gemeinwohlökonomie«[70] gelegt, das so überzeugend war, dass bis heute mehr als 2000 (überwiegend kleine) Unternehmen seine Ideen praktisch umsetzen. Dabei geht es im Kern darum, dass man nicht mehr nur nach Gewinn und Verlust bilanziert, sondern Aspekte wie Nachhaltigkeit, Mitarbeiterbeteiligung, Einhaltung der Menschenrechte usw. in eine »Gemeinwohlbilanz« eingehen, die jährlich erstellt wird. Diese Bilanz hilft engagierten Unternehmen zum einen, ihren eigenen Zielen besser nachzukommen, indem sie sich gewissermaßen kontinuierlich selbst überprüfen. Zum anderen aber wird das unternehmerische Handeln in der Gemeinwohlbilanz mit Punkten bewertet, die nicht nur positive oder negative Veränderungen von Jahr zu Jahr anzeigen, sondern auch einem politischen Ziel dienen: Es ist nämlich angestrebt, Unternehmen, die sehr gut in der Gemeinwohlbilanz abschneiden, künftig steuerlich zu bevorteilen oder bei öffentlichen Aufträgen und Beschaffungen zu bevorzugen. Wer nachhaltig und sozial produziert, bekommt also einen ökonomischen Vorteil und kann diesen wiederum dafür nutzen, die eigenen Angebote preiswerter zu machen. Auf diese Weise wird umgekehrt, was heute meist der Fall ist: dass es einfacher und kostengünstiger ist, nichtnachhaltig zu wirtschaften, und aufwendiger, aufreibender und teurer, wenn man Nachhaltigkeitsziele verfolgt.

Bei den etwa 40 auf der GWÖ-Website verzeichneten Unternehmen, die bereits mehrfach eine Bilanzierung durchgeführt haben, lässt sich in der Mehrzahl der Fälle eine Steigerung der Punktzahl von der ersten zur zweiten Bilanzierung beobachten. Die Matrix hat also auch die Funktion der Selbstüberprüfung und kann gerade Unternehmen, die bereits einer starken prosozialen Wertorientierung folgen, dabei helfen, in

Sachen Nachhaltigkeit, Sozialorientierung oder Transparenz noch besser zu werden.

Erstaunlich ist insgesamt der Erfolg der Gemeinwohlökonomie. Ausgelöst durch Felbers Buch, der heute als eine Art Guru der Bewegung gilt und selbst sehr aktiv an der Weiterentwicklung des Konzepts beteiligt ist, hat sie sich innerhalb weniger Jahre zu einer internationalen Unternehmensinitiative entwickelt, der sich kontinuierlich mehr Organisationen (auch öffentliche wie Universitäten) anschließen, die politisch sichtbar geworden ist und die inzwischen auch wissenschaftlich begleitet wird.[71]

Die Frage, ob und wie die Gemeinwohlbilanz auch für große, insbesondere für börsennotierte Unternehmen mit ihren rechtlichen Verpflichtungen den Shareholdern gegenüber eingeführt werden kann, ist einstweilen offen. Aber: Attraktiv ist das Modell eben schon deswegen, weil es praktiziert wird. Man kann es als modulare Revolution betrachten, die ihren Weg in die Unternehmenslandschaft gehen wird. Und: Unternehmerisches Handeln wird hier im Grundsatz überhaupt nicht in Frage gestellt, ihm wird – ähnlich dem 80/20-Modell der Solidarität – nur ermöglicht, zugleich damit das Gemeinwohl systematisch zu berücksichtigen.

Das scheint mir gerade darum zukunftsfähig zu sein, weil man, um das umzusetzen, gar nicht moralistisch unterwegs sein muss. Die Gemeinwohlbilanz bildet einfach nur mehr vom realen Stoffwechsel des Lebens ab als die rein monetäre Dimension des Wirtschaftens und ist damit realistischer.

Eine ähnlich nüchterne Perspektive kann man auch anlegen, wenn man über

Commons und Gemeingüter

nachdenkt. Davon gibt es zwei Sorten: jene gleichsam natürlichen Commons, die wie die Atemluft, die Atmosphäre, die Meere, die Böden usw. zunächst einmal die Lebens- und Überlebensgrundlagen der menschlichen Lebensform sicherstellen. Und dann gibt es menschengemachte Gemeingüter, die – wie Plätze, Parks, Mitfahrgelegenheiten oder Wikipedia – geschaffen werden, um allen zur Verfügung zu stehen. Auf beiden Seiten, bei den Kritikern wie bei den Befürwortern einer Ökonomie der Commons, herrscht eine seltsame Emphase vor. Der Humanökologe und Philosoph Gerrit Hardin sprach 1968 in einem vielzitierten Aufsatz von der »Tragödie der Gemeingüter«, die darin liege, dass Trittbrettfahrer sich nicht an die Regeln halten und das, was gemeinschaftlich bewirtschaftet wird, über den eigenen Anteil hinaus ausbeuten. Man könnte in der Gegenwart beispielsweise die Bundesrepublik als einen solchen »free rider« ansehen, der die Allmende Klimasystem ausbeutet, da sie sich ja nicht an vereinbarte Klimaziele hält und somit wirtschaftlich von zu geringen Beiträgen zum Schutz des Klimas profitiert.

Die Gegenposition romantisiert den Erfolg der gemeinsamen Nutzung von Gemeingütern und schwärmt von den sich durch Open Source, sinkende Grenzkosten, Maker Spaces usw. auftuenden Möglichkeiten einer Ökonomie, in der das Teilen im Vordergrund stehe.[72] Diese Illusionen gab es in besonders hohem Maße, als das Internet eine ganz neue Ära der Demokratisierung, des Einbringens bislang medial unterrepräsentierter Stimmen, in Form einer »liquid democracy«, versprach. Dass daraus eine neue Ära eines monopolistisch strukturierten Informations- und Plattformkapitalismus entstehen würde, der die Demokratie radikal gefährdet, hätte man in dieser romantischen Hoffnung nicht für möglich gehalten, und doch kam es genau so. Weil man versäumt hatte, frühzeitig über Regeln zur Bewirtschaftung der Allmende Internet nachzudenken, setzte sich durch, wer am meisten Marktmacht anhäufen konnte.

Denn wie die Politikwissenschaftlerin Elinor Ostrom auf der Basis umfangreicher Untersuchungen ohne jede Romantik zeigen konnte, gibt es tatsächlich viele Beispiele der erfolgreichen und nachhaltigen Nutzung von Gemeingütern – Gemeindewiesen, Halligen, Fischgründe usw. –, allerdings nur unter der Voraussetzung, dass dieser Nutzung klare und überwachte Regeln zugrunde liegen, an die sich die Commoners zu halten haben. Dabei geht es gerade darum, Übernutzungen zu vermeiden und »free riders« auszuschließen. Ostroms Forschungen zeigen eindrucksvoll, dass es durchaus kollektive Übereinkünfte und Arrangements gibt, die jenseits von Marktkräften und diesseits von Trittbrettfahrern nachhaltiges Wirtschaften erlauben. In der Gemeinde Langenlois in Österreich etwa gibt es seit nunmehr 700 Jahren die gemeinschaftliche Nutzung eines Forstes von insgesamt 350 Hektar, den vierzig Familien genossenschaftlich von einem Gutsbesitzer erworben hatten, um ihn gemeinsam zu bewirtschaften – ein geradezu klassisches Beispiel für die erfolgreiche Nutzung eines Gemeingutes. Das »Vierziger-Haus«, in dem die genossenschaftlichen Versammlungen abgehalten wurden, gibt es heute noch.

Commons, könnte man sagen, sind eine Wirtschaftsform jenseits von Staat und Markt, sie erlauben bei rivalisierenden Gütern[73] nachhaltige Nutzungen besser als Marktlösungen und bei nichtrivalisierenden Formen von Teilen und Vergemeinschaftung, die als positiv und sinnstiftend erlebt werden. Außerdem heben sie oft die traditionell getrennten Rollen von Produzenten und Konsumenten auf.

In den vergangenen Jahren haben die Commons, nicht zuletzt durch die Arbeiten Ostroms, eine Renaissance erfahren, in so unterschiedlichen Feldern wie Open-Source-Texten, freier Software, Regionalwährungen oder Saatbanken. Das bekannteste Gemeingut ist sicher Wikipedia, das nicht nur von Hunderten von Millionen Menschen genutzt wird, sondern von vielen Millionen auch gepflegt und fortentwickelt wird.

Die Bewirtschaftung von Commons ist aber nicht nur eine Sache für Wissen, Wiesen und Wälder: Auch städtischer Grund und Boden ist ja ursprünglich ein Gemeingut, aber zunehmend (und in Deutschland besonders in den vergangenen drei Jahrzehnten) in privaten Besitz übergegangen. Eine Gesellschaft für freie Menschen muss schon aus Gründen sozialer Gerechtigkeit und Teilhabe dahin zurückkommen, dass Boden im öffentlichen Besitz bleibt – private Nutzungen kann man über das Erbbaurecht oder über Vergabeverfahren für Grundstücke organisieren, die sich nicht am höchsten Gebot, sondern am höchsten Nutzen für das Gemeinwohl orientieren.[74]

Für eine Gesellschaftsutopie für freie Menschen lassen sich Commons genauso im Bereich land- oder forstwirtschaftlicher Nutzung denken wie bei der Nutzung städtischer Häuser, Wohnungen, Plätze, Parks, Fluss- und Seeufer. Hinsichtlich der Eigentumsformen sind erfolgreiche Commons den

Genossenschaften
verwandt, wie sie traditionell etwa Ackergerät, Traktoren, Mähdrescher für die Genossen zur gemeinsamen Nutzung vorhalten, Grund und Boden oder Hausbesitz aufteilen oder gemeinsam Güter herstellen und vertreiben. Bei manchen Genossenschaften tritt – wie bei der Schweizerischen Handelskette Migros – den Konsumenten gar nicht mehr ins Bewusstsein, dass es sich nicht um ein konventionelles Handelsunternehmen handelt. Und in der Bundesrepublik ist den allermeisten Bankkunden nicht klar, dass Volks- und Raiffeisenbanken ebenso wie Sparkassen genossenschaftlichen Prinzipien folgen und ein anderes Geschäftsmodell haben als

Unternehmen wie die Commerzbank oder die Deutsche Bank. Interessanterweise zeigen sie sich aufgrund genau dieser Organisationsform oft als krisenresistenter und im Geschäftsgebaren manchmal auch seriöser als die privatwirtschaftlich verfassten Banken. Auch im Bereich der Erstellung und Bewirtschaftung von Wohnraum sind Genossenschaften lange erprobt; ohne sie wäre die Mietenproblematik in großen Städten noch weit dramatischer, als sie heute ohnehin schon ist.

Dazu sind in der Nachfolge der 1968er Kulturrevolution eine Fülle von Kooperativen und Produktionsgemeinschaften entstanden – Druckereien, Buchläden, Bäckereien, die zum Teil bis heute existieren. Besonders in der Landwirtschaft, im Weinbau und im Obstbau sind Kooperativen und Genossenschaften weit verbreitet und bilden ökonomische Alternativen zum privatwirtschaftlichen Betrieb.

Es wäre sehr sinnvoll, mal eine Bestandsaufnahme zu machen, welche wirtschaftlichen Organisationsformen sich zugleich als gemeinwohlorientiert und als nachhaltig erweisen – also *den größten sozialen Nutzen bei geringstem Weltverbrauch* vorweisen können. Eine solche Bestandsaufnahme könnte auch hilfreich dafür sein, Ökonomie-Mythen zu den Segnungen des Wettbewerbs, zu Effizienz und unsichtbaren Händen zu dekonstruieren.

Die Ökonomin Mariana Mazzucato hat in einer vielbeachteten Studie gezeigt, dass die Grundlagenforschung, ohne die die Erfolge des Silicon Valley und seiner unablässig gepriesenen Innovationen gar nicht denkbar wären, nach wie vor eine staatliche Leistung ist, mehr noch, dass die staatlichen Förderstrukturen und Forschungsschwerpunktsetzungen überhaupt erst jene wissenschaftlichen Fortschritte bereitstellen, die dann zu Big Data und Big Money gemacht werden.[75] Wenn die staatsferne libertäre Ideologie, die so gern von den Helden der Internetwirtschaft gepflegt wird, umgesetzt würde, müssten die künftig auch alle Bildungsinfrastrukturen selbst bereitstellen. Mit Garagen zum Löten von Mikrochips allein ist es nicht getan. Und natürlich nutzen all diese Unternehmen auch die Verkehrs- und Kommunikationsinfrastrukturen, die staatlicherseits bereitgestellt werden – Bushaltestellen genauso wie Glasfasernetze. Wie toll das alles wohl in einer entstaatlichten Wirtschaft funktionieren würde?

Unternehmer
Auch Sheryl Sandberg und Elon Musk haben übrigens studiert. Womit wir beim gegenwärtigen Idealtypus des Unternehmers oder der Unternehmerin wären. Gegenwärtig dominiert hier ja der Typus Elon Musk, also der kreative, getriebene, nie schlafende und von sich und anderen alles fordernde Entrepreneur, der alle Züge von Soziopathie und Substanzmissbrauch zeigt und wahrscheinlich schon deswegen in Wahrheit nichts Vernünftiges zustande kriegt, weil er zu wenig schläft und deshalb verlernt hat, klare Gedanken zu fassen.

Lustig ist, dass dieser manische Unternehmer nichts als ein ruppiger Wiedergänger des Industriemagnaten Typ Rockefeller oder Carnegie ist: Ende des 19. Jahrhunderts entstand ja der Praktiker einer energiegeladenen *vita activa*: der nimmermüde Eroberer, der unerschrockene Reisende, der ruhelose Forscher, der imperatorische Wirtschaftskapitän. »Überall, wo sie hinkamen, beeindruckten, erschreckten oder blufften okzidentale Kraftnaturen mit ihrer persönlichen Dynamik, in der sich der Energieüberschuss ihrer Heimatgesellschaften widerspiegeln sollte.«[76] Für die Elon Musks und Sergej Brins gilt freilich nicht mehr, dass sie ihre Herkunftsgesellschaften repräsentieren, sondern sie stehen für die kapitalistische Internationale der mit Venture Capital ausgestatteten Eroberer von Märkten. Es hat aber beinahe etwas Rührendes, wie hier, im Epizentrum von Innovation und Disruption, Leitbildern aus dem letzten und vorletzten Jahrhundert nachgeeifert wird.

Eine moderne Gesellschaft für freie Menschen setzt nun aber einen ganz anderen Unternehmertypus voraus: Das Idealbild kann hier nicht mehr der rastlos sich selbst und alles andere ebenfalls vernutzende, hierarchisch denkende und instrumentell vernünftige Unternehmer sein, sondern der am demokratischen Gemeinwohl und am zivilisatorischen Projekt verantwortlich interessierte Bürger, dessen Unternehmen zu beidem zentrale Beiträge leisten kann.

Zu diesem Typus gehört eine ausgeprägte, verinnerlichte und gelebte Orientierung an der Nachhaltigkeit und damit eine gelassenere Haltung gegenüber Effizienz und Optimierung und eine starke Orientierung an einem neu verstandenen gesellschaftlichen Fortschritt. Es gehört die Fähigkeit zur Muße dazu und das Wissen darüber, wann man Entwicklungen abbrechen und Pfade nicht weiter verfolgen sollte, weil sie in die Irre führen. Kulturelle und historische Bildung können ebenso wenig schaden wie die Bereitschaft, über Hierarchien und Statusgruppen hinweg zuzuhören und zu lernen.

Internalisierung

Ein extrem wichtiger Pfad für die Wiederherstellung einer dienenden Wirtschaft liegt in der *Internalisierung der Kosten*. Gegenwärtig werden alle Umweltkosten, die etwa durch Containertransporte oder Elektroschrottentsorgung entstehen, in die Herstellungskosten nicht eingerechnet, und in die Preise, die im Handel gezahlt werden, auch nicht. Die Preise lügen also; sie geben keine Auskunft darüber, dass Gemeingüter belastet werden, wenn ein in Asien genähtes T-Shirt für 2,99 Euro in Deutschland angeboten wird. Aber es ist kein Menschenrecht, so billig wie möglich einkaufen zu können, und im 21. Jahrhundert geht es angesichts der ökologischen

Folgen nicht mehr an, die sozialen und naturalen Kosten der globalisierten Produktion und Konsumtion nicht zu bezahlen. Mehr noch: Man kann nicht ökologisch nachhaltig wirtschaften, wenn jede sich in jedem noch so entfernt liegenden Winkel der Erde bietende Einsparmöglichkeit genutzt wird, ohne die damit anfallenden Kosten der heutigen Zerstörung künftiger Lebens- und Überlebensmöglichkeiten zu entrichten.

Der Sportartikelhersteller PUMA hatte 2011 unter seinem damaligen Vorstandsvorsitzenden Jochen Zeitz Berechnungen angestellt, was seine Artikel kosten würden, wenn die Preise die Wahrheit sagen würden. Die Befunde waren ernüchternd: Die durch PUMA angerichteten Umweltfolgekosten summierten sich auf 145 Millionen Euro; ein einzelnes T-Shirt war mit dem echten Preis um fast ein Drittel teurer.

	Wasserverbrauch	Treibhausgasemissionen	Landnutzung	Luftverschmutzung	Abfall	Summe	
	in Mio. €	in Mio. €	in Mio. €	in Mio. €	in Mio. €	in Mio. €	in %
	33%	32%	26%	7%	2%	100%	
Summe	47	47	37	11	3	**145**	100%
PUMAs Kerngeschäft	<1	7	<1	1	<1	**8**	6%
Tier 1	1	9	<1	1	2	**13**	9%
Tier 2	4	7	<1	2	1	**14**	10%
Tier 3	17	7	<1	3	<1	**27**	19%
Tier 4	25	17	37	4	<1	**83**	57%
EMEA	4	8	1	1	<1	**14**	10%
Amerika	2	10	20	3	<1	**35**	24%
Asien/Pazifik	41	29	16	7	3	**96**	66%
Schuhe	25	28	34	7	2	**96**	66%
Textilien	18	14	3	3	1	**39**	27%
Accessoires	4	5	<1	1	<1	**10**	7%

Das Beispiel Puma machte bis heute keine Schule. Zeitz ging 2012 (er hat gerade in Afrika ein Kunstmuseum eröffnet), seine Nachfolger waren an dergleichen Experimenten und Veröffentlichungen offensichtlich nicht interessiert.

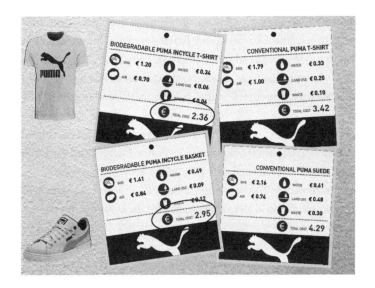

Abb. 18: Echte Preise sind höhere Preise

Zeitz erzählt im Interview, was damals seine Motivation war: »Wir haben bemerkt, dass die Lieferanten bei sozialen oder Umweltthemen zum Teil inakzeptable Verhältnisse in den Fabriken hatten. Wir haben uns mal die Fabriken in Indonesien oder China angesehen, wie die mit der Umwelt und den eigenen Angestellten umgingen. Was alles ins Abwasser floss, die Hitze und Dämpfe in den Fabriken! Da haben wir im Unternehmen entschieden, dass wir solche Standards nicht mehr akzeptieren können.«[77]

Leider hat sich im Rest der Unternehmenswelt diese Vorstellung nicht gerade viral verbreitet. Dabei wäre die Internalisierung externer Kosten unternehmerisch betrachtet gar kein Hexenwerk, sondern im Gegenteil mit ganz normalen betriebswirtschaftlichen Strategien durchaus vereinbar.

Eine Gruppe von Studierenden, Frank Graef, Charlotte Hoffmann und Maxim Keller, von der Uni Sankt Gallen hat einmal durchgespielt, was das heißen würde. Die Grundüberlegung ist simpel: Wenn die Kosten steigen, muss man als Unternehmen nach Möglichkeiten der Kostenreduzierung suchen. In einem System, das Kosten externalisiert, kann ich sparen, wenn ich meine T-Shirts in Myanmar oder Kambodscha produzieren lasse; die Transportkosten sind pro Teil grotesk gering und fallen angesichts der im Vergleich zu Deutschland extrem geringen Arbeitskosten und der Einsparungen durch fehlende Umweltstandards überhaupt nicht ins Gewicht.

Unter der Bedingung aber, dass wahre Preise gezahlt werden müssen, wird der Transport plötzlich sehr teuer; Möglichkeiten zur Kostenreduzierung ergeben sich umgekehrt also genau dort, wo ich Transport vermeide. Wenn die zuvor externalisierten Mobilitätskosten bezahlt werden müssen, könnte es günstiger sein, die Textilien in Deutschland produzieren zu lassen. Die Arbeitsgruppe hat ein eindrucksvolles narratives Szenario für eine Wirtschaftswelt entworfen, die aus der Perspektive des Jahres 2050 über vergangene Internalisierungserfolge berichtet:

Frank Graef, Charlotte Hoffmann & Maxim Keller:
Die Internalisierungsgesellschaft

Ein Gastbeitrag aus dem Jahr 2050

Anhand eines relativ simplen Beispiels lässt sich die komplette Internalisierung der Kosten verdeutlichen: Ein Sportschuh, hergestellt in China, war früher für etwa 50 € in europäischen Ladengeschäften zu kaufen. Die damals gültigen Buchhaltungsvorschriften für große Unternehmen definierten die Herstellkosten als die Summe der Kosten, die nötig waren, um ein Gut in seinen verkaufsbereiten Zustand zu versetzen. Dazu gehörten etwa Kosten für Rohmaterialien, Lohnkosten der Arbeitnehmer oder Transportkosten. Hinzu kamen Gemeinkosten, beispielsweise Versicherungsleistungen für die Mitarbeiter des Unternehmens.

Diese früher allgemein akzeptierte Definition der Herstellkosten blendet jedoch solche Kosten aus, die von niemandem unmittelbar bezahlt werden müssen. Wenn ein Unternehmen im Produktionsprozess schädliche luftfremde Stoffe freisetzt, führt das in Kombination mit anderen Faktoren zu einem erhöhten Lungenkrebsrisiko in der Region. Die daraus entstandenen Gesundheitskosten wurden im externalisierenden System vom Gemeinwesen oder von den Direktbetroffenen getragen, jedoch kaum vom verursachenden Unternehmen oder dem Konsumenten des hergestellten Produktes. Ein Effekt, der noch verstärkt wurde, wenn die Produktion in billigeres Ausland ausgelagert worden war. Da kein käufliches Recht auf Luftverschmutzung existierte, war diese weder im Gewinn der Unternehmen, noch in den Preisen bei den Endverbrauchern berücksichtigt worden. Und so erlaubte der Preis von 50 € den Unternehmen, eine beträchtliche Marge auf ihre verkauften Produkte zu erzielen.

Auch sonstige externe Effekte, die sich grob in Umwelt- und Sozialkosten kategorisieren lassen, suchte man in den damaligen Jahresberichten und Kostenberechnungen vergeblich. Diese Kosten wurden früher auf unterschiedliche Weise auf Externe abgewälzt, die mit dem Konsum des Produkts bzw. der Dienstleistung genauso wenig zu tun hatten wie mit dessen Entlohnung. Heute, im Jahr 2050, sind genau diese Auswirkungen jedoch in der Kosten- und Preisberechnung eines jeden Unternehmens enthalten. Transportkosten beispielsweise beschränken sich nicht nur auf die Benzin- und Fahrzeugkosten, sondern berücksichtigen nun auch sämtliche externen Effekte zulasten von Umwelt und Gesellschaft, wie zum Beispiel Schadstoff- oder Lärmemissionen.

In einem internationalen Mammutprojekt, an dem Experten verschiedenster Fachbereiche mitwirkten, wurden für alle denkbaren End- und Zwischenprodukte, Prozesse und Produktionsverfahren die monetären Gegenwerte der verursachten externen Effekte determiniert. Jegliche Auswirkungen menschlichen Handelns auf Umwelt und Gesellschaft konnten nun mit einem Preisschild versehen werden. (…) Natürlich stiegen dadurch die Kosten für alle Güter und Dienstleistungen schlagartig an, was sich zunächst in Unsicherheit und Chaos niederschlug. (…)

Viele Branchen wurden durch den Internalisierungszwang auf den Kopf gestellt. Allen gemein ist, dass Kosteneinsparungen nun Hand in Hand mit echter unternehmerischer Nachhaltigkeit gehen. Das Ziel von Unternehmen ist also ökonomischer Erfolg, der jedoch direkt von der ökologischen und sozialen Performance beeinflusst wird. Umgekehrt bedeutet dies, dass das Verfolgen von sozialen und ökologischen Zielen für ein Unternehmen eine gewinnbringende Strategie darstellt. Der Satz »The business of business is business« ist beim Internalisierungskapitalismus also immer noch wahr, nur dass »business« jetzt eine viel weiter reichende Bedeutung hat.

Mit Spannung wird derzeit die Markteinführung des neuen Mobilfunk-Chips »HuaweiV3« erwartet. Ganze fünf Jahre ist es her, seit die letzte Version dieses Chips erschien. Früher, im expansiven Kapitalismus, waren die informationstechnologischen Produktzyklen weitaus kürzer. Beispielweise erschien das damals äußerst beliebte iPhone alljährlich in mehreren neuen Versionen, ohne damit einen spürbaren Zusatznutzen zu bieten. Stattdessen war es ein integraler Teil des Geschäftsmodells, durch »geplante Obsoleszenz« die Abfolge von Kauf und Entsorgung solcher Produkte zu beschleunigen, etwa indem die Leistungsfähigkeit der alten Geräte nach einem Softwareupdate nicht mehr gegeben war. So etwas wäre heute vollkommen undenkbar. Nach der Einpreisung der externen ökologischen und sozialen Kosten entlang der Wertschöpfungskette stiegen die Preise für Hardware deutlich und die Konsumenten bevorzugen heute logischerweise solche Geräte, die sich durch ihre langjährige Beständigkeit auszeichnen.

Allgemein lässt sich sagen, dass technologisch anspruchsvolle Produkte, welche einen ressourcenintensiven Herstellungsprozess durchlaufen oder eine Konzentration von Know-how voraussetzen, auch heute noch in globaler Fertigung produziert werden. Nichtsdestotrotz sind diese in den meisten Fällen teurer geworden, da die naturverträgliche Produktion (z. B. Renaturierung von Fördergebieten) und sozialverträgliche Arbeitsbedingungen (z. B. sichere Arbeitsumgebung, geregelte Arbeitszeiten) selbstverständlich bezahlt werden müssen. Um solche Produkte bei gestiegenen Preisen auch weiterhin für die Mehrheit der Bevölkerung erschwinglich zu halten, musste zunächst die Nutzungsdauer deutlich verlängert werden. Smartphones, Notebooks, Autos oder Kühlschränke mussten außerdem robuster, leicht reparierbar und modular konstruiert werden, um die potentiellen Kunden davon zu überzeugen, die entsprechenden Artikel anzuschaffen. Statt auf minderwertige Einwegartikel setzen die Hersteller auf langlebige Investitionsgüter, die mit Sorgfalt gebraucht und regelmäßig gewartet werden. Die Ingenieure in den Entwicklungsabteilungen der Technologieunternehmen sind froh, dass mittlerweile die betriebswirtschaftlichen Vorgaben in Einklang mit der Optimierung der Produktqualität stehen. Möbel als Wegwerfware und minderwertige Toaster, die nach einer Woche den Geist aufgeben, kann man unter Berücksichtigung der externen Kosten niemandem mehr andrehen, ohne einen Boykott der Kunden zu riskieren. Der schlagartige Preisanstieg, der mit der Internalisierung einherging, hat grundlegend verändert, welche Konsumgüter überhaupt nachgefragt werden. In einer kathartischen Beschränkung wurde der Überfluss an sinnentleerten Gütern ohne speziell erforderlichen Zweck quasi über Nacht überwunden. Smart Watches, Apfelentkerner und kapselschluckende Espressomaschinen verschwanden vom Markt. Produkte, deren wahre Produktionskosten in keinem Verhältnis zum gestifteten Nutzen stehen, haben nur noch in wenig schmeichelhaften, dafür umso belustigenderen Rückblicken in ein vergangenes, maßloses Zeitalter Platz.

Die erhöhte Nachfrage nach Reparatur- und Wartungsdienstleistungen schuf gleichzeitig neue Jobs mit vielfältigen Anforderungsprofilen. Gerade dem Teil der Gesellschaft, welcher zwar über handwerkliches Talent, aber über keine tertiäre Ausbildung verfügt, bieten sich hier interessante berufliche Perspektiven. Vorbei sind die Tage, in denen defekte Geräte gedankenlos verschrottet wurden. Heute lohnt es sich wieder, solche Dinge zum nächsten Spezialreparateur zu bringen, dessen Expertise und Fachkompetenz bis heute kein Industrieroboter ersetzen kann. Falls doch mal ein wichtiges Ersatzteil fehlt, kann dies im 3D-Druck-Verfahren ohne zusätzlichen Transportaufwand hergestellt werden. Schließlich sind Wissen und Fachexpertise heute aufgrund ihres positiven sozialen und – wenn dadurch

z. B. die Verschiffung von Produkten eingespart werden kann – ökonomischen Zusatznutzens mehr denn je für eine breitere Masse kostengünstig oder sogar kostenlos verfügbar.

(…)

Auch im Bereich Ernährung hat sich sehr viel getan. Es wäre heute betriebswirtschaftlicher Irrsinn, Lebensmittel um die halbe Welt zu verschiffen, wenn man sie genauso gut im Garten vor der Haustür anbauen kann. Wer will sich Güter aus dem teuren Schiffscontainer noch leisten, wenn man doch qualitativ hochstehende Alternativen in der Region produzieren kann? Man weiß heute genau, wo die Eier, das Brot und die Karotten herkommen – in der Regel nämlich stammen sie aus dem gleichen Ort wie der Konsument. Und so geht eine beachtliche Transparenz über die Herkunft und Produktion der alltäglichen Güter einher mit einem neuartigen Verständnis von Qualität und Luxus beim Konsumenten. In den kälteren Monaten schmecken die Äpfel vom Obsthof gut, genauso wie Kirschen und Erdbeeren im Sommer. Im tiefsten Winter übt man sich dann entweder im Verzicht auf Sommergewächse – Walnüsse und Kastanien sind für den Hunger zwischendurch ja auch nicht verkehrt – oder zahlt den fairen Preis dafür: Sollen es doch mal Mangos oder Bananen aus Brasilien sein, dann muss man deutlich tiefer in den Geldbeutel greifen.

(…)

Im Vergleich zu damals muss man heute somit wohl auf manches verzichten. Zum Beispiel auf die damals beliebten Tiger Prawns, ebenso wie auf exotische Früchte, Thunfisch und all die anderen Lebensmittel, die in heimischen Gefilden nicht gedeihen. Für die meisten Bürger steht mittlerweile deshalb nicht mehr der Verzicht auf bestimmte Lebensmittel im Vordergrund, sondern vielmehr der Genuss, wenn man sich dann doch mal etwas Besonderes leistet. Den Stellenwert von Trüffel und Kaviar nehmen heute Fleisch, Bananen und Co. ein. Das Konsummodell des »Alles-immer-

und-zwar-günstig« findet heute eigentlich niemand mehr erstrebenswert. Die kulturelle Bereicherung durch regionale Gerichte und die Vorfreude auf die Saison bestimmter Zutaten wird von den meisten als Gewinn erlebt. Auch haben sich durch den Rückgang der Überfischung die Fischbestände erholen können.

(…)

Bislang war stets von Ungleichheiten innerhalb unserer Gesellschaft die Rede. Mindestens ebenso große Veränderungen gab es auch in Bezug auf internationale Ungleichheitsstrukturen. Seitdem das Outsourcing von Umweltverschmutzung oder miserablen Arbeitsbedingungen für die hiesigen Unternehmen mit hohen Kosten verbunden ist, hat sich beim Rest der noch verbliebenen »Global Players« ein weltweit fairer Umgang mit Mensch und Natur durchgesetzt. Mitarbeiter in ausgelagerten Produktionsstandorten werden nicht länger als globale proletarische Reservearmee missbraucht, sondern verfügen heutzutage über vergleichbare Arbeitsbedingungen wie Beschäftigte in München oder Hamburg. Eine Praxis, wie die damals weitverbreitete Zerstörung von Regenwald zur Gewinnung von Palmöl, welche mit der Externalisierung immenser ökologischer und sozialer Kosten nach Übersee verbunden war, wäre heute unbezahlbar. Da auch der gesellschaftliche Nutzen der Beseitigung der oft in Drittweltländern aufgetürmten Müll- und Schrottberge internalisiert wurde, stritten sich anfangs westliche und lokale Firmen um die Rechte zu deren Entrümpelung. Mittlerweile konnte hier in den meisten Fällen ein für alle Seiten akzeptabler Kompromiss gefunden werden.

Einkommensungleichheiten haben für viele Menschen aber auch einfach an Relevanz verloren, da die allgemeine Lebenszufriedenheit quer durch alle sozioökonomischen Schichten zugenommen hat. Ein wichtiger Aspekt ist hierbei der Faktor Zeit. Für die meisten Leute erscheint dies heute unvorstellbar, aber nach der Jahrtausendwende waren Arbeitswochen von 50–70 Wochenstunden in einigen Berufen keine Seltenheit. Gerade die Gewinner der Globalisierung hatten damals kaum genügend Zeit, ihr erarbeitetes Vermögen auch tatsächlich zu genießen. Viele kauften nur noch, anstatt zu konsumieren. Demgegenüber verfügten die arbeitslos gewordenen Verlierer dieses globalen Trends zur Fremdversorgung über eine schier erdrückende Menge an freier Zeit. Folglich profitierten Letztere von der nach der Internalisierung einsetzenden De-Globalisierung. Aber auch ein nicht geringer Anteil der ehemaligen »High Potentials« begrüßte die Transformation von entgrenzten und entfremdenden Karrierepfaden. Im Zuge der Regionalisierung der Ökonomie wich das frustrierende Gefühl, nur ein unbedeutendes Zahnrad in der globalen kapitalistischen Wachstumsmaschine zu sein, der Gewissheit, durch seine Arbeit vor Ort einen wichtigen Beitrag zum Gemeinwohl zu leisten. Ehemalige Banker und Berater nutzten die Chance zur beruflichen Neuorientierung. Viele gründeten erfolgreiche Firmen, die Unternehmen der verschiedensten Branchen dabei berieten, wie sie ihre Geschäftsmodelle nach der Internalisierung neu denken könnten. Inzwischen ist die von Keynes bereits für das Jahr 2030 prophezeite 15-Stunden-Woche für viele Bürger Realität – wenn auch mit 20 Jahren Verspätung. Wichtig für die Steigerung der Lebenszufriedenheit war auch die Tatsache, dass ein Zusammenrücken stattfand mit einem verstärkten Bezug auf die lokalen Gemeinschaften, da der Mensch sein eigenes Leben immer im Vergleich mit seinem Umfeld bewertet. Weil durch die Internalisierung niemand mehr auf Kosten anderer aufsteigen konnte, waren die Verhältnisse deutlich ausgeglichener und die Menschen darum viel glücklicher, da sie niemanden zu beneiden hatten.

(…)

Auch die wirtschaftswissenschaftliche Ausbildung hat sich im Zuge der Transformation der globalen Wirtschaft grundlegend verändert. Sozialwissenschaftliche Module nehmen heutzutage viel mehr Platz im Curriculum ein. Der »Physik-Neid« der Volkswirtschaftslehre mit ihrer Obsession für mathematische Komplexität wurde überwunden. Obwohl solide Mathematik- und Statistikkenntnisse weiterhin wichtig sind, stellen abstrakte Modelle keinen Selbstzweck mehr da. Im Ökonomiestudium wird stattdessen Wert auf Methodenpluralität gelegt. Anstelle inspirationsloser Rechnerei ist die Einsicht getreten, dass Wirtschaft von Menschen gemacht wird und folglich aus verschiedenen fachlichen Perspektiven zu analysieren ist. Dies alles hatte zur Folge, dass Universitäten und Business Schools nun einen vollkommen neuen Typus von Managern hervorbringen und sich die Qualität der Unternehmensführungen, nicht nur aus Sicht der Mitarbeiter, deutlich verbessert hat.

Und so lässt sich festhalten, dass wir heute zwar immer noch in derselben Welt leben wie vor einigen Jahrzehnten, wir jedoch begonnen haben, mit ihr in Einklang zu leben. Durch die Internalisierung derjenigen Kosten, die früher ungerechtfertigterweise auf andere abgewälzt wurden, konnte nicht nur eine *gesamt*gesellschaftlich optimale Produktion erzielt werden, sondern auch das Wohl von Umwelt und Gesellschaft gefördert werden. Vorbei sind die Zeiten des Expansionismus und der Maßlosigkeit in allen Lebensbereichen. Doch vermisst sie niemand, im Gegenteil.

Das narrative Szenario zeigt, dass das wirtschaftliche Handeln nach wie vor konventionellen ökonomischen Kalkülen folgen kann, aber *andere* Notwendigkeiten der Kosteneinsparung entstehen – mit einer unabsehbaren Fülle von kollateralen Effekten, die sämtlich den Aufwand an Energie, Transportmitteln, Material, Emissionen etc. reduzieren. Das ist sehr einfach: Unmittelbar leitend ist nicht mehr die Frage, wo ich unter Absehung von langfristigen Schädigungen die billigste Arbeit und den günstigsten Transport einkaufen kann, sondern wie ich die nunmehr hohen Kosten globalisierter Wertschöpfungsketten reduzieren kann. Für viele Produkte wird die Antwort in der Verkürzung der Wertschöpfungsketten und in lokalisierter Produktion liegen.

Damit verbunden ist zweitens eine geradezu automatisch veränderte Wirtschaftsethik: Viele Fragen der (realen oder behaupteten) Nicht-Kontrollierbarkeit von Arbeitsbedingungen, Schadstoffeinsatz etc. werden obsolet, wenn dies alles wieder in den Nahbereich der Unternehmen rückt, was im Übrigen auch für die zugehörigen Gesellschaften gilt. Dass etwa 60 Prozent der Umweltkosten des wirtschaftlichen Metabolismus der Schweiz außerhalb der Schweiz anfallen, gehört dann ebenso der Vergangenheit an wie die Indifferenz gegenüber den gern ignorierten politischen Verhältnissen in den Ländern, in denen Rohstoffe extrahiert oder Energiepflanzen oder Palmöl angebaut werden. Wie gesagt: Das ist alles nach wie vor machbar, muss dann aber reell bezahlt werden. So betrachtet, hat eine Interviewaussage von Jochen Zeitz keinen illusionären, sondern visionären Charakter: »Ich bin der Überzeugung, dass Unternehmen, die nicht verantwortlich wirtschaften, langfristig keinen Erfolg haben werden. Die Ökobilanz zeigt auf einen Blick, wo die Probleme liegen, und ist eben keine hypothetische Annahme.«

Das ist: neuer Realismus.

Regionalwert AGs
Ein großer Realist ist auch Christian Hiß, der 2006 eine Aktiengesellschaft mit inzwischen mehreren Ablegern gegründet hat. Der Shareholdervalue ist hier aber etwas anders definiert als gewöhnlich: Es geht Hiß nämlich darum, Landwirtschaft finanziell integriert zu betreiben: »Ich wollte in dem Bereich, in dem ich mich auskenne, eine Kapitalwirtschaft schaffen, die die sozialökologischen Effekte des Wirtschaftens in die Gesamtrechnung einbezieht«, formuliert er selbst.

Viele bäuerliche Betriebe finden heute keine Nachfolge, weil die Kinder der Bauern kein Interesse haben, den Hof weiterzuführen, und weil andererseits junge Landwirte meist nicht das Kapital haben, einen Betrieb zu übernehmen. Die Regionalwert AG, die inzwischen mehrere Millionen Euro Kapital eingesammelt hat, kauft solche Betriebe und verpachtet sie an

Biobauern. Auf diese Weise wird nicht nur verhindert, dass immer mehr Höfe in den Besitz großer Agrarbetriebe übergehen, es wird auch ein direkteres Verhältnis zwischen Nahrungsmittelproduktion und Kapitalgebern hergestellt, und natürlich auch eins zwischen Produzenten und Konsumenten, was sich in Zeiten großindustrieller Agrarproduktion ja schon fast aufgelöst hat. Zudem wird das wirtschaftliche Risiko, das konventionell beim einzelnen Landwirt liegt, auf die (aktienbesitzenden) Konsumenten mitverteilt.

Dabei spielt aber nicht nur die Produktion, sondern auch die Distribution eine wichtige Rolle – zur AG gehören auch Bioläden, Großhandlungen, Lieferservices und ein Gasthaus. Darüber hinaus möchte Hiß mit der Regionalwert AG auch politisch wirken: »Mit der AG wollte ich auch möglichst viele Bürger einbinden. Sie sollen mitentscheiden, welche Landwirtschaft sie in ihrer Region haben wollen.«

Das Konzept der Regionalwert AG ist den vielen »solidarischen Landwirtschaften« verwandt, bei denen ein fester Abnehmerkreis – wie bei einem Abonnement – für zuvor festgelegte Mengen an Gemüse, Obst, Milch und Fleisch existiert, was den Bauern eine gewisse Planungssicherheit gestattet und den Abnehmern die Gewissheit über die Herkunft der Produkte. Im Kern geht es auch hier um die Wiederherstellung von Zusammenhang, von der landwirtschaftlichen Produktion bis zum Teller.

Für eine dienende Wirtschaft der Zukunft ist das von zentraler Bedeutung: Denn erst die immer weitere Zergliederung der Wertschöpfungsketten macht ja jene Kultur der organisierten Verantwortungslosigkeit möglich, in der Produkte keine Geschichte mehr haben und rechenschaftslos verbraucht oder gleich entsorgt werden können.

Alles andere
Konkrete Utopien wie die Regionalwert AG haben Hochkonjunktur. Denn nie gab es in den westlichen Gesellschaften mehr Gruppen, Initiativen, Genossenschaften, Kollektive, die sich anderen Wirtschafts- und Lebensstilen verschrieben haben als heute. Aber eben nicht in Gestalt großer Theoriegebäude, Manifeste und Symbole, sondern in praktischer Arbeit vor Ort. »transition towns« als Spielfelder neuer lokaler Wirtschaftsweisen gibt es genauso weltweit wie »urban gardening«, beides Formen der Rückeroberung des öffentlichen Raums zu sozialen und ökologischen Zwecken. Dazu unzählige Repair-Cafés, Bürgergenossenschaften, Unverpackt-Läden, solidarische Landwirtschaften, Gemeinwohlökonomie-Unternehmen, Wohnprojekte und Ökodörfer – sämtlich Experimente in konkreter Utopie. Die Stiftung FUTURZWEI hat darüber eine Fülle von Geschichten des Gelingens publiziert, und der Begriff der »Reallabore« zum Experimentieren konkreter Utopien hat sich inzwischen etabliert, sogar wissenschaftlich.[78]

Solche Labore künftigen Wirtschaftens und Lebens haben den großen Vorteil der Anschaulichkeit und: Man kann gleich mit der Zukunft anfangen, ohne auf die vorher notwendige Revolution warten zu müssen. Auch dieses plurale Universum konkreter Utopien hat natürlich ihren Theoretiker. Der heißt Erik Olin Wright und arbeitet seit einem Vierteljahrhundert an seinem »Real Utopias Project«.[79] Ihm geht es darum, »in den Räumen und Rissen kapitalistischer Wirtschaften emanzipatorische Alternativen« aufzubauen und um ihre Verbreitung zu kämpfen. Solche real existierenden Alternativen nehmen Aspekte einer künftigen Gesellschaft vorweg und weisen die Richtung in die Zukunft. Sie alle tragen zum Weiterbau am zivilisatorischen Projekt bei.

Inzwischen ist auch längst klar, dass die Messung des Bruttoinlandsprodukts nichts über die Lebensqualität einer

Gesellschaft und schon gar nichts über ihre Zukunftsfähigkeit aussagt. Schon Robert Kennedy hatte gewitzelt, das BIP messe alles, bis auf das, was das Leben lebenswert mache. In dem halben Jahrhundert seither hat sich de facto nicht viel getan: Noch immer gehen Autounfälle, Umweltkatastrophen und Schadensereignisse jeder Art in das BIP ein, und auch wenn immer das beliebte »Bruttoinlandsglück« des Königreichs Bhutan als leuchtendes Beispiel für einen anderen Wohlstandsindex herangezogen wird: So weit wird es mit dem Glück in einem Land nicht her sein, das im Index menschlicher Entwicklung (HDI) auf Platz 132 rangiert. Die Vorschläge für einen Wohlfahrtsindex, wie ihn der Ökonom Hans Diefenbacher kontinuierlich weiterentwickelt und der etwa Hausarbeit, Kindererziehung, Einkommensverteilung und ökologische Merkmale einbezieht, sind sicher sinnvoller. Und dies nicht nur deswegen, weil so präziser gemessen werden kann, wie es um gutes Leben bestellt ist, sondern vor allem, weil es die Aufmerksamkeit auf den Pfadwechsel und nicht auf den Status quo lenkt. Dort sieht man dann, was geht, wenn man abbiegt.[80]

Und wo immer gern nach der »Skalierung« und nach der »Mehrheitsfähigkeit« von Elementen des Pfadwechsels gefragt wird: Keine technologische, keine wirtschaftliche und keine wissenschaftliche Innovation hat sich weltweit so schnell verbreitet wie das »urban gardening«. Die Idee, dass man städtische Brachen zum Anbau von Nahrungsmitteln nutzen und damit zugleich neue Gemeinschaften bilden kann, ist so einfach und bestechend, dass sie sich in kürzester Zeit über den ganzen Planeten verbreitet hat. Eine analoge Ausbreitung hat die Transition-Town-Bewegung erreicht.[81] So etwas schafft nur soziale Intelligenz, die einstweilen noch stärkste Produktivkraft der Menschen. Das Mittel zur Verbreitung ist Anschaulichkeit: Wenn man einen Gemeinschaftsgarten besuchen kann, wirkt das mehr als die Lektüre von zehn Büchern zum Thema Nachhaltigkeit. Und es öffnet Perspektiven für das eigene Handeln: Einfach jetzt machen, wie das Buch von Rob Hopkins, dem Vordenker und Vormacher der Transition-Town-Bewegung heißt.

Stadt realistisch: Die analoge Stadt

Ich stelle mir vor: In der Stadt gibt es keine privaten Autos mehr; der öffentliche Verkehr funktioniert perfekt, aber dafür kostenlos. Der wiedereroberte Raum öffnet sich für Begegnung und analoge Öffentlichkeit. Die analoge Stadt ist politischer Gestaltungsraum durch ihre Bürgerinnen und Bürger.

Als 1972 die »Grenzen des Wachstums« erschienen, lebten 3,5 Milliarden Menschen auf der Welt. So viele leben heute allein in Städten, und diese Zahl wird schnell weiter steigen. Städte verbrauchen heute 70 Prozent der Energie- und sonstigen Ressourcen und produzieren in ähnlichem Ausmaß Abfälle und Emissionen. In den Städten entscheidet sich die Zukunft. Das ist keine schlechte Nachricht: Denn Städte haben sich als die dauerhafteste und resilienteste Sozialform überhaupt erwiesen. Während Reiche, Imperien, Staaten, Regime kommen und gehen, überdauern Städte viele hundert und manchmal auch Tausende von Jahren. Offensichtlich entwickeln sich dort, wo viele Menschen mit ganz unterschiedlichem kulturellen Gepäck zusammenkommen, Lebensformen von großer sozialer Nachhaltigkeit – gerade weil ihnen keine Masterpläne zugrunde liegen. Sie sind Wandlungskontinua und bleiben identisch, *weil* sie sich beständig verändern. Städte werden wieder aufgebaut, wenn sie durch Krieg oder

Naturkatastrophen zerstört werden, und Städte gehen mit Stress und veränderten Anforderungen durch äußere Entwicklungen flexibler und kreativer um als Staaten. Man kann auch für die Gegenwart sagen: Die eigentlichen Modernisierer von heute sind die Bürgermeisterinnen und Bürgermeister (der kürzlich verstorbene Benjamin Barber hatte darin eine sehr konkrete Utopie gesehen: »If Mayors ruled the world« hieß sein letztes Buch).[82]

Das Anwachsen der Städte ist allerdings in den meisten Fällen keine romantische Angelegenheit: Die Megacitys des globalen Südens wachsen insbesondere, weil ländliche Bevölkerungen durch Landraub oder Landverluste in ihren angestammten Regionen nicht mehr überleben können; die Folge ist ein rapides Wachsen von Slums mit allen damit verbundenen Problemen. Andererseits haben gerade solche Viertel in den letzten Jahren viel Aufmerksamkeit auf sich gezogen, weil das, was von außen extrem chaotisch und desolat zu sein scheint, bei näherer Betrachtung einen erstaunlichen Grad von Organisation aufweist und viel Selbsthilfepotential der Bewohnerinnen und Bewohner offenbart. Davon kann die Stadtplanung manches lernen.[83]

Städte sind auch Orte sozialer Ungleichheit. So kann in einer einzigen Großstadt je nach Stadtteil die durchschnittliche Lebenserwartung um mehr als zehn Jahre differieren. Man sagt, dass beispielsweise in London die Lebenserwartung mit jedem Subwaystopp Richtung Osten um ein Jahr absinkt. Die ärmeren Wohnviertel liegen in der Regel in ungünstigen Windlagen, an Schnellwegen, Autobahnen und Eisenbahntrassen mit den entsprechenden Emissions- und Lärmbelastungen. Man sieht an diesen wenigen Hinweisen schon, dass soziale Ungleichheit fast immer auch ökologische Ungleichheit bedeutet. Um beides zugleich abzubauen, sind Städte die idealen Lebenswelten und -räume.

Wenn man etwa, wie in der »essbaren Stadt« Andernach, städtische Grünräume auch zum Anbau von Nahrungsmitteln nutzt, ergibt sich für die Bürgerinnen und Bürger ein direkterer und auch aktiverer Zugang zur Nahrungsmittelproduktion. Kinder lernen praktisch, dass Gemüse nicht im Supermarkt wächst. Auch die Anwendung neuer Konzepte des »vertical gardening« und des Baus landwirtschaftlich produktiver Gebäude gerade in benachteiligten Quartieren, verbessert die Luft- und Lebensqualität und sorgt für Lebensmittel. Eine Studie aus New York hat gerade gezeigt, dass begrünte Dächer je nach Saison fünfzehnmal so viele Insekten aufweisen wie nicht bepflanzte, Entsprechendes gilt für die Zahl der Vögel (nur die Tauben, die von Felsentauben abstammen und Grünanlagen nicht lieben, ziehen nackte Dächer vor).[84]

Interessanterweise gibt es in den Utopien der Smart City keine ökologische und auch keine soziale Ungleichheit. Dort steht der vollversorgte Mittelständler im Mittelpunkt, dem zum Glück nur die Illumination seines Wohnzimmers in den Farben seines Fußballclubs fehlt, wenn der gewinnt. Solche Leistungen möchte die Smart City bereitstellen, wenn man etwa bei der Deutschen Telekom nachliest. Und der einzige ökologische Aspekt, der für die Smart City ins Feld geführt wird, ist die Energieeinsparung, die aus der Kommunikation von vernetzten Dingen wie Heizungen, Klimaanlagen, Betten und Kühlschränken resultieren soll. Die Materialfrage wird dabei so wenig gestellt wie die nach der totalen Überwachung, und vorsichtshalber fragt auch niemand genauer nach, wer um Himmels willen denn eigentlich so voll entmündigt leben möchte. Das Vorzeigesmarthome in der Berliner Fasanenstraße jedenfalls wurde von testenden Bewohnerfamilien vorzeitig verlassen; so ganz lebensdienlich ist die smarte neue Welt anscheinend im Alltag nicht.

Stadtutopien, wie sie von der Transition-Town-Bewegung

nicht nur entworfen, sondern quartiersweise auch praktiziert werden, setzen auf den exakt gegenteiligen Ansatz: mehr, nicht weniger Selbststeuerung und Autonomie. Die Bewohnerinnen und Bewohner tragen viel aktiver als gewöhnlich zur Gestaltung und zur Gemeinschaftsbildung in ihren Vierteln bei, legen Beete an, teilen Küchen und Werkstätten, essen gemeinsam, helfen sich bei der Kinderbetreuung und anderen Aufgaben des Alltags. Hier wird im Unterschied zum Smart-City-Ansatz auf Eigenverantwortung, Eigenarbeit und lokale Eigenversorgung gesetzt, mit gutem Erfolg. Ob solches Einfach-selbst-Machen ausreicht, um Megacitys oder auch nur Großstädte mit ihren Infrastrukturen, Versorgungsleistungen, Verkehrsnetzen, Sportstadien etc. funktionieren zu lassen, scheint mir allerdings noch wenig geklärt.

Vielleicht ist es gut, ganz grundsätzlich die Frage zu stellen, wem die Stadt gehört und was sie leisten soll und kann. Wenn man diese Frage stellt, lautet die Antwort für die heutige Stadt: Sie gehört den Autos. Gerade an einem der interessantesten Wohngebäude der letzten Jahre kann man das gut zeigen: Im Rahmen des städtischen Wohnungsbauprogramms »Wohnen für alle« in München hat der Architekt Florian Nagler die geniale Idee gehabt, Parkplätze zu überbauen. In dem aufgeständerten Wohngebäude am Dantebad finden 100 Apartments Platz.

»Ein massives Sonderelement ist die über die gesamte Gebäudelänge reichende Unterkonstruktion aus Ortbeton, die das Gebäude trägt und gegenüber Brandlasten aus den darunter parkenden Pkws abschirmt. Die Stellplätze konnten fast vollständig erhalten werden und stehen rechtzeitig zum Sommeranfang wieder den Besuchern des benachbarten Freibades zur Verfügung.«[85] So lobt das Architekturmagazin »Detail«, und recht hat es: Das Gebäude ist in vielerlei Hinsicht ein Geniestreich.

Abb. 19:
Haus am Dantebad,
aber immer noch Autos

Zugleich verdeutlicht es aber, dass man das Auto aus der Stadt offenbar nicht wegdenken, geschweige denn wegschaffen kann. Völlig selbstverständlich scheint, dass das Schwimmbad nur mit Autos erreicht werden kann, völlig hinnehmbar, dass die auch mal brennen können. Keine Frage ruft hervor, dass der Bau nur deswegen aufgeständert werden musste, damit kein Parkraum verlorengeht, und keine Bemerkung ist es wert, dass die Bewohner mit Parkgeräuschen, Motorenlärm, Abgasen, Türenschlagen etc. werden leben müssen. Warum nicht? Weil solche allein auf das Auto zurückgehenden Lärm- und Abgasemissionen an jeder anderen Stelle der Stadt so normal sind, dass niemandem mehr auffällt, wie unnormal das eigentlich ist.

Macht es tatsächlich Sinn, dass die sozialen Orte mit der größten Konzentration an Menschen, die sie bewohnen, ausgerechnet durch Infrastrukturen bestimmt sind, die weitgehend auf ein einziges Mobilitätsfeature, das im 19. Jahrhundert erfundene Automobil, ausgelegt sind? Oder wäre es nicht, gerade im Angesicht des Wachsens der Städte und des steigenden Bedarfs an Wohnraum, viel intelligenter, diese anachronistischen Verkehrsmittel einfach abzuschaffen? In einer extrem teuren Stadt wie München werden mehr als zwölf Prozent der Stadtfläche mit parkenden Autos belegt, die bekanntlich im Durchschnitt höchstens eine Stunde am Tag genutzt werden. Wenn sie allerdings genutzt werden, steigt der Flächenbedarf um ein Vielfaches, und dies, um in der Regel eine einzige Person irgendwohin zu transportieren. Rechnen Sie die Straßen zu den Parkflächen, die Parkhäuser, Tankstellen, Autohäuser, Drive-ins, und Sie bemerken sofort, wie viel teuerste Flächen wir dem fossilsten aller Verkehrsmittel ganz selbstverständlich zur Verfügung stellen. Und wenn Sie an die Ampeln, Zebrastreifen, Unterführungen, Lärmschutzwände usw. denken, dann bekommen Sie ein deutliches Gefühl dafür, wie Ihr Bewegungsraum in der Stadt kanalisiert, gesteuert und eingeschränkt wird. Und wenn Ihnen schließlich Feinstaub, Lärm, Abgas und Bekloppte in den Sinn kommen, die illegale Straßenrennen veranstalten, dann denken Sie möglicherweise: Was soll das?

Und das ist die erkenntnisleitende Fragestellung, mit der man an eine Stadtutopie herangehen sollte. Wenn Stadt die nachhaltigste Sozialform ist, die die Menschheit erfunden hat, trägt dann die fossile Mobilität dazu bei? Nein. Wenn sich in Städten geschmeidige Antworten auf die jeweiligen historischen Herausforderungen herausgebildet haben, würde Smartness dazu beitragen? Nein. Wenn Städte möglicherweise durch ihre Ungeplantheit und Uneinheitlichkeit widerstandsfähig sind, trägt Digitalisierung in Form von Big Data dazu bei? Nein. Oder einfacher gefragt:

*Wenn Stadt soziale Intelligenz ist,
was sollen wir dann mit künstlicher?*

Vielleicht ist es nicht smart, aber dafür klug, über die analoge Stadt nachzudenken. Ein Effekt digitaler Kommunikation ist ja die zunehmende Atomisierung der Einzelnen durch die Filterblasen, die bekanntlich dadurch entstehen, dass man im Netz immer jene Informationen, Werbungen usw. bekommt, von denen ein Algorithmus gelernt hat, dass sie den Präferenzen der User entsprechen. Das ist für Demokratie, wie sich zeigt, höchst problematisch, da diese auf den zwanglosen Zusammenhalt ihrer Bürgerinnen und Bürger baut, die dafür an etwas Gemeinsamen teilhaben müssen und nicht in getrennten und informationell voneinander abgeschotteten Welten existieren dürfen. Eine durchdigitalisierte Kommunikation ist, kurz gesagt, nicht demokratiefähig (von den Problemen mit der fehlenden Privatheit, der Überwachung und Kontrolle usw. noch ganz abgesehen).

Was wäre, wo digitale Kommunikation nun mal in der Welt ist, eine geeignete Maßnahme gegen die zunehmende Vereinzelung? *Die Schaffung analoger Räume.* Wenn es hinreichend Orte und Gelegenheiten des nicht virtuellen, sondern ganz und gar realen physischen Zusammenkommens gäbe, würde Demokratie wieder verlebendigt. Mit der »Initiative Offene Gesellschaft« haben wir in den vergangenen drei Jahren rund 1000 öffentliche Debatten veranstaltet, auf denen Menschen gemeinsam darüber gesprochen haben, welche Gesellschaft sie sein und haben wollen. Erstaunlicherweise verlaufen solche Debatten sehr zivilisiert und konzentriert, obwohl bei den größten Veranstaltungen mehrere hundert Teilnehmerinnen und Teilnehmer waren.

Öffentliche Debatten haben gegenüber virtuellen einen entscheidenden Unterschied: Die Sprecherinnen und Sprecher sind anwesend und sichtbar, sie verstecken sich nicht in der Anonymität. Meist stellen sie sich, weil das eine soziale Konvention ist, mit Namen vor und nennen ihren Beruf, damit man gleich einen Kontext zu dem hat, was sie vortragen. Das stellt per se eine offene und zugleich vergemeinschaftende Situation her, in der man sich ohne Argwohn, Angst, Wut oder gar Hass miteinander austauschen kann. Ein standardmäßiger Vorwurf, der uns von der Medienseite her oft gemacht wurde, lautete, dass dort doch nur Menschen miteinander sprächen, die ohnehin derselben Meinung seien. Ich würde sagen: Zumindest waren sie insofern derselben Meinung, als sie die öffentliche Debatte für ein geeignetes Mittel der Meinungsbildung hielten und sich dort einbringen wollten und nicht im Netz. Gerade die Selbstvergewisserung, dass man mit seinen Auffassungen und Haltungen nicht allein steht, ist ja nicht nur für die Beteiligten wichtig, sondern für den demokratischen Alltag insgesamt.

Wenn man reale Erlebnisse zivilisierten und selbst im Dissens freundlichen Umgangs miteinander hat, bestätigt das das wichtige Gefühl, an etwas Gemeinsamem teilzuhaben und zu ihm etwas beizutragen. Das gibt es nur analog. Deshalb braucht die Stadt für freie Menschen Orte der organisierten und auch der zwanglosen Begegnung, und sie braucht eine gelassene Atmosphäre, ohne Stress und Hetze. Jetzt kommen wir zurück auf die autofreie Stadt: zwanglose Begegnung in der Stadt von heute ist durch den Verkehr und die zugehörigen Infrastrukturen unmöglich. Beides schickt die Bürgerinnen und Bürger und übrigens erst recht ihre Kinder in beschränkte Areale, wo sie sich einzufinden haben, wenn sie nicht überfahren werden wollen: Bürgersteige, Unterführungen, Parkanlagen, Plätze, sofern sie autofrei sind. Ach ja, und die berühmten Fußgängerzonen, die bislang aber weniger der Begegnung als dem Shoppen dienen (und wahrscheinlich mit zunehmendem Onlineshopping immer weiter entvölkert werden).

Wie würde eine Stadt funktionieren, in der es weder Autos noch Autostraßen noch Ampelanlagen noch Zebrastreifen noch Parkplätze und -häuser noch Verkehrsschilder gäbe? Nun, zunächst einmal gäbe es weniger Tote und Verletzte. Und weniger Lärm, weniger Emissionen, weniger Feinstaub, weniger Aggressivität. So eine Stadt wäre aber nicht nur erheblich freundlicher und nachhaltiger, sie wäre eben auch eine der Wiederentdeckung des öffentlichen Raums als Ort der Begegnung. Wenn man auf Wegen frei flanieren, ja, sogar Kinder unbesorgt herumlaufen lassen kann, wenn kostbare Flächen nicht mehr fürs Parken und Fahren reserviert werden müssen, ergibt sich zum einen die Chance auf die Zurückeroberung des Gemeinguts »Boden« – alles, was bislang für die Autos und ihre Infrastrukturen vorgehalten wird, kann als Allmende im städtischen Besitz umgenutzt werden. Das nennt man »Bodenvorratspolitik« – endlich könnte eine Kommune wieder über Boden zur Bebauung mit Sozialwohnungen, Gebäuden mit Zweckbindung und ökologischen Standards verfügen.

Zum anderen öffnen sich Räume, an denen man sich treffen, Versammlungen abhalten, debattieren, die öffentlichen Angelegenheiten verhandeln kann. Warum sollte man die *agora*, jenen öffentlichen Raum der demokratischen Auseinandersetzung, den die antiken Griechen erfunden haben, nicht in die Moderne übersetzen?

Andersherum: Wäre die Demokratie erfunden worden, wenn die Griechen autogerechte Städte gehabt hätten? Hätte es die Französische Revolution gegeben, wenn die Straßen und Plätze voller Autos gewesen wären? So absurd sich diese Fragen anhören, so realistisch sind sie, wenn man sieht, dass auch heute noch alle Rebellionen von öffentlichen Plätzen ausgehen – Maidan, Tahir, Taksim usw. sind die Namen, die weltweit dafür stehen. Und sind nicht umgekehrt die künftig voll kameraüberwachten, sensorstarrenden, drohnenüberflogenen, gesichtserkennungstauglichen Plätze das Gegenteil von demokratischer Öffentlichkeit? Hier wird sich ja niemand mehr zeigen können, ohne für alle Zeiten von Geheimdiensten gesehen zu sein.

Kurz: Wenn wir die Demokratie behalten wollen, brauchen wir die analoge Stadt, Räume, die sozial, kulturell und politisch verfüg- und nutzbar sind. Und da eine wesentliche Voraussetzung der analogen Stadt das Verschwinden der Autos ist, haben wir eine wunderbare Verknüpfung von sozialer und ökologischer Nachhaltigkeit. Das Leben wird besser und demokratischer mit weniger Aufwand und Verbrauch.

Und noch etwas: Der öffentliche Verkehr, ein modulares System aus Fahrrad, Rufbus, Linienbus, Tram, S-Bahn, Regional- und Fernbahn kann mit Hilfe der Digitalisierung ein höchst fein abgestimmtes, benutzer- und umweltfreundliches Gewebe werden. Wenn man diesen Verkehr kostenlos macht, was durch den Wegfall der Subventionen für die Autoindustrie und die automobile Infrastruktur nicht einmal schwierig ist,[86] ist neben dem kulturellen und dem Nachhaltigkeitsziel gleich noch eine sozialpolitische Utopie erreicht: nämlich die unterschiedslose Teilhabemöglichkeit an Mobilität. Jede und jeder darf mitfahren, egal ob arm oder reich.

Die autofreie Stadt als konkrete Utopie ist also demokratischer, nachhaltiger und sozialer als die Autostadt. Die war 20. Jahrhundert, ohne Autos kommen wir endlich im 21. Jahrhundert an. In ländlichen Regionen kann man sicher nicht so leicht auf den Individualverkehr verzichten wie in der Stadt, aber auch hier kann eine in dienende Funktionen gesetzte Digitalisierung wertvolle Hilfestellung in der Organisation der erforderlichen Mobilität geben. Und selbst das autonom fahrende Auto, das in der Stadt kein Mensch braucht, bekommt am Ende doch noch Sinn, wenn es die Oma zum Einkaufen abholt oder zum Arzt fährt.

Arbeit realistisch:
Das bedingungslose Grundeinkommen

> *Ich stelle mir vor: Niemand muss mehr arbeiten, wenn sie oder er nicht will. Arbeit ist kein Wert mehr, sondern eine sinnstiftende Beschäftigung oder etwas, das man lässt. In einer Gesellschaft für freie Menschen hat man Besseres zu tun, als zur Arbeit zu erziehen und Erwachsene zu kontrollieren und zu gängeln, als ob sie unmündige Kinder wären. Wir nennen das: Recht auf Einkommen.*

Vier, fünf, sechs Generationen kapitalistischer Industriegesellschaft haben ausgereicht, um die eigentlich ziemlich seltsame Idee, dass ausgerechnet fremdbestimmte Arbeit das Leben sinnvoll mache, tief in Gefühl und Habitus, aber auch in politischen Überzeugungen und Handlungsstrategien zu verankern. Wie sehr, kann man umgekehrt an der Diskussion um das »bedingungslose Grundeinkommen« sehen, das viele Befürworter von ganz links bis ganz neoliberal hat, typischerweise aber nicht in der Mitte, wo das kleinbürgerliche Herz so intensiv die Arbeit liebt.

Gern wird dann gegen das »bedingungslose Grundeinkommen« genau deswegen argumentiert, weil es die Leute zum Nichtstun, zur Passivität, zum »RTL-Schauen« veranlasse und in den jämmerlichen Zustand einer alimentierten Sinnlosigkeitsexistenz herabstoße – als sei der Kontroll- und Überwachungsapparat, mit dem die Empfängerinnen und Empfänger von »Lohnersatzleistungen« heute konfrontiert sind, auf irgendeine geheimnisvolle Weise menschenfreundlicher als eine Existenzsicherung ohne bürokratische Bedingungen und erzieherische Ansprüche.

Hier bietet sich eine echte Modernisierungschance für unsere Gesellschaft: Dort, wo am intensivsten die Übersetzung von Fremd- in Selbstzwang erfolgt ist, dort wo Erziehungs- und Sozialsystem, Kranken- und Rentenversicherung durchdrungen sind vom vorgeblichen Sinn entfremdeter Arbeit und vom Menschenrecht auf Ausbeutung, öffnet sich heute durch die Digitalisierung eine Chance auf einen neuen Arbeitsbegriff, ja, auf eine neue Stufe persönlicher Autonomie und gesellschaftlicher Teilhabe. Denn wenn Menschen nicht mehr den Großteil ihrer verfügbaren Zeit Dinge tun, die jemand anderem zugutekommen, wofür sie mit Konsumgelegenheiten entschädigt werden, haben sie ja endlich Zeit, sich um die Gestaltung ihres Lebens und um die öffentlichen Angelegenheiten zu kümmern. Anders gesagt, die Digitalisierung erlaubt, richtig angewendet, eine vernünftigere Einrichtung des analogen Lebens. Kurz: Die Einführung eines bedingungslosen Grundeinkommens wäre ein echter kultureller Bruch mit allem, was mental durch mehrere Generationen in Sachen Sekundärtugenden und »guter Arbeit« eingeübt worden ist. Wie sähe so etwas aus?

Kurz zusammengefasst, laufen die vorliegenden Vorschläge darauf hinaus, dass jedem Gesellschaftsmitglied unabhängig von Herkunft und sozialer Stellung, Geschlecht, Schulerfolg, Konfession usw. ein festes Einkommen per Gesetz zustünde. Über die Höhe kann man streiten; in einem reichen Land wie der Bundesrepublik sollte es nach gegenwärtiger Kaufkraft bei rund 1200 Euro für Erwachsene liegen; das sichert ein nicht üppiges, aber anständiges Leben, selbst dann, wenn man keine Lust auf Arbeit hat. Oder nur keine auf fremdbestimmte

Arbeit. Dieser Wert begründet sich daraus, dass man gegenwärtig mit Hartz IV plus Wohngeld etwa auf dieselbe Summe kommt; eine entsprechende Formel für Familien mit Kindern sollte sich ausrechnen lassen. Es steht völlig außer Frage, dass sich so etwas finanzieren ließe; Richard David Precht schlägt als Finanzierungsquelle eine Finanztransaktionssteuer von 0,05 Prozent auf jeden Handelsakt auf dem Finanzmarkt vor, das würde niemanden substantiell einschränken und überdies zur nicht gerade perfekt ausgebauten Regulierung der Spekulationstätigkeit beitragen, deren volkswirtschaftlicher Nutzen ja ohnedies arg begrenzt ist.[87] Ein Umbau des Steuersystems ist ohnehin überfällig: weitere Quellen wären reformierte Erbschafts- und Kapitalertragssteuern.

Weitere Beiträge zur Finanzierung des bedingungslosen Grundeinkommens leistet der komplette Wegfall der megalomanen Verwaltung, die pausenlos mit Bezugsberechtigungsprüfungen, Sanktionsdrohungen und -verhängungen, Transfers und Abzügen, Kontrolle und Überwachung befasst ist. Kostet alles nichts mehr, wenn es das alles nicht mehr gibt.

Zwar lassen die vorliegenden, in jeder Hinsicht wenig aussagekräftigen Versuche, die Wirkungen eines bedingungslosen Grundeinkommens zu messen, kein eindeutiges Urteil zu der grundsätzlich strittigen Frage zu, ob seine Wirkung eher passivierend als aktivierend wäre. Dass die Debatte vor allem darum kreist, was die psychologischen Folgen eines bedingungslosen Bezugs von lebenssicherndem Einkommen sind, zeigt aber nur, wie tief verwurzelt der Gedanke ist, dass ein leistungsloses Einkommen nur unter der Voraussetzung gut sein kann, dass die Leute dann etwas »Sinnvolles« mit ihrer Zeit anstellen, und dann schlecht ist, wenn sie es mehrheitlich vorziehen, nur noch abzuhängen. Hier schlägt die Verinnerlichung der Tugendaspekte des Arbeitens voll durch. Denn was wäre eigentlich schlecht daran, wenn nur noch die arbeiten, die es tatsächlich wollen?

Und die auch in Zukunft viele subjektive Gründe haben, es zu wollen: etwa, dass ihnen ein so niedriges Einkommen nicht ausreicht, um das Leben zu führen, das ihnen vorschwebt. Oder dass ihnen ohne Arbeit langweilig ist. Oder dass sie sich in Hierarchien beweisen wollen. Oder dass sie ihren Kindern etwas vererben wollen. Oder dass sie Kolleginnen und Kollegen brauchen. Oder dass sie gern den Tag strukturiert bekommen und wissen möchten, wann sie Freizeit haben. Und diese nur dann eine Qualität für sie hat, wenn sie sich von anderer Zeit, nämlich der Arbeitszeit, durch viele Merkmale unterscheidet.

Viele Menschen sind extrinsisch motiviert und betrachten Arbeit als Mittel zum Zweck des Geldverdienens, und damit kaufen sie sich dann, was sie gut finden – Fahrräder, Urlaubsreisen, Klamotten, Häuser, was auch immer. Viele Menschen sind nicht ausschließlich extrinsisch motiviert, genießen aber gern das Gefühl, mehr zu haben als nur den bloßen Lebensunterhalt, möchten essen gehen, übers Wochenende verreisen, Konzerte, Theater, Ausstellungen besuchen. Viele haben darüber hinausgehende Bedürfnisse, pflegen aufwendige Sportarten, teure Hobbys, lieben aufwendige Kleidung, teure Friseure und vieles mehr: Alle die also würden zweifellos mit dem bedingungslosen Grundeinkommen nicht bedingungslos zufrieden sein, sondern genauso arbeiten gehen, wie sie es jetzt auch tun. Warum sollten sie plötzlich ihre Ansprüche an das Leben aufgeben, nur weil ihr Grundbedarf gesichert ist? Dieselbe Überlegung gilt ebenso für alle Qualifikationsschritte, alle Prüfungen, die dem Berufsleben vorausgehen: Warum sollte sich an der Zahl derjenigen, die Karrierebedingungen auf sich nehmen, etwas ändern?

Aber sicher wird es nicht wenige Menschen, gerade aus den

ärmeren Herkunftsschichten und aus unteren Einkommensgruppen, geben, denen das bedingungslose Grundeinkommen das bisher ungewohnte Gefühl einer substantiellen sozialen Absicherung gibt: Ganz tief kann man in einer Gesellschaft nicht fallen, die zumindest den Lebensunterhalt garantiert. Ein solches Gefühl haben Menschen, die aus gutsituierten Herkunftsfamilien kommen, von Hause aus; schließlich werden sie in der Regel etwas erben, und meist haben Eltern und Großeltern schon vorausschauend die eine oder andere Anlage getätigt, für Studium, Heirat, Kinder, was immer so kommen mag. In dieser Sicht bedeutet ein bedingungsloses Grundeinkommen gleiche Teilhabe an einem grundsicheren Lebensgefühl, das Menschen aus sozial schwächeren Herkunftsfamilien selbst dann kaum haben, wenn sie beruflich erfolgreich sind. Soziale Aufsteiger tragen die Existenzangst wie ein beschwerliches Gepäck durch ihr Leben, und viele sprechen nie darüber, weil Angst und Erfolg nicht zueinander passen. Und eine zentrale Ursache für die skandalöse und extrem rückständige Bildungsungleichheit in unserer sehr reichen Gesellschaft – die feinen Herkunftsunterschiede und ihre psychologischen Folgen – würde durch ein bedingungsloses Grundeinkommen konterkariert: Vermiedener Bildungsaufstieg aus existentieller Angst würde der Vergangenheit angehören. Genauso wie das Stigma, aus nicht so feinen Verhältnissen zu kommen.

Zlatan Ibrahimovic, der schwedische Fußballer, hat einmal gesagt: »Du kannst den Jungen aus dem Ghetto holen, aber nicht das Ghetto aus dem Jungen.« Das Stigma wirkt genau deshalb, weil die Stigmatisierten wissen, was ihr Fehler ist. Unter anderem deshalb machen nur acht Prozent der Kinder aus – nein, nicht aus bildungsfernen, sondern aus – ärmeren Schichten einen Masterabschluss an der Universität. Und unter den neuberufenen Professorinnen und Professoren in Deutschland kommt gerade mal ein Zehntel aus solchen Schichten.

Ein bedingungsloses Grundeinkommen würde zweifellos dazu beitragen, dass mehr Menschen sich Aufstiege zutrauen, die unter heutigen Bedingungen davor zurückschrecken und die vermeintliche Sicherheit eines vertrauten beruflichen und auch lokalen Umfeldes vorziehen. Auch in dieser Perspektive: Niemand würde es wegen eines bedingungslosen Grundeinkommens vorziehen, *nicht* zu arbeiten.

Umgekehrt aber sinkt die gefühlte Verpflichtung, karrieremäßig mindestens auf dem Niveau der Eltern zu bleiben, besser aber noch diese zu übertreffen. Gerade Töchter und Söhne von karrieristisch eingestellten Vätern und Müttern hätten eine viel größere Freiheit, sich auf die existentielle Sicherheit zu verlassen und von den Herkunftsfamilien zu emanzipieren: unsichere, unkonventionelle Wege einzuschlagen, nicht zu studieren und eine handwerkliche Ausbildung zu machen, was auch immer. Hier entsteht mehr persönliche Autonomie und Freiheit, wenn man will: mehr Chance auf Mündigkeit.

Mehr Chance auf Mündigkeit würde sich auch dort ergeben, wo das bedingungslose Grundeinkommen bei ganz neuen Mustern der Lebensgestaltung hilft, übrigens durchaus in Kombination mit den 80/20-Modell (vgl. S. 206). Warum nicht nach zehn Jahren Berufstätigkeit eine abgesicherte Auszeit nehmen, warum nicht noch einmal eine Ausbildung beginnen, ein Studium oder eine ehrenamtliche Tätigkeit? Warum nicht, mit einem Wort, etwas »Sinnvolles« machen, ohne dass einem sofort Existenzangst im Nacken sitzt und einen davon abhält? Hier tut sich ein ganzes Universum heute regelmäßig ausgeschlagener und verpasster Lebenschancen auf, die Lebensläufe weniger festgelegt und linear machen hilft. Schließlich besteht das Leben in Veränderung – Abzweigemöglichkeiten und Pfadwechsel helfen der einzelnen Person und natürlich auch einer Gesellschaft, die für die Bewältigung ihrer Herausforderungen ganz sicher veränderungsbereite Menschen braucht.

Da das bedingungslose Grundeinkommen ein Recht und keine »Lohnersatzleistung«, keine »Stütze« ist und jeder und jedem zusteht, entfällt auch das Stigma, das heutigen »Hartzern« anhaftet. Wer – aus welchem Grund auch immer – gerade nicht arbeiten kann oder will, hat künftig genauso wenig mit Stigmatisierung zu rechnen wie jemand, der sich mit Hilfe der »Elternzeit« eine Auszeit von seinem Berufsleben nimmt.

Und schließlich gibt es noch die, die tatsächlich nie arbeiten wollen. Na und? Was ist dabei? Wo wäre denn das normative Kriterium, diese Wahl als schlechter anzusehen als die des »Entscheiders« bei Monsanto, der Bauern vorschreibt, welches Saatgut sie zu kaufen haben? Wer entscheidet denn, wer eine für das Gemeinwohl bessere Rolle spielt – jemand, der sein Leben lang schwimmen geht, Bücher liest, Netflixserien schaut, mit den Kindern spielt oder auch nur: sich besäuft, oder ein Automanager, der die Gesellschaft brutal geschädigt hat?

Und an dieser Stelle zeigt sich, auf welchen Irrweg die Koppelung von Arbeit und moralischer Erziehung geführt hat. Denn der Nachweis der moralisch korrekten Lebenshaltung verläuft ja nur über monetären Erfolg, der mit Leistung bekanntlich wenig zu tun hat, keineswegs nach dem, was jemand für das Wohlergehen und den Zusammenhalt der Gesellschaft macht. Und an Personen wie dem besagten Automanager und vielen anderen »Entscheidern« kann man ja ohne weiteres sehen, wie gut es für die Gesellschaft wäre, wenn solche Leute eben nicht arbeiten würden.

Und damit zu den gesellschaftlichen Folgen eines bedingungslosen Grundeinkommens. Sofort ist eine Folge völlig klar:

*Der Wegfall existentieller Angst nimmt Druck
aus dem System.*

In einem Zustand, in dem niemand mehr fürchten muss, für seinen Lebensunterhalt nicht sorgen zu können, verlieren Kündigungsdrohung, Arbeitsplatzverlust, Bösartigkeit von Vorgesetzten usw. ihren Schrecken. Menschen werden frei, sich entlastet von Existenzsorgen um den für sie besten Job unter den für sie akzeptabelsten Bedingungen zu bewerben. Das bedeutet nicht nur mehr Verhandlungsmacht aufseiten der Arbeitskraftanbieter, es bedeutet auch mehr Spielraum für die Ausgestaltung der Arbeitsplätze – Teilzeit, Auszeit, Fortbildung, Elternzeit, unbezahlter Urlaub etc. werden weitaus umfangreicher selbstverständlicher Bestandteil der Arbeitswelt, als es heute schon der Fall ist. Die alten und fast vergessenen Konzepte der »Humanisierung der Arbeitswelt« können wieder aus den Gewerkschaftsarchiven geholt und Teil von Tarifverhandlungen werden.

Dasselbe gilt, ohnehin unabdingbar in Zeiten der Roboterisierung von Arbeit, für die Arbeitszeitverkürzung, die in den 1970er und 1980er Jahren zentrale gewerkschaftliche Forderung war und bis zur 35-Stunden-Woche auch erfolgreich durchgekämpft wurde, bis der neoliberale Rollback kam und alle wieder mehr arbeiten mussten.

Wenn Maschinen mehr und mehr die schlechte Arbeit übernehmen, zugleich aber der Mehrwert, den diese Maschinenarbeit generiert, angemessen besteuert wird, dann kann auch endlich der nichtautomatisierbare Teil der Arbeitswelt vernünftig entlohnt werden: also alle Pflege- und Sorgearbeiten, die gegenwärtig von der Ausbildung bis zur Vollzeittätigkeit schändlich schlecht bezahlt werden. Auch hier würde ein äußerst positiver Effekt durch das Anwachsen der Verhandlungsmacht derjenigen entstehen, die qualifizierte Arbeitskraft für die Altenpflege, die Kitas, die Hospize, die Intensivstationen anbieten: Niemand müsste sich mehr die schlechten Arbeitsbedingungen mit Schichtarbeit bei extrem hoher Verantwortung schlecht bezahlen lassen, sondern exakt so gut, wie der gesellschaftliche Wert solcher Arbeit tatsächlich ist.

Dasselbe gilt für alle Tätigkeiten, deren Nutzen für das Gemeinwohl nachweisbar ist – sie werden nicht nur monetär, sondern auch durch entsprechende Eingangsqualifikationen aufgewertet. Warum sollen Erzieherinnen nicht studieren? Warum nicht diejenigen, die Böden und Gewässer pflegen und für die Zukunft erhalten? Man sieht, dass »Druck aus dem System nehmen« nur die negative Formulierung für eine ganze Reihe höchst positiver Systemstörungen ist: Am Ende werden gesellschaftlich wertvolle Tätigkeiten auf- und gesellschaftlich gleichgültige Arbeit abgewertet. Und der Wegfall repetitiver, harter, gesundheitsschädlicher Arbeiten verbessert die Lebensqualität und das Gesundheitsniveau deutlich.

Der Anfang vom Ende der Hyperkonsumgesellschaft
Wenn das aber der Fall ist, verliert der Hyperkonsum an Attraktivität – dient er doch heute vor allem als Kompensation dafür, dass man die meiste Zeit des Lebens mit entfremdeter, doofer oder schlechter Arbeit verbringt und sich dafür mit Produkten und Dienstleistungen – riesigen Fernsehgeräten und Autos, Kreuzfahrten und Kurzurlauben, Wellness- und Fitnessgulags – entschädigt: »Man gönnt sich ja sonst nichts!«, »Unterm Strich zähl ich!«, »Ich bin doch nicht blöd!« und »Geiz ist geil!« sind die zugehörigen Sinnsprüche einer instrumentell ausgerichteten Lebenswelt, in der sich alle entfremdet fühlen und dieses unheimliche Gefühl mit den nie endenden Glücksversprechen immer neuer Konsummöglichkeiten betäuben.

Dem ist ein Großteil der Überzeugungskraft entzogen,

wenn niemand mehr müssen muss. Mit Kant gesprochen: Die normative Kraft des Faktischen beginnt sich in Richtung einer anderen Balance zwischen Notwendigkeit und persönlicher Sinnerfüllung zu bewegen, und exakt das wäre ein Entwicklungsfortschritt in der Moderne – hin zur Erhöhung persönlicher Autonomie, zur Rücknahme von Entfremdung und zur Verfügung über die eigene Lebenszeit. Ob man damit nun gleich in das Reich des Utopischen übergeht, »heute dies, morgen jenes zu tun, morgens zu jagen, nachmittags zu fischen, abends Viehzucht zu treiben, nach dem Essen zu kritisieren, wie ich gerade Lust habe«, wie Karl Marx' schon zitierte Formulierung lautet, sei mal dahingestellt. Ich würde den gesellschaftlichen Effekt der Einführung eines bedingungslosen Grundeinkommens historisch und utopisch viel konkreter sehen: nämlich als wirksames Instrument zur Rückkehr der sozialen Marktwirtschaft, in der die Arbeitskraftanbieter Macht gegenüber den Beschäftigern zurückgewinnen und bessere Arbeitsbedingungen genauso durchsetzen können wie bessere Arbeitszeiten und angemessenere Entlohnungen.

Wenn man mehr durchsetzen kann, kann man sich zugleich auch als wirksamer erleben – und dies ist ein probates Gegenmittel gegen das Universum der Fremdsteuerungen, die die Digitalwirtschaft heute anbietet. Wer mehr an der Gestaltung der Welt interessiert wird, weil er die Erfahrung gemacht hat, dass er sie tatsächlich gestalten *kann*, wird auf die Bequemlichkeits-, Versorgungs- und Entmündigungsversprechen der Digitalwirtschaft nicht mehr so leicht anspringen. Und wer beanspruchen kann, sein Leben selbst zu gestalten, wird auch interessiert daran sein, die Gesellschaft mitzugestalten, die ihm Persönlichkeitsentwicklung und Autonomie gewährleistet. Und hier ist das bedingungslose Grundeinkommen als ein Instrument des Pfadwechsels äußerst hilfreich, löst es doch die Koppelung zwischen Arbeitsleiden und konsumistischer Entschädigung auf. Und macht Solidarität wahrscheinlicher.

Einfach gesagt: Wenn niemand mehr unter existentiellem und moralischem Druck steht, Arbeit zu tun, unter der man leidet und für die man sich belohnen muss, dann tritt Konsum als primär gewordenes Bedürfnis und als Ersatz für Sinn zurück, wird unwichtiger. Insbesondere Statuskonsum, also der Stadtgeländewagen, der nie ein Gelände unter die Räder bekommt, und die gigantische Landhausküche, in der nie gekocht wird, verliert an Bedeutung, wenn es andere Sinnressourcen gibt. Sicher werden durch ein bedingungsloses Grundeinkommen nicht alle eskapistischen Bedürfnisse abgeschafft, aber sie verlieren die Dominanz, die sie in der Gegenwart haben. »Brauche ich nicht« wird das heutige »must have« schnell ersetzen.

Und wenn man weiß, dass Menschen heute mehr Zeit mit Konsumentscheidungen und Preisvergleichen verbringen als schließlich mit dem gekauften Produkt, dann sieht man, wie sich durch die Abwertung des Konsums ein neuer Entwicklungspfad öffnet und nichtmaterielle Sinnbedürfnisse und -befriedigungen attraktiver werden.

Wenn das bedingungslose Grundeinkommen ein Mittel ist, Druck aus dem sozialen System zu nehmen, dann muss man solche Entlastung systematisch erweitern. Ich habe schon als Teenager nie verstanden, warum die angenehmsten Berufstätigkeiten am besten und die unerträglichsten am schlechtesten bezahlt werden. Ich selbst darf eine Arbeit ausüben, die ich kaum als solche, sondern fast immer als persönliche Bereicherung empfinde und bekomme dafür eine Menge Geld. Als Schüler und Student habe ich alle möglichen Jobs gemacht, auf dem Bau, in der Fabrik, im Büro, beim Paketdienst und im Wald. Ich fand sie alle interessant, aber manche waren echt hart.

Aber es gibt eine Menge Berufe, die härter sind: Straßenbau im Hochsommer, Pflegeberufe, Polizeiberufe, Reinigungsjobs usw. usf. Eine Gesellschaft für freie Menschen kann, zumal in Zeiten, wo viel Arbeit an Algorithmen und Roboter ausgelagert werden wird, die Verhältnisse umdrehen: Wer belastende Arbeiten macht, soll wenigstens anständig dafür bezahlt werden. Wessen Tätigkeit eh schon so ist wie für andere Erholung, darf entsprechend weniger verdienen. Ein Gerechtigkeits-Koeffizient ist ein unbedingt wichtiges Instrument für eine freie Gesellschaft.

Zeit realistisch

Ich stelle mir vor: Niemand arbeitet mehr länger als 15 oder 20 Stunden die Woche, es sei denn, jemand will es unbedingt. Die übrige Lebenszeit wird so genutzt, wie es den Menschen am sinnvollsten erscheint: für Passionen, Nichtstun, Beziehungen, Ehrenamt, Engagement. Es gibt keinen protestantischen Gott, der nicht verzeiht, wenn Zeit verschwendet wird.

Der Kampf um die Arbeitszeit wird eine Renaissance erleben. Arbeitszeitverkürzung ist in Zeiten enormer Automatisierungsschübe im Sinne der gerechten Verteilung von Arbeit unabdingbar; in Zeiten von ökologischem Stress ist sie überdies ein Mittel der Reduktion von Aufwand. In diesem Zusammenhang kommt wiederum der Internalisierung von Kosten ein hoher Stellenwert zu: Denn je weiter Produktion re-lokalisiert werden kann und je kürzer die Wertschöpfungsketten werden, desto autonomer wird ja auch die Ausgestaltung der Arbeitsbedingungen, also auch der Arbeitszeiten. Hier kommen im Übrigen auch ganz andere Dimensionen der Flexibilisierung von Arbeit in Betracht, bei denen nicht zuletzt ökologische Widersinnigkeiten wie immer weiter steigender Pendlerverkehr etc. mitgedacht werden müssen.

Die amerikanische Soziologin Juliet Schor plädiert in ihrem Konzept der »Plenitude« – womit sie die gleichzeitige Abkehr von fossilen Brennstoffen und vom Wachstum meint – für eine erhebliche Verkürzung der Arbeitszeit: Das Bremsen des Wirtschaftswachstums, sagt sie, »soll erreicht werden, indem Produktivitätssteigerungen in der Wirtschaft genutzt werden, die Arbeitszeit zu reduzieren. Dadurch ließen sich sowohl das Beschäftigungs- als auch das Unterhaltsniveau stabil halten. Die Zeit, die Haushalte nicht für Lohnarbeit aufwenden müssen, können sie mithilfe neuer hochproduktiver Technologien, vor allem aus der Digitalwirtschaft, zur Selbstversorgung nutzen.«[88]

Während in der konventionellen Ökonomie Produktivitätssteigerungen höhere Gewinne bedeuten, die sogleich in weitere Rationalisierungs- und Gewinnchancen investiert werden und auf diese Weise eine lineare Steigerungslogik vorgeben, die die Arbeitszeit auf hohem Niveau hält, wird in Shors Konzept die Produktivitätssteigerung für eine Verminderung der aufzuwendenden Arbeit genutzt: Der Output bleibt zunächst gleich, die Leute müssen aber weniger arbeiten und können über mehr Zeit autonom verfügen. Sie können sie für Gemeinschaftsaufgaben, für Eigenarbeit oder meinetwegen auch gern fürs Nichtstun einsetzen – in jedem Fall sinkt das Bedürfnis, sich für die viele Arbeit mit Konsum zu entschädigen. Zugleich unterbricht diese Verwendung von erhöhter Produktivität die Steigerungslogik und vermeidet Wachstum.

Man kann an dieser Stelle auch daran erinnern, dass der Kampf um die Arbeitszeit die älteste und erfolgreichste Traditionslinie der Arbeiterbewegung ist. Vielleicht könnte sich die Sozialdemokratie, die im Moment ja orientierungslos wie ein junges Reh auf der nächtlichen Autobahn ist, dieses Thema vornehmen: Schließlich wurden bis in die 1980er Jahre hinein bedeutende Erfolge in der Arbeitszeitverkürzung (wie die 35-Stunden-Woche) erzielt und erfolgreich neue Arbeitszeitmodelle erprobt (der heutige Dino Volkswagen war sehr avantgardistisch darin). Daran kann und muss man anknüpfen, wenn man in Zeiten exorbitanter Kaufkraft (ein Facharbeiter in der Autoindustrie verdient heute mehr als ein Professor an der Uni), zunehmender Roboterisierung und viel zu hohen Ressourcenverbrauchs Lebensstile fördern will, die mehr Lebenssinn bei geringerem Umweltverbrauch bieten. Wenn Menschen nur noch 15 oder 20 Stunden die Woche arbeiten, fällt ihnen – siehe Solidarität 80/20 – bestimmt mehr ein, was sie mit sich und ihrem Leben machen können, als in Shopping-Malls zu gehen.

1930 hatte John Maynard Keynes, der wichtigste Ökonom seiner Zeit, prognostiziert, seine Enkel würden nur 15 Stunden die Woche arbeiten müssen. Dass diese Utopie bis heute nicht Wirklichkeit geworden ist, liegt erstens daran, dass bessere Entlohnung nicht zu mehr Freizeit, sondern zu mehr Konsum geführt hat. Und dass dieser beständig durch immer noch mehr Produkte und noch kürzere Produktzyklen angefüttert wird. Zweitens wird unfassbar viel Zeit durch Redundanz aufgefressen: Wo man früher einfach jemanden angerufen hat, schreibt man sich heute zwanzig Nachrichten, um einen Telefontermin abzustimmen. Und in einem hochredundanten System vermeidet man drittens Verantwortung, indem möglichst viele Personen an Entscheidungsprozessen beteiligt werden. Deshalb telefonieren alle ständig und haben diese grotesken Kopfhörer auf, mit denen sie aussehen wie Gerhard Gösebrecht aus dem 13. Sonnensystem. Alle diese Menschen erzeugen mehr Arbeit und weniger Zeit. Alles das führt dazu, dass Rationalisierungsgewinne nicht zur

Verkürzung der Arbeitszeit, sondern zu ihrer Verlängerung führen.

Der politische Kampf um die Arbeitszeit muss nicht nur wieder aufgenommen werden, sondern auch andere Forderungen enthalten: Systemabschaltungen, Netzfreizeit. Die Leute müssen den Kopf wieder freikriegen, dann lernen sie auch wieder, Wichtiges von Unwichtigem zu unterscheiden.

Weniger arbeiten nimmt Druck aus dem System und ermutigt die Menschen zur Freiheit.

Digitalisierung realistisch

Ich stelle mir vor: Digitalisierung wird als das betrachtet, was sie ist: eine Technologie, die man besser oder schlechter einsetzen kann. Die Menschen zur Autonomie verhilft oder sie abhängig macht wie Pawlow'sche Hunde. Wir nennen das: Don't believe the hype.

Eine kurze Geschichte der menschlichen Rückentwicklung

Ich beginne mit einem Lektüreerlebnis: »Wer genau hinschaut, entdeckt ein kleines Wunder. Sobald die Kamera-App auf dem neuesten V30-Smartphone des Herstellers LG läuft, analysiert sie das Objekt vor sich im Bruchteil einer Sekunde und entscheidet sich für den besten der acht Aufnahmemodi: Porträt, Tiere, Essen, Landschaft, Stadt, Blumen, Sonnenunter- oder -aufgang. Blitzschnell berücksichtigt das V30 Reflexionen, Belichtung, Gegenlicht und Sättigung. Erkennt das Smartphone einen Teller Nudeln, stellt die Kamera automatisch wärmere Farben und einen stärkeren Schärfefilter ein. Am Ende sieht das Essen appetitlicher aus, als es ein Nutzer manuell einstellen könnte. Der Bilderkennungsalgorithmus greift auf Erfahrungen zurück, die er aus mehr als 100 Millionen Fotos gezogen hat.« So berichtete die »Welt am Sonntag« am 25.2.2018, Hauptthema des Beitrags war Künstliche Intelligenz und die Rolle, die sie heute schon spielt.

Zum Beispiel beim Fotografieren mit dem Smartphone. Künstliche Intelligenz, so lerne ich, hilft mir, das Bild meiner Nudeln schöner zu machen, als die Nudeln in Wirklichkeit sind. Gut. Warum die Nudeln auf dem Bild schöner sein sollen als in Wirklichkeit und nicht in Wirklichkeit schöner als auf dem Bild: Das sagt mir die Künstliche Intelligenz nicht. Macht aber nichts, denn dafür hat sie jede Menge »Erfahrung«, greift sie doch auf 100 Millionen Fotos von Nudeln zurück, errechnet auf dieser Basis die optimale Nudeloptik und – verleiht sie meinen Nudeln!

Gut. Ich könnte jetzt einwenden, dass davon die wirklichen Nudeln immer noch nicht besser geworden sind, sondern wieder nur die auf dem Bild, aber wahrscheinlich zeigt das alles ja nur, dass ich nicht ganz mitgekommen bin. »Denn«, so sagt mir die Künstliche Intelligenz, »lieber Mann, Sie wundern sich ja nur, weil sie noch nicht mitgeschnitten haben, dass die Wirklichkeit schon ganz egal geworden ist. Wichtig ist nur das Bild der Wirklichkeit, und das machen wir, die Künstliche Intelligenz. Sie sind dafür, verzeihen Sie, zu dumm.«

In seinem Buch »Eine kurze Geschichte der Menschheit« schreibt Yuval Noah Harari, dass die Jäger und Sammler, die früheste Lebensform des Homo sapiens, größere Gehirne hatten als spätere Menschen und dass sie vermutlich auch das interessantere Leben führten. Denn die Kenntnis aller essbaren Früchte, wo und wann sie wachsen, wofür und wogegen sie gut sind, setzt ebenso viel genaue und subtile Kenntnisse voraus, wie die Kunst, Tiere nicht nur zu jagen, sondern eben auch zu erlegen. Dafür muss man wissen, wo sie leben, wo sie schlafen, äsen, jagen, wie groß ihre Gruppen sind, wie sie sich verteidigen usw. Damit ein paar zehntausend Jahre über die Runden zu kommen, das ist schon was.

Übrigens: Es ist auch ziemlich überlebenstauglich und intelligenzfördernd, wenn man flexibel ist. Ziehen die Tiere, zieht man hinterher. Gibt es ein schlechtes Beerenjahr, isst man Bananen. Alles easy. Den Jägern und Sammlern ging es gut. Bis einige von ihnen auf die Idee kamen, dass Sesshaftigkeit auch super wäre. Sie fingen an, Weizen und anderes Getreide zu kultivieren. Dafür mussten sie am Ort bleiben, Furchen ziehen, Unkraut jäten, ernten, vom Frühjahr bis zum Herbst rackern. Weil sie an einem Ort blieben und stets dieselbe Nahrung zu sich nahmen, stieg die Anfälligkeit für Krankheiten. Gab es zwei, drei Jahre Dürren, verhungerten sie. Die neolithische Revolution, so nennt man den Prozess des Sesshaftwerdens der Menschen, zog sich 3000 bis 6000 Jahre hin, das sind 100 bis 200 Generationen. Da weiß hinterher keiner mehr, dass es früher mal besser war.

Außerdem sind bei all dem Rackern die Gehirne kleiner geworden. Ich nehme an: Die Jäger und Sammler haben sich das eine Weile angeguckt und sind dann kopfschüttelnd ihrer Wege gegangen. Diese Entwicklungsrichtung war ihnen einfach zu dumm.

Und jetzt das Neueste aus der Anthropologie: Man hat festgestellt, dass die Neandertaler, die lange belächelten »Vorläufer« des grandiosen Homo sapiens, schon ein paar zehntausend Jahre vor dieser Krone der Schöpfung Höhlenzeichnungen angefertigt haben, symbolisch denken konnten und eine Kultur entwickelt haben, auf die unsere Lebensform mühselig erst gekommen war, nachdem die Neandertaler, vermutlich durch Tatbeitrag des sapiens, ausgestorben waren. Der Homo sapiens hat sich dreißig-, vierzigtausend Jahre in ihre Höhlen gesetzt, bis dann einer mal auf die Idee gekommen ist, so eine Neandertaler-Zeichnung abzupausen. Viel mehr war da nicht. Und dann die Sache mit dem Weizen.

Jetzt bringen Sie diese drei Nachrichten bitte in die richtige Reihenfolge. Und plötzlich erkennen Sie ein furchterregendes, schreckliches Geheimnis, das man den Menschen bislang verschwiegen hat! Die Menschheitsgeschichte ist keine Entwicklung nach vorn, sondern nach hinten! Nicht nur, dass die vertrottelten frühgeschichtlichen Bauern Sex, Drugs and Rock 'n' Roll des Jäger-und-Sammler-Daseins gegen dröges Furchenziehen und Hockenbleiben auf der Scholle ersetzt hatten. Nein: Von dort ging es stetig bergab: Hierarchien entstanden, also Chefs und später Vorstände, gar CEOs, man gründete Reiche, stellte Heere auf, schickte Kinder in Schulen und Menschen auf Kreuzfahrtschiffe, erfand SUVs und Smartphones, und das alles endete, jetzt stark verkürzt, beim gänzlich überlebensuntauglichen und komplett lustlosen Fotografieren künstlicher Nudeln! Und das alles, nachdem man die höhere Lebensform, die kunstbegabten und intelligenten Neandertaler, von der Platte geputzt hatte.

Der Glanz der Evolution der humanen Lebensform verwandelt sich vor Ihrem inneren Auge in einen deprimierenden Anblick des stetigen Abstiegs, und die vorläufig niedrigste Stufe sind wir, die Nudelfotografierer. Nein! Es ist noch furchtbarer! Denn nicht wir fotografieren ja die Nudeln, sondern V30, die Künstliche Intelligenz. Uns selbst ist es am Ende dieses tragischen Wegs ja nicht mal mehr erlaubt, eine Nudel zu fotografieren.

Falls wir das denn je hätten tun wollen.

Dieses Kapitel können wir ansonsten sehr kurz machen: Technologie an sich ist dumm. Sie wird nur klug oder bleibt dumm, je nachdem, welche Kultur sie wozu einsetzt. Mir fallen ein paar sehr kluge Nutzungen digitaler Technologien ein: wenn die Prothetik gelähmten Menschen Bewegungsfreiheit verschafft, wenn öffentlicher Verkehr organisiert wird, wenn schlechte Arbeit durch Roboter erledigt wird. Meinetwegen auch noch 30 oder 40 andere Anwendungen, die segensreich wirken – ein paar kamen ja in vorangegangenen Kapiteln schon vor. Dies alles aber nur unter der Voraussetzung, dass die Anwendung die Autonomie und Selbststeuerung der Menschen erhöht und nicht reduziert. So betrachtet nämlich kann man so ziemlich alles vergessen, was den Leuten heute unter »smart« angedreht wird. Es macht sie abhängiger, fremdgesteuerter und ohnmächtiger, als sie es ohne diese Technologien wären. Und noch ein weiterer, sehr gravierender Nachteil digitaler Technologie muss für ihren sinnvollen Einsatz in einer Gesellschaft für freie Menschen beseitigt werden: Als Energiefresser der antiquiertesten Sorte passen sie nicht in das 21. Jahrhundert! Wie lächerlich ist jede Behauptung, wie innovativ und disruptiv man sei, wenn neben jedem absurderweise »Cloud« genannten Rechenzentrum Notstromaggregate vor sich hin dieseln, weil digitale Technologie eines definitiv nicht ist: energieautark. Wenn sie ins 21. Jahrhundert passen will, muss sie aber wenigstens das sein. Huhu, Musk, Bezos und wie ihr alle heißt: Das ist jetzt aber wirklich schwer, oder? Aber wenn ihr das nicht bringt, sondern immer nur die nächste Auflage abgestandener Technikträume aus dem 20. Jahrhundert anbietet, dann brauchen wir euch und euren wertlosen Plunder nicht.

Bildung, realistisch

Ich stelle mir vor: Die Menschen konzentrieren sich auf die gelingende Einrichtung ihrer Welt und hören auf, diese Aufgabe auf andere zu projizieren. Die Erwachsenen lassen endlich die Kinder in Ruhe und delegieren nicht mehr an sie, was sie selbst nicht zustande kriegen. Und die Schulen werden Orte des Ermutigens zur Freiheit.

Formale Bildung wird extrem überbewertet. Sie trägt nämlich überhaupt nichts dazu bei, dass Menschen im Zweifelsfall die im Sinne der Freiheit und der Humanität richtigen Entscheidungen treffen, und schon gar nichts trägt sie dazu in einer Gesellschaft bei, die selbst den falschen Parametern folgt. Der Holocaust wurde von Menschen mit Doktortiteln auf den Weg gebracht, und noch nie hat Bildung vor Unmenschlichkeit geschützt. Im Gegenteil: Auch Rassismus und Eugenik konnten sich auf die Wissenschaft stützen. Umgekehrt können auch formal ungebildete Menschen sehr intelligente Weltsichten haben und kluge Entscheidungen treffen.

Dass Bildung nicht so viel nützt, wie man gemeinhin unterstellt, kann man auch daran sehen, dass die gegenwärtige deutsche Regierung wie so ziemlich alle anderen Regierungen auch, unfähig ist, auf Überlebensprobleme wie den Klimawandel angemessen zu reagieren. Dass Menschen mit Hauptschul- oder Realschulabschluss im deutschen Bundestag und in den allermeisten Landtagen kaum mehr vorkommen, man es also heute mit der formal bestqualifizierten politischen Klasse der Geschichte zu tun hat, zeigt einmal mehr, dass formale Bildung für die Bewältigung von Zukunftsanforderungen nicht arg viel nützt. Anders gesagt: Mangel an sozialer Intelligenz kann mit Bildungsabschlüssen nicht geheilt werden.

Dass heute an jeder Stelle nach »Bildung« gerufen wird, ist nicht mehr als ein Ausdruck der Weigerung, die strukturellen Gegebenheiten von Wirtschaft und Gesellschaft selbst zu verändern. Es gibt keine Veranstaltung, auf der ich über Zukunft spreche, bei der nicht der spätestens dritte Diskussionsbeitrag mitteilt, man müsse den Kindern vermitteln, dass wir ein Nachhaltigkeitsproblem oder eins mit der Digitalisierung haben. Wieso den Kindern? Warum denn nicht den Erwachsenen – die richten die Probleme doch an! So entsteht ein ewiger Verschiebebahnhof: Die armen Kinder müssen ausbaden, was man selbst nicht angeht, denn den Bildungsbereich zu »reformieren« ist politisch zustimmungsfähiger, als wenn sich etwa der Mobilitätssektor, die Parteien, die Unternehmen oder sonst irgendetwas Überaltetes reformieren soll. Der Grund ist einfach: Kinder, besonders solche, die noch gar nicht auf der Welt sind, können sich gegen Reformbestrebungen nicht wehren, Erwachsene schon. Deshalb sind Schulen und Universitäten seit Jahr und Tag Opfer von jenen Reformen, an die man sich andernorts nicht herantraut.

»Zur Freiheit ermutigen« ist das Leitmotiv der Universität Witten-Herdecke, ein sehr schönes Motto für eine Bildungsinstitution in der Moderne. Damit ist nicht nur das Ziel von

Bildung formuliert, sondern auch die Methode. Denn wenn Menschen von ihrer Konstitution her eines können, dann ist es: lernen. Absurderweise funktionieren die meisten Bildungsanstalten so, dass sie es den Kindern bzw. Studierenden schwermachen, jene Lernbereitschaften, die sie in die Institution hineinbringen, beizubehalten: Die natürliche Freude am Entdecken, am Herausfinden, am Nachmachen, am Entwickeln wird durch beständig reformierte Lehrpläne und Curricula an ihrer Entfaltung gehindert, weil diese sich an vermeintlich aktuellen Anforderungen ausrichten sollen und die Erziehungswissenschaften – ähnlich wie die Wirtschaftswissenschaften – permanent Theorien entwickeln, an die sie umgehend selbst zu glauben beginnen.

Dabei ist doch klar, dass menschliche Gehirne sich in Abhängigkeit von Erfahrungen entwickeln und strukturieren, weshalb man für gute Bildung schlicht und ergreifend lediglich günstige – also altersspezifische – Entwicklungsumgebungen bereitstellen muss. Zweitens muss besonders die schulische Bildung von allem entfrachtet werden, was die natürlichen Lernbereitschaften blockiert oder gar absorbiert – deshalb hat in einer Gesellschaft für freie Menschen die Digitalisierung dieselbe Rolle wie der Taschenrechner vor ein paar Jahrzehnten. Sie kann als Technik für bestimmte Fragestellungen herangezogen werden, das ist okay. Ansonsten aber sollen Kinder und Jugendliche exakt jene Basisfähigkeiten erwerben und ausbilden, mit denen sie die Welt interpretieren und ihre Anforderungen bewältigen können – und dafür brauchen sie den klassischen Fächerkanon und Zeit. Sonst nichts.

Doch: eben eine sie umgebende Praxis, die mit den Werten übereinstimmt, denen die Gesellschaft folgt. Also wird es darum gehen, autonom urteilsfähigen, sozial aufmerksamen, gemeinschaftsfähigen und verantwortungsbereiten Menschen in personell und finanziell bestausgestatteten Umgebungen

Raum und Zeit zur Entfaltung zu geben. In einer Gesellschaft für freie Menschen wird man Schulen sogar zu den Mittelpunkten der Gemeinden und Quartiere machen, schließlich begreift sich diese Gesellschaft ja insgesamt als ein Lern- und Entwicklungsprojekt. Die Kirchen sind in säkularen Gesellschaften nicht mehr der kulturelle Mittelpunkt, künftig sind es die Schulen. Die ja unter den Bedingungen kürzerer Arbeitszeiten, leistungsloser Einkommen und größerem Interesse an der Welt auch von mehr Erwachsenen aufgesucht werden als heute.

Aber bereits heute können wir international wie national auf eine Reihe höchst erfolgreicher Schulformen zurückgreifen, in denen etwa die traditionelle Klassenstruktur aufgehoben ist und ältere Schülerinnen und Schüler den Jüngeren das beibringen, was sie selbst kurz zuvor gelernt haben. Die eigentlichen Lehrerinnen und Lehrer werden dadurch entlastet und können sich intensiver der Betreuung der einzelnen Schülerinnen und Schüler widmen. Kinder, die in den Jahren der Pubertät sind, werden – wie an der Montessori-Schule Potsdam – nicht mehr in Räume und Zeiten gepfercht, die ihrem Bewegungs- und Forschungsdrang nicht entsprechen, sondern gehen ein paar Jahre aufs Land, legen Beete an, bauen Häuser, Klos und Kanus, betrachten die Sterne und lernen sich kennen. Die Schulen werden als von allen Beteiligten verantwortete Veranstaltungen betrachtet, weshalb etwa auch in Planungen von An- und Neubauten die Kinder mit einbezogen werden.[89] Man muss sie nur lassen.

Anders gesagt: Wir haben so viel Wissen über funktionierende, weil unterstützende Bildungsprozesse, dass man in einer Gesellschaft für freie Menschen nur noch die Rahmenbedingungen für das Lernen in Freiheit für Verantwortung bereitstellen muss. Und aufhören muss, sich Kinder als etwas vorzustellen, was permanent der Gängelung und Prägung bedarf. Sie sind, wie im 80/20-Modell der Solidarität, immer schon für sich und andere mitverantwortlich und zukunftsfähig.

Wiedergutmachen, realistisch

Ich stelle mir vor: Es gibt kein Gerede mehr vom Weltuntergang, vom Anthropozän, von den irreversiblen Zerstörungen, von den planetaren Grenzen. Man arbeitet stattdessen daran, zu restaurieren, was beschädigt worden ist. Das macht erheblich bessere Laune, als sich mit apokalyptischem Geraune wechselseitig zu ermuntern, nichts zu tun.

Das Konzept der Restaurierung ist nicht gerade das Neueste vom Tage. Seit mehr als hundert Jahren arbeiten Archäologen an der Freilegung, Konservierung, Erhaltung und Restaurierung untergegangener Stätten, Städte und Gegenstände und konnten damit ungeheuer viel Wissen über längst verschwundene Kulturen, ihre Lebensweise, ihre Glaubenssysteme, ihre Kunst und ihre Ordnung gewinnen. Die Denkmalpflege ist seit vielen Jahrzehnten in fast allen Gesellschaften der Erde mit der Erhaltung von Kulturgütern befasst und hält für kommende Generationen vor, was ohne ihre Arbeit verfallen würde. Und Restauratorinnen und Restauratoren bringen in Hunderten von Museen weltweit Alltagsgegenstände, Schmuck, Kunsthandwerk, Möbel, Bilder, Skulpturen, technische Geräte in einen Zustand, den man zeigen kann und der die Dinge erhält, also nachhaltig verfügbar macht. Das alles ist absolut nichts Neues.

Es steht aber in einem sehr merkwürdigen Kontrast zur großen Geschichte der irreversiblen Zerstörung, die »der

Mensch« an der Biosphäre, am Klimasystem, ja, am ganzen »Erdsystem« angeblich anrichtet. Wenn gesagt wird, dass mehr als 70 Prozent der Biomasse der Insekten verschwunden sind, läuft der Subtext mit, dass das auch so bleiben wird oder noch schlimmer kommt. Die Klimaforschung ist unabsichtlich und gesellschaftspolitisch höchst ungünstig zum apokalyptischen Reiter der Umweltszene geworden und überbietet sich ständig selbst mit »tipping points« und »Ereigniskaskaden«, die, und da wird es wirklich kontraproduktiv, auch dann eintreten könnten, wenn es der »Weltgemeinschaft« wider Erwarten doch noch gelingt, die Erwärmung bei zwei Grad plus einzubremsen.[90] Und schließlich hat man zu allem Überfluss nun auch noch die Großerzählung vom »Anthropozän« erfunden: »Der Mensch« sei nunmehr eine geologische Kraft und lagere die Abfälle und sonstigen Folgen seiner unablässigen Aktivität in die Geologie der Erde ein. Das war's dann jetzt wohl. Wissenschaft als Dystopie.

Mich regt das auf: Denn erstens gibt es »den Menschen« als überzeitliche Wesenheit nicht, sondern nur »Menschen« im Plural in höchst konkreten geschichtlichen und kulturellen Kontexten – und wer die heutigen Probleme vor allem angerichtet hat, das waren die kapitalistisch geprägten Gesellschaften, die sich einen Dreck um »die Grenzen des Wachstums« geschert haben, und das bis heute tun. Darüber ist zu sprechen und nicht über eine ganz und gar ahistorische Anthropologie, die zum Unpolitischen erzieht: Ja, wenn das »der Mensch« angerichtet hat, dann kann ich ja wohl nix machen …

Zu allem Überfluss wird damit zweitens noch die falsche Geschichte aufgewärmt, dass »der Mensch« über der Natur stehe und somit kein Naturwesen sei – darüber ist die Philosophie allerspätestens seit der »Dialektik der Aufklärung«[91] hinweg, also seit mehr als 70 Jahren, und trotzdem hat es sich noch nicht in den Naturwissenschaften herumgesprochen. Was aber drittens wirklich fatal ist, ist die kulturelle und politische Entmächtigung, die in all dem liegt. Denn, bitte, es gibt keine »planetaren Grenzen«. Den Planeten sind ihre Grenzen so egal wie dem Klimasystem das Klima egal ist. Worum es geht, ist die Zerstörung von Überlebensgrundlagen für Menschen, Gesellschaften und Kulturen. Wenn wir etwas retten wollen, dann uns, und Vorschläge, die nicht zur Kenntnis nehmen, wie Menschen ihre Geschichte machen und wie der Zivilisationsprozess die letzten paar zehntausend Jahre gelaufen ist und warum, helfen gar nichts, wenn wir mit ebendiesem weiter vorankommen wollen. Soziale und kulturelle Systeme folgen anderen Gesetzen, Logiken und Zeitlichkeiten als physikalische Systeme, beide lassen sich nicht auf einem Kontinuum eintragen.

Alle drei Ärgernisse erzeugen eine kitschige Aura des globalen Verhängnisses, das über unseren Häuptern dräut, und ebendas ist hoch ideologisch. Denn der Untergang, glauben Sie mir, ist nicht sozialistisch; die reichen Gesellschaften gehen mit Sicherheit später unter als die armen, und die reichsten Menschen arbeiten schon an Super-Konzepten, wie sie sich mit Inselstaaten, Marsraketen und Genetic Engineering noch ein paar Generatiönchen hinwegretten, während andernorts schon heute die Menschen sterben. Hören wir doch bitte auf, so zu tun, als habe man es mit einem »Menschheitsproblem« zu tun. »The wealthy few stress the planet«, hat Kate Raworth ganz richtig festgestellt, also sollten die auch in die Pflicht genommen werden, damit endlich aufzuhören.

Und dann hören wir bitte auch auf damit, so zu tun, als sei das alles unabänderlich und verloren ganz und gar. Statt uns im Untergangskitsch zu suhlen, können wir uns besser dem Restaurieren, dem Wiedergutmachen zuwenden. Beispiele dafür gibt es eine Menge, obwohl etwa ein »Atlas der Umweltrestaurierung« erstaunlicherweise noch nicht existiert. In dem könnte stehen: »Für tot erklärte urbane Wasserstraßen – wie der Puget Sound, die Chesapeake Bay, Boston Harbor, der Eriesee sowie die Flüsse Hudson, Potomac, Chicago Charles, Seine, Rhein und Themse (letztere beschrieb Disraeli als ›stygische Lache, die unsägliches und unerträgliches Grauen ausdünstet‹) werden wieder bevölkert von Fischen, Vögeln, Meeressäugern und zuweilen auch Schwimmern.«[92] Man könnte in diesem Atlas zum Beispiel die Wiedervernässung der gigantischen Pripjet-Sümpfe genauso finden wie die Renaturierung der Havel samt ihrer Landschaft, gelungene Wiederaufforstungen degradierter Wälder ebenso wie gelungene Wiederansiedlungen verschwundener Tierarten. Wenn man hinsichtlich gelungener Naturrestaurierungen eine vollständige Sammlung vorliegen hätte, könnte man ermessen, was eigentlich geht und in welchen Zeiträumen Naturräume sich wieder erholen, die Tiere zurückkehren usw.

Es könnte übrigens sogar sein, dass romantische Vorstellungen von »Natur im Gleichgewicht« oder »gesunden Lebensräumen« falsche Vorstellungen wecken. Wie Josef Reichholf immer wieder betont, sind Gleichgewichtsideen im Sinne eines stabilen Zustands in Bezug auf Naturräume unangebracht – es sind gerade Fließgleichgewichte, die Natur produktiv für sich selbst und für Menschen machen.[93] Organismen, sagt Reichholf, sind von der nichtlebendigen Welt abgetrennt. »Sie müssen dies sein und bleiben! Nur die klare Trennung von innen und außen hält die Spannung aufrecht, unter der sich die Lebensprozesse entwickeln können. Organismen sind, ihrem Namen gemäß, Organisationsformen von Materie, die durch ein inneres Fließgleichgewicht fern vom Gleichgewicht mit der Umwelt gehalten werden. Bricht diese Trennung zusammen, weil die Grenze aufgehoben wird, erlischt das Leben, und der Körper ist, wenngleich noch als solcher vorhanden, tot.«[94]

Wenn man die menschliche Gattung als Naturwesen betrachtet und damit wie jedes andere Naturwesen als Wandlungskontinuum in Auseinandersetzung mit seiner Umwelt, bekommt man vielleicht ein realistischeres Bild von dem, was geändert und korrigiert und wiedergutgemacht werden kann, als wenn man »den Menschen« der »geschundenen Natur« gegenüberstellt, als handele es sich hier um Freund und Feind oder umgekehrt. Es geht nicht um romantische Ideen von Gleichgewicht und Harmonie, sondern um Spannungsverhältnisse, die überlebens- und entwicklungstauglich genutzt werden können. Das Wiedergutmachen gehört dazu.

Auch hier ist mehr Realismus angebracht, und so betrachtet wird er eine Ressource für Optimismus: Man kann etwas machen! Übrigens auch in der Klimapolitik. Während ich dies hier schreibe, beginnt in San Francisco der »Climate Action Summit«. Dort treffen sich Menschen und Organisationen, die nicht Abkommen verabschieden, sondern konkret vor Ort Klimaschutz betreiben – so etwa der Global Convenant of Mayors, ein Zusammenschluss von 9000 (!) Bürgermeistern, oder die Initiative RE100 – darin sind 2000 Unternehmen vertreten, die bis 2050 aus der fossilen Energieversorgung ausgestiegen sein wollen.

Eine Forschergruppe hat gleich auch ausgerechnet, dass Initiativen dieser Art – man könnte auch sagen: realistische Utopien – zwischen 15 und 23 Gigatonnen CO_2 jährlich einsparen und damit die weltweiten Emissionen bis 2030 um etwa ein Drittel entlasten können.[95] Und es gibt noch ein weiteres, äußerst wirkungsvolles Mittel, mit dem man sich gewissermaßen gegen die immer noch ansteigenden CO_2-Emissionen Zeit kaufen kann: der Stopp des Abholzens der Regenwälder, die Restaurierung geschädigter Wälder und die (Wieder-)

Aufforstung riesiger Flächen, von denen der Wald schon verschwunden ist. Es gibt dafür Initiativen – die »Bonn Challenge« von 2011 und die »New York Declaration on Forests« von 2014 –, die sofort in die Tat umgesetzt werden könnten, da bereits 160 Millionen Hektar Fläche für Aufforstungen zur Verfügung stehen.

Es fehlt – wie immer – am Geld, denn die Länder müssen für die Nichtnutzung dieser Flächen entschädigt werden, und die Anpflanzung und Pflege der Wälder kosten natürlich auch. Eine nachhaltige Bewirtschaftung der Wälder erfordert je nach Region und Bodenbeschaffenheit zwischen 2000 und 4000 Dollar je Hektar, Entschädigungen für unterbleibende Abholzungen erfordern 40 bis 50 Milliarden Dollar jährlich.[96] Das hört sich nach viel an, relativiert sich aber, wenn man überlegt, dass allein in Deutschland die »Bankenrettung« nach der Finanzkrise etwa 70 Milliarden Euro gekostet hat.[97] Dabei sind die volkswirtschaftlichen Effekte, Steuerausfälle, Anstieg der Arbeitslosigkeit etc. noch gar nicht berechnet, und das alles für einen Wirtschaftssektor, der real gar nicht wertschöpfend ist.

Mit Waldlösungen für den Klimaschutz schafft man aber Arbeitsplätze, lokale Wirtschaften und Infrastrukturen, fördert die Artenvielfalt und kann ganz neue Nutzungsformen von Holz im Sinn einer Kreislaufwirtschaft weiterentwickeln: Holzbau bis in den Bereich von Hochhäusern wird in der Architekturszene gerade viel diskutiert und auch praktiziert – eine Alternative zum Beton, die viel Dämm- und Technologieaufwand einspart. Und Beton auch.

Im Übrigen rücken solche Strategien den Kampf gegen den Klimawandel in den Alltag der Menschen zurück: Wald anpflanzen, das ist ja eine sinnfällige Sache und kann durch Schulprojekte, Patenschaften usw. begleitet werden. Das gilt für die Renaturierungen und Restaurierungen beschädigter

Naturräume und Gewässer ganz genauso – das wirkt dem bequemen Gefühl entgegen, das alles ginge einen nichts an, da man gegen das Anthropodingsda doch sowieso nichts machen könne.

Doch, man kann, und die Geringschätzung dessen, was man kann, muss endlich aufhören. Tatsächlich ist die Geschwindigkeit, mit der Regenwälder abgeholzt werden, bereits zurückgegangen, und der »Environmental Performance Index«, der die Qualität von Luft, Wasser, Wald usw. misst, weist in fast allen Ländern Verbesserungen über das vergangene Jahrzehnt auf.[98] Aus der Perspektive der konkreten Utopie ist daran vor allem instruktiv, was die Bedingungen für die Erfolge waren – denn daraus kann man lernen, wie und in welche Richtung man weitermacht.

Mir ist ein Projekt wie »The Ocean Cleanup« des jungen Niederländers Boyan Slat, das den Plastikmüll zumindest an der Meeresoberfläche einsammelt und dem Recyceln zuführt, lieber als die üblichen 42 Expertenmeinungen, dass man damit nun aber nicht das Mikroplastik einsammelt, das ja ein viel größeres Problem darstelle. Stimmt, aber makromäßig ist der Müll schon mal weniger, wenn es funktioniert. Die Bandbreite von Aufräumaktionen in Sachen Müll ist groß – sie reicht vom Clean-up von Stadtteilen bis zu großtechnischen Strategien des Einsammelns von Müll aus Gewässern und von Stränden. Besser ist immer die Vermeidung von Abfall, aber auch darauf hat kein Mensch Lust, wenn er ständig gesagt bekommt, dass die Probleme so gigantisch sind, dass man sie kaum noch wird lösen können.

Und wie wäre es mit Rückbau aller Art: Aus Kreuzfahrtschiffen lässt sich vom Material her eine Menge machen; vielleicht legt man sie auch einfach nur bewegungslos irgendwohin, lässt schöne Landschaften auf riesigen Screens vorbeiziehen, und die Leute kriegen weiter ihre vier Mahlzeiten am Tag und dürfen das Erlebnisbad benutzen. All inclusive. Aus Flughäfen lassen sich prima Flächen für Solarkraftwerke machen, Berlin entwickelt gerade erfolgreich einen riesigen Prototyp für multiple Nutzungen, den ersten postmobilen Flughafen der Welt – die künftige Nutzung sieht ein Luftfahrtmuseum ebenso vor wie die größte Radrennbahn der Welt, Wohnquartiere und einen riesigen Gemeinschaftsgarten. Ehemalige Autobahnen bieten großartige Trassen für Wind- und Solarkraftwerke, und Industriebrachen wunderbare Flächen für genossenschaftliche Mischquartiere für Wohnen, Arbeiten, Begegnen. Es ist alles da.

Also: Wir nehmen jetzt den Untergangspropheten mal ihre Uhr weg, die seit vierzig Jahren eh auf »5 vor 12« stehengeblieben ist, wählen das Motto: »Wenn es einfach wär, könnten es ja auch andere machen«, und gehen einfach mal davon aus, dass man das meiste wiedergutmachen kann, was aus Gedankenlosigkeit, Ignoranz, falscher Prioritätensetzung oder einfach Unwissen angerichtet wurde. Es bleibt uns übrigens auch gar nichts anderes übrig. So einfach ist das. Für die Lamentierökos kann man Nölreservate einrichten. Da kann man hingehen, wenn man zu viel gute Laune beim Aufräumen bekommen hat und mal wieder schlecht drauf sein möchte.

Zukunftsbilder, realistisch

Ich stelle mir vor: Die Traum- und Wunschhorizonte sind voller Möglichkeiten, offen und nicht verstellt von den Produkten der Digitalwirtschaft und den Dystopien der Weltuntergangsexperten. Wir haben eine politische Ästhetik, die einen Vorschein der Zukunft in die Gegenwart holt. Man muss ja wissen, warum man wo hinwill.

Jetzt haben wir das meiste beisammen, was wir für unsere Gesellschaft für freie Menschen brauchen:

Sie ist universalistisch, und weil sie das ist, lebt sie nicht über die Verhältnisse von anderen. Ihre Mitglieder haben gelernt, anderes als nur wissenschaftliches Wissen zu sammeln, sie haben sich aus den Suchtstrukturen des Hyperkonsums befreit, und das war die Voraussetzung dafür, den Pfadwechsel zu einem versöhnten Naturverhältnis einzuleiten. Dafür war es hilfreich, Wirtschaftsformen zwischen Markt und Staat weiterzuentwickeln, und exakt das war es, was zu mehr gesellschaftlichem Zusammenhalt und zu einer Stärkung der Demokratie beigetragen hat. Man hat begonnen, die Zukunft wieder als ein gemeinsames Projekt zu verstehen und dafür entscheidende Schritte politisch durchzusetzen: die Inter-

nalisierung der Kosten rechtlich verbindlich zu machen, die Städte von Autos zu befreien, die Digitalisierung zurückzusetzen und als das zu verstehen, was sie ist: eine hilfreiche Technologie. Die man insbesondere zur Abschaffung schlechter Arbeit einsetzen kann, was die Aufwertung von Empathiearbeit genauso erlaubte wie eine radikale Verkürzung der Arbeitszeit und ein bedingungsloses Grundeinkommen. Arbeitskräfte kommen von überall her, da es keine Grenzen gibt, aber selbstverständlich gibt es noch konventionelle Staatlichkeit, die die Rechte und Pflichten ihrer Bürgerinnen und Bürger auf der Grundlage von Verfassungen und Gesetzbüchern regelt und über Institutionen gewährleistet. Diese Staatlichkeit ist nach innen befriedet, weil es die Politik der Angst gegen eine Politik der Freundlichkeit getauscht hat, und nach außen, weil es gelungen ist, ein zwischenstaatliches Gewaltmonopol zu etablieren. Die Rüstungsausgaben sanken dramatisch, die Zahl zwischenstaatlicher Konflikte ebenfalls. Das alles öffnete zugleich das Tor zu transnationalen Rechtsregimen in Dingen, die alle auf der Welt angehen: einen Strafgerichtshof für Gewaltverbrechen, einen Umweltgerichtshof für ökologische Verbrechen, einen Finanzgerichtshof für steuerliche Vergehen. Diese Welt ist immer noch kein Ponyhof, aber sie ist zum Glück noch divers, macht Fortschritte im zivilisatorischen Prozess und reduziert überall den Aufwand an Material und Energie. Man kann ohne Angst verschieden sein. Und versuchen, wiedergutzumachen, was zuvor leichtfertig zerstört worden war.

Es gibt nur noch ein Problem. Das alles ist machbar. Die Utopie bleibt aber blutleer, wenn sie nicht in ein Zukunftsbild, oder besser: viele Zukunftsbilder übersetzt und anschaulich und damit erstrebenswert wird. Man muss ja dort hinwollen können, und dafür braucht es attraktive, reizvolle, anziehende Bilder und Vorstellungen, die an Träume und Geschichten anknüpfen, die Menschen sowieso haben. Die Raumfahrt der 1960er Jahre war deshalb faszinierend, weil sie an das Zeitalter der Entdeckungen, an die Sehnsucht nach Ferne und Abenteuer andockte, die immer schon Quelle von Faszination war, seit der Odyssee. Das Space-Age prägte auch eine eigene, technoide Ästhetik aus. Die 68er Kulturrevolution konnte an jene Träume vom besseren und friedlicheren Zusammenleben anknüpfen, die im 19. und 20. Jahrhundert aus Romantik, Naturbewegung, bündischer Jugend und Friedensbewegung hervorgegangen waren. Besonders die Hippie-Bewegung entwickelte einen Lebensstil, der sich extrem von der Normalgesellschaft absetzte; eine zentral wichtige Rolle spielten die Musik und die Festivals: große, international kommunizierte Anlässe von Vergemeinschaftung. Währenddessen und danach kamen die postkolonialen Befreiungsbewegungen, ebenfalls mit einer eigenen Ikonographie, die Anti-Apartheitsbewegung in Südafrika und die Bürgerrechtsbewegung in den USA, die Ökobewegung und, natürlich, die Frauenbewegung.

Sie alle konnten an jene Freiheits- und Gerechtigkeitsideale anknüpfen, wie sie seit der Aufklärung nicht nur in den Wunschhaushalten, sondern auch in modernen Verfassungen formuliert waren, aber nicht für alle auch Wirklichkeit geworden waren.

Und genau hier findet sich ein entscheidendes Bewegungsmoment: Dort, wo die Widersprüche zwischen den Selbstansprüchen einer Gesellschaft und ihrer Praxis zu groß werden, dort entwickelt sich Widerstand. Das ist ein Anknüpfungspunkt für die Politik des Utopischen – in den reichen Gesellschaften am ehesten dort, wo das Ökologische dem Ökonomischen immer nachgeordnet wird und, wie beim

Abb. 20: Die Hippie-Bewegung: Utopie muss Spaß machen

Klimawandel, konkrete Überlebensgefährdungen sichtbar und erfahrbar werden. In diese Widersprüche muss man hinein und zeigen, wie es anders geht. In den Formen solchen Widerstands gegen die Fortschreibung des Bestehenden ergibt sich zugleich die gelebte Erfahrung von Veränderung – man bewegt sich ja selbst, zusammen mit anderen, und erlebt dabei die Normalgesellschaft von einer neuen Warte aus. Alles könnte anders sein. Das braucht kreative Formen des Protests, Musik, Kleidung, eine Ikonographie der Zukünftigkeit.

Im Moment geschieht in dieser Hinsicht viel mehr in der Kunst als in den NGOs, den Gewerkschaften oder den Parteien. Der Theaterregisseur Milo Rau etwa arbeitet seit vielen Jahren damit, dass er reale Geschehnisse mit realen Akteuren auf die Bühne bringt, die theatralische Form für Themen nutzt, die anderswo gesellschaftlich nicht verhandelbar sind. Zum Beispiel ist es ja so, dass Verbrechen, die Milizen im Auftrag von Minenunternehmen im Kongo begehen, strafrechtlich nicht verfolgt werden können, weil die Unternehmen Verträge mit der Regierung abgeschlossen haben und die Handlungszusammenhänge zwischen den Akteuren – Arbeiter vor Ort, Paramilitärs und Warlords, westliche Unternehmen, Staat – intransparent sind. Fast all die Verbrechen, die dort im Kongo während der zwei Kriege und in der sogenannten Post-Conflict-Zeit verübt wurden und werden, bleiben straflos. Weil der internationale Strafgerichtshof in Den Haag der Täter nicht habhaft werden kann, vor allem aber, weil es innerhalb des Landes keine Institutionen gibt, die Verbrechen verfolgen könnten. Und weil viele Verträge, zum Beispiel in Sachen Landraub und Vertreibung, legal sind. Der Umstand, dass sie nicht legitim sind, tut juristisch bekanntlich nichts zur Sache. Im »Kongo-Tribunal«, das in Bukavu und in Berlin stattfand, hat Rau Augenzeugen, Opfer, Experten, Politiker sowie Staatsanwälte und Richter zusammengebracht, die einen wirklichen Prozess inszeniert haben – mit Beweisaufnahme, Jury und allem, was ein wirkliches Gerichtsverfahren auszeichnet. Das Einzige, was es nicht gab, war ein ordentliches Gericht, das war inszeniert. Aber alles andere, von den verhandelten Verbrechen bis zum Richter (vom internationalen Gerichtshof in Den Haag) war echt. Im Kongo selbst führte das Tribunal zum Rücktritt des Minenministers und zur Durchführung mehrerer – echter – Folgetribunale. Ein Dokumentarfilm über beide Teile des Tribunals führte im Kongo zu einer politischen Bewegung zur Aufarbeitung der Verbrechen – der Übergang von der Inszenierung in die Realität fand also tatsächlich statt. So arbeitet Rau oft – in Berlin hat er eine »Generalversammlung« inszeniert, in der Personengruppen zu Wort kamen, die parlamentarisch nicht repräsentiert sind, um mit neuen Formen des Parlamentarismus zu experimentieren. Rau nennt das »globalen Realismus«: ein utopisches Theater, das, wie er selbst sagt, »nicht im Rahmen

Abb. 21: Globaler Realismus. »Kongo-Tribunal« von Milo Rau

des Bestehenden für Abhilfe sorgt oder es anklagt, sondern reale politische Alternativen eröffnet«.

Hier ist besonders deutlich, dass das (künstlerische) Handeln selbst schon eine neue Wirklichkeit schafft; die Beteiligten erleben sich in einer neuen Rolle mit neuen Möglichkeiten. Ich weiß, wovon ich rede, denn ich war im »Kongo-Tribunal« Mitglied der Jury und habe unglaublich viel gelernt. Dass all die Verbrechen, um deren Aufklärung wir uns in diesem simulierten Prozess bemühten, tatsächlich unter der Voraussetzung stattfinden konnten, dass sie straflos bleiben würden: Das hat mich entsetzt. Und als wir schließlich zu einem Urteil kommen sollten, hat mich etwas anderes noch mehr entsetzt: dass man bei solchen Verbrechen nicht nur keine Schuldigen finden kann, sondern auch keine Unschuldigen, von den Opfern abgesehen.

Es sagt sich so leicht dahin, dass in unseren Geräten sogenannte Konfliktmineralien stecken oder dass das begehrteste Gut der globalisierten Wirtschaft Land ist. Aber das ist nur deshalb der Fall, weil wir es in unserer illusionären Gegenwart für unser Menschenrecht halten, alles so billig wie möglich zu kriegen, egal, auf wessen Kosten. Was mir noch nie so deutlich geworden ist wie an diesem Wochenende: dass wir am Ende nicht einer Wertschöpfungs-, sondern einer Gewaltschöpfungskette sitzen und nichts dabei finden, die Displays der neuesten schicken Geräte zu streicheln, um die neuesten Nachrichten über die aktuellsten Gräueltaten abzurufen.

Es könnte sein, dass diese Lernerfahrung viel mit der Ausgangsüberlegung dieses Buches zu tun hat: dass das meiste, was wir für eine Gesellschaft für freie Menschen brauchen, schon da ist. Man muss es nur auseinandernehmen, anders wieder zusammensetzen und den Illusionisten der Gegenwart um die Ohren hauen.

Ästhetische Strategien zu politischen Zwecken entwickelt auch das Berliner Peng!-Kollektiv, das etwa ein Werbevideo zur individuellen Fluchthilfe gedreht hat oder einen von Shell gesponserten TED-Talk mit einem Motor gesprengt hat,

Abb. 22: Das Peng!-Kollektiv. TED mal instruktiv

der angeblich keinen Treibstoff brauchte, bei der Vorführung aber explodierte und die Bühne mit Öl versaute. Zudem arbeitet Peng! mit simulierten Pressekonferenzen von Energieunternehmen (wie es die amerikanischen Yes-Men auch praktizieren) oder Songs, in denen sich die Regierung bei Hartz-IV-Beziehern für ihre Duldsamkeit bedankt – alles sehr professionell gemacht und sehr witzig. Die Mitglieder des Kollektivs treten unter Pseudonymen auf; wer die realen Personen sind, bleibt – auch aus Gründen der möglichen Strafverfolgung – unbekannt.

Eine wirkungsvolle Strategie solcher Interventionen ist es übrigens, die »Angegriffenen« als Resonanzverstärker zu nutzen. Wenn etwa ein Unternehmen gegen die Akteure zu klagen versucht, riskiert es, dass die Peng!-Attacke erst recht Aufmerksamkeit auf sich zieht – auch dies ein Element, das die Yes-Men sehr erfolgreich vorgemacht haben, in Deutschland übrigens auch die Theatergruppe »Rimini-Protokoll«, die etwa eine Daimler-Hauptversammlung zu einem Theater-

Abb. 23: Geschichtspädagogik: Björn Höcke blickt täglich auf das »Mahnmal der Schande«

stück erklärt und damit tiefe Verunsicherung aufseiten des Vorstands und der Aktionäre erzeugt hat.

Am spektakulärsten in Deutschland arbeitet gegenwärtig das »Zentrum für politische Schönheit«, das etwa das Nachbargrundstück des rechtsradikalen AfD-Politikers Björn Höcke anmietete und dort eine verkleinerte Ausgabe des Berliner Holocaust-Denkmals errichtete, das Höcke als »Mahnmal der Schande« bezeichnet hatte.

Eine sehr eindrucksvolle Intervention im öffentlichen Raum lieferten auch die »1000 Gestalten« – momoartige graue Menschen, die zum G20-Gipfel in Hamburg einen surrealen Marsch veranstalteten und eindrucksvolle Bilder lieferten, die den tiefen Sinn des offiziellen Gipfels kommentierten, der ja der Aufteilung der globalen Geschäftsgelegenheiten dient.

Solche ästhetischen Strategien von Protest und Kritik scheinen mir sowohl lust- als auch wirkungsvoller als die altbekannten Latschdemos mit anschließender Kundgebung, wo

Abb. 24: Andere Bilder erzeugen: 1000 Gestalten beim G20-Gipfel

Leute auf der Bühne Leuten vor der Bühne erklären, weshalb sie da sind. Warum? Weil sie selbst schon Perforierungen der behaupteten Normalwirklichkeit sind und dieser etwas anderes, Neues, Spaßiges gegenüberstellen – eine andere Wirklichkeitsbehauptung. Und genau darum geht es ja beim utopischen Denken und Handeln: der Wirklichkeitsbehauptung des Mainstreams eine oder mehrere überzeugendere Behauptungen entgegenzustellen. Dann wird plötzlich die konventionelle Wirklichkeit porös und andere Möglichkeiten bekommen Kontur.

Was uns also noch dringend fehlt für die Realisierung des Utopischen: mehr Sexyness, bessere Geschichten, der coolere Auftritt. Als der SPD-Politiker Johannes Kahrs unlängst im Bundestag der AfD mitteilte, dass Hass eben hässlich mache (worauf die Fraktion den Saal verließ, wie schön), hat er eine Spur gelegt. Denn das gilt ja womöglich auch umgekehrt: dass Freundlichkeit schön macht, dass also die neuen Utopistinnen und Utopisten die »beautiful people« werden und die, die wollen, dass alles so bleibt, wie es ist, total aus der Mode kommen. Dieses hehre Ziel ist, man ahnt es, mit Moralismus und CO_2-Diagrammen, mit Spezialworten wie »Suffizienz« und »Resilienz«, mit Akronymen wie »SDGs« und »IPCC« nicht zu erreichen. Eine soziale Bewegung für eine andere Gesellschaft muss – fast hätte ich gesagt: rocken. Nein, das ist antiquiert, das stammt aus meiner Generation, mit »Street fighting man« und so. Jetzt kommt eine neue politische Generation, eine neue Bewegung. Die wird einen neuen Sound des Politischen entwickeln, sich nach Spaß im Widerstand anfühlen, irritierend sein und insgesamt so, dass man zu denen gehören will, die diese Utopie zur Wirklichkeit machen. Sie wird selbst schon ein Vorschein jener anderen Wirklichkeit sein, die sie erreichen will. So geht's. Und wie!

11 Merksätze zum neuen Realismus

1. »Die fetten Jahre sind vorbei«
   kann als frohe Botschaft verstanden werden.

2. Es ist alles schon da, nur falsch zusammengesetzt.

3. Kleinstmögliche Zustandsveränderung
   kann jede und jeder.

4. Heterotopie ist die neue Utopie.

5. Die menschliche Welt
   besteht im Zwischenmenschlichen.

6. Die Welt kann freundlich sein.

7. Utopien muss man anschauen können.

8. Heimat ist dort, wo es nicht egal ist,
   ob es mich gibt.

9. Zeit kann man ebenso gut auch verschwenden.

10. Es ist nicht mehr »5 vor 12«.

11. Morgen Mittag beginnt das Neue.

Anmerkungen

1 Christoph Süß, Morgen letzter Tag. Ich und Du und der Weltuntergang. München: Knaus 2012, S. 11 f.
2 Rutger Bregman, Utopien für Realisten. Reinbek: Rowohlt 2017, S. 15 ff.
3 Ebd., S. 9.
4 Dies ist trotz der horrenden Zahl kein Widerspruch zu dem, was Pinker herausgearbeitet hat. Gemessen an der Weltbevölkerungsgröße im 20. Jahrhundert kommen immer noch relativ weniger Gewaltopfer heraus als in den vorhergehenden Jahrhunderten. Nur die absolute Größe im vergleichsweise kurzen Zeitraum (1914 – 18 bzw. 1939 – 45) bildet einen historischen Rekord.
5 Erich Fromm, Die Furcht vor der Freiheit. München: dtv 1993.
6 Hannah Arendt, Elemente und Ursprünge totaler Herrschaft. München: Piper 1991; Sebastian Haffner, Geschichte eines Deutschen. München: Pantheon 2014.
7 Neu ist, und das ist kein gutes Zeichen, dass diese gesellschaftliche Ordnung jetzt angegriffen wird, ohne dass eine wirtschaftliche Krise existieren würde. Demokratiefeindlichkeit in Zeiten von Hochkonjunktur ist eine für moderne Gesellschaften neue Erscheinung.
8 Wir verzeichnen gegenwärtig in globaler Perspektive erstens einen Rückgang von Demokratien und zweitens einen wirtschaftlichen Aufstieg von Autokratien wie China, die ihre Herrschaftstechnologien mittels Digitalisierung ausbauen. Zugleich zerstört die Digitalisierung in den existierenden Demokratien eine ihrer Voraussetzungen: die Trennung von privat und öffentlich. Drittens

erfolgt ein Angriff von politisch antidemokratischer Seite: von der traditionellen Rechten, die von den beiden anderen Angriffen profitiert, auch wenn sie selbst nichts Neues zu bieten hat.
9 Claudius Seidl, Der Mann aus der Zukunft, in: Dana Giesecke et al. (Hg.), Welzers Welt. Störungen im Betriebsablauf. Frankfurt/M.: Fischer 2018, S. 374 ff.
10 Ebd., S. 375.
11 Ebd., S. 377.
12 Ludwig Wittgenstein, Tractatus logico-philosophicus. Logisch-philosophische Abhandlung. Frankfurt/M.: Suhrkamp 1980, S. 105 f.
13 Günther Anders, Besuch im Hades. Auschwitz und Breslau 1966. München: Beck 1997.
14 François Rochat & Andre Modigliani, Authority: Obedience, Defiance, and Identification in Experimental and Historical Contexts, in: Martin Gold & Elisabeth Douvan (Hg.), A New Outline of Social Psychology. Washington 1997, S. 235–247.
15 Zit. nach Marianne Gronemeyer, Die Grenze. München: oekom 2018, S. 117.
16 Ansprache beim Welttreffen der Volksbewegungen, Santa Cruz de la Sierra, 9. Juli 2015. Zitiert nach: vatican.va, 9. Juli 2015.
17 Eine eindrucksvolle filmische Untersuchung des Aufeinandertreffens zweier Kulturen liefert Nicholas Roegs Film »Walkabout« (1971), in dem es um die nicht mögliche Beziehung zweier gleichaltriger Kinder geht, eines bürgerlichen Mädchens und eines jungen Aborigine, dem »Walkabout«.
18 Hans-Paul Bahrdt, Schlüsselbegriffe der Soziologie. München: Beck 1985, S. 78.
19 Andrew T. Jebb, Louis Tay, Ed Diener & Shigehiro Oishi, »Happiness, income satiation and turning points around the world«, Nature Human Behaviour Vol. 2 (Januar 2018): 33. https://doi.org/10.1038/s41562-017-0277-0.
20 »Weltweit gilt: Wo das durchschnittliche Einkommen der Menschen unterhalb von 20 000 US-Dollar pro Kopf liegt, führt mehr Einkommen dazu, dass Menschen glücklicher werden. In Ländern oberhalb dieses Durchschnitts führt Wirtschaftswachstum nicht zu glücklicheren Menschen.« Mathias Binswanger in

Stapferhaus Lenzburg (Hg.), Geld. Jenseits von Gut und Böse. Lenzburg: Stapferhaus 2014, S. 44.

21 Das Bewusstsein über einen Sachverhalt hat nicht zwingend Verbindung zur Handlungsmotivation, und wo sie eine hat, kann die Handlung unerwartet ausfallen. Die Schaffung von Bewusstsein über den menschengemachten Klimawandel kann zum Beispiel zum Kauf eines riesigen SUVs führen, weil der Käufer annimmt, dass solche Fahrzeuge bald verboten werden. Bewusstsein über denselben Sachverhalt kann auch die Funktion haben, dass man »mitreden«, sich also als informierter und besorgter Zeitgenosse zeigen kann. Es kann auch dazu führen, dass man ironische Selbstkommentare an Berichte über eigenes klimaschädliches Verhalten hängt (»Ja, ich weiß, diese Reise war echt klimafreundlich, haha«).

22 Der neue Fischer-Weltalmanach 2019. Zahlen Daten Fakten. Frankfurt/M.: Fischer 2018, S. 22.

23 Mark Twain, Tom Sawjers Abenteuer und Streiche, übers. v. Margarete Jacobi, www.gutenberg.spiegel.de/buch/tom-sawyers-abenteuer-und-streiche-1673/3.

24 Olivia Zaleski, »Inside Airbnbs Battle to Stay Private«, Bloomberg, 6. Februar 2018. Letzter Zugriff am 19. September 2018. https://www.bloomberg.com/news/articles/2018-02-06/inside-airbnb-s-battle-to-stay-private.

25 Harald Welzer, Täter. Wie aus ganz normalen Menschen Massenmörder werden. Frankfurt/M.: Fischer ^{7}2007.

26 Kate Raworth, Die Donut-Ökonomie: Endlich ein Wirtschaftsmodell, das unseren Planeten nicht zerstört. München: Hanser 2018.

27 Ralf Dahrendorf, Die Globalisierung und ihre sozialen Folgen werden zur nächsten Herausforderung einer Politik der Freiheit. An der Schwelle zum autoritären Jahrhundert (https://www.zeit.de/1997/47/thema.txt.19971114.xml).

28 Die folgenden Gedanken sind angelehnt an den Bericht zu einem Forschungsprojekt zur Gemeinwohlökonomie, das an der Europa-Universität Flensburg und an der CAU Kiel durchgeführt wurde (Gemeinwohlökonomie im Vergleich unternehmerischer Nachhaltigkeitsstrategien. Unv. Projektbericht, Europa-Universität Flensburg 2018).

29 Frankfurter Allgemeine Sonntagszeitung, 29.7.2018, S.1.
30 Süddeutsche Zeitung, 8./9.9.2018, S.24.
31 J. Darley, & C.D. Batson, »From Jerusalem to Jericho: A study of situational and dispositional variables in helping behaviour«, *Journal of Personality and Social Psychology* 27 (1973): 100–108.
32 Gronemeyer weist auch auf die Kontrollfunktion hin, die durch das Fürsorgemonopol ausgeübt wird: Man brauche, schreibt sie, »um seinen Mitmenschen zu helfen, eine Genehmigung. Und darum müssen Menschen, die sich bereit erklären, Flüchtlingskinder Deutsch zu lehren, eine pädagogische Ausbildung, möglichst akademisch, und einschlägige Berufserfahrung nachweisen. Der Kontrollfuror ist die dunkle Kehrseite des Sozialstaates.« (Gronemeyer, Die Grenze (wie Anm. 15), S.184.)
33 Richard Muller, Die größte Umweltkatastrophe, in: John Brockman (Hg.), Neuigkeiten von Morgen. Frankfurt/M.: Fischer 2018, S.66.
34 Alois Stutzer & Bruno Frey, Stress that doesn't pay: The Commuting Paradox. Forschungsinstitut zur Zukunft der Arbeit: Discussion Paper 1278, 2014.
35 Zitiert nach Harry Walter, Wie sich das Auto ganz von selbst abschaffen könnte, in Dana Giesecke et al. (Hg.), Welzers Welt. Frankfurt/M.: Fischer 2018, S.402.
36 Ivan Illich, Entschulung der Gesellschaft, 1987, S.147, zit. nach Gronemeyer, Die Grenze (wie Anm. 15), S.77.
37 Fahrmeir, Andreas, »Nineteenth Century German Citizenships: A Reconsideration«, *The Historical Journal* (40:3) 1997: 721–752.
38 Valentin Groebner, Der Schein der Person. Steckbrief, Ausweis und Kontrolle im Mittelalter. München: Beck 2004, S.167.
39 Ebd., S.168.
40 Alle Zahlen aus der Süddeutschen Zeitung vom 11./12.8.2018, S.8.
41 Hans-J. Markowitsch & Harald Welzer, Das autobiographische Gedächtnis. Hirnorganische Grundlagen und biosoziale Entwicklung. Stuttgart: Klett-Cotta 2005.
42 Zeit, schreibt Elias, ist eine »symbolische Synthese auf sehr hoher Ebene, eine Synthese, mit deren Hilfe Positionen im Nacheinan-

der des physikalischen Naturgeschehens, des Gesellschaftsgeschehens und des individuellen Lebensablaufs in Beziehung gebracht werden können.« (Norbert Elias, Über die Zeit. Frankfurt/M.: Suhrkamp 1984, S. XXIV.)
43 https://www.deutschlandfunk.de/vor-125-jahren-einfuehrung-der-mitteleuropaeischen-zeit-das.871.de.html?dram:article_id=414463.
44 https://www.br.de/themen/wissen/mitteleuropaeische-zeit-ein fuehrunggeschichte-100.html.
45 Diese Bezeichnung hat sich eingebürgert, obwohl der »Alfred-Nobel-Gedächtnispreis für Wirtschaftswissenschaften« von der schwedischen Reichsbank erst 1968 gespendet wurde. Er wird aber zugleich mit den anderen Nobelpreisen verliehen.
46 Von Ikarien (Uwe Timm 2017) bis zu Otto Mühls AAO (Aktionsanalytische Organisation) ist die Geschichte voll von Gemeinschaftsprojekten, die mit guten Absichten gestartet sind, aber gerade in ihrer hermetischen Absetzung von der Normalgesellschaft Machtverhältnisse und Abhängigkeiten, Allmachts- und Gewaltphantasien hervorbrachten, die gruselig waren.
47 Dirk van Laak, Alles im Fluss. Die Lebensadern unserer Gesellschaft. Frankfurt/M.: Fischer 2018, S. 206 ff.
48 Ebd., S. 119
49 Harald Welzer, Mentale Infrastrukturen. Wie das Wachstum in den Geist und in die Seele kam. Berlin: boell-stiftung 2011.
50 Michael Kopatz, Ökoroutine. München: oekom 2017; Reinhard Loske, Politik der Zukunftsfähigkeit. Frankfurt/M.: Fischer 2017.
51 Das kommt aus den USA, wird aber auch in Europa gerade Mode. Auf einer Konferenz zum Thema »Krieg« beschwerte sich gerade eine Studentin darüber, dass ich in meinem Vortrag von Vergewaltigungen gesprochen habe, ohne vorher die Trigger-Warnung ausgegeben zu haben, dass ich über Vergewaltigungen sprechen würde.
52 Odo Marquard, Skepsis in der Moderne. Philosophische Studien. Stuttgart: Reclam 2007, S. 63.
53 YouGov, YouGov Survey Results (London: YouGov plc., 2015). Letzter Zugriff am 19. September 2018. https://2d25d2506sfb94s.cloudfront.net/cumulus_uploads/document/g0h77ytkkm/Opi_InternalResults_150811_Work_W.pdf; Will Dahlgreen, »37 %

of British workers think their jobs are meaningless«, YouGov, 12. August 2015. Letzter Zugriff am 19. September 2018. https://yougov.co.uk/news/2015/08/12/british-jobs-meaningless/
54 David Graeber, Bullshit-Jobs: Vom wahren Sinn der Arbeit. Stuttgart: Klett-Cotta 2018.
55 Bronnie Ware, 5 Dinge, die Sterbende am meisten bereuen. München: arkana 2013.
56 Zitiert nach Alexander Kluge, »Wer ein Wort des Trostes spricht, ist ein Verräter.« 48 Geschichten für Fritz Bauer. Berlin: Suhrkamp 2013.
57 Was ich Realismus nenne, ist bitte nicht zu verwechseln mit dem rührenden Positivismus, den der Philosoph Markus Gabriel vertritt, indem er der Auffassung ist, dass Menschen »die Dinge an sich, also so wie sie auch unabhängig von uns wären, erkennen können. Wenn ich zum Beispiel herausfinde, dass es mehr als eine Milliarde Galaxien gibt, finde ich heraus, wie die Dinge auch gewesen wären, selbst wenn ich es nicht herausgefunden hätte. Und zwar ganz unproblematisch. In dem Fall durch die Methoden der Wissenschaft kombiniert mit vernünftigem Nachdenken usw. Das können wir. Menschen sind Wesen, die Wissen erlangt haben und ihr Leben an dieser Tatsache ausrichten. Wir wissen nicht nur, sondern wir wissen sogar, dass wir wissen.« (https://www.theeuropean.de/markus-gabriel/11902-interview-mit-markus-gabriel) Da staune ich als Nicht-Philosoph, was in dieser Disziplin heute so alles durchgeht.
58 https://www.welt.de/wirtschaft/article140455786/Wer-von-der-Migration-wirklich-profitiert.html.
59 Die Bundesregierung der Republik Deutschland, Antwort der Bundesregierung auf die Große Anfrage der Abgeordneten Markus Frohnmaier, Dietmar Friedhoff, Ulrich Oehme und der Fraktion der AfD in Drucksache 19/3186 (2018): 9–14. Letzter Zugriff am 19. September 2018. http://dipbt.bundestag.de/dip21/btd/19/031/1903186.pdf.
60 Rutger Bregman, Utopien für Realisten. Reinbek: Rowohlt 2017, S. 212 ff.
61 Natürlich ist auch in der Utopie nichts einfach: Wenn mehr Menschen in Konsumentenklassen aufsteigen, müssen die Weltführer im Konsum ihren eigenen natürlich reduzieren. Aber die haben

in utopischer Perspektive ja ohnehin schon längst damit angefangen, wenn die Grenzen fallen.
62 Valentin Groebner, Retroland. Geschichtstourismus und die Sehnsucht nach dem Authentischen. Frankfurt/M.: Fischer 2018, S. 14.
63 Van Laak, Alles im Fluss, S. 103.
64 Das ist natürlich eine Anspielung auf Adornos Definition von Liebe aus der »Minima Moralia«.
65 Julian Grah, Nicole Hasenkamp, Vera Herzmann, Theresa Pham & Andreas Schwendener, Die Zukunft der Solidarität. Unv. Seminararbeit 2018.
66 Der Gini-Index oder Gini-Koeffizient misst die Größe der Ungleichheit innerhalb einer Gesellschaft.
67 Dirk Messner, Die Our-Country-First-Internationale stoppen, in Dana Giesecke et al. (Hg.), Welzers Welt. Störungen im Betriebsablauf. Frankfurt/M.: Fischer 2018, S. 254 ff.
68 Frank Rieger, Die Aufmerksamkeitsvampire. Frankfurter Allgemeine Sonntagszeitung, 19. 9. 2018, S. 43.
69 https://www.welt.de/wirtschaft/plus175939955/Jeff-Bezos-Sein-Weg-zum-reichsten-Menschen-der-Welt.html.
70 Christian Felber, Gemeinwohlökonomie. Das Wirtschaftsmodell der Zukunft. Wien: Deuticke 2010.
71 Bernd Sommer, Harald Welzer & Ludger Heidbrink, Gemeinwohlökonomie im Vergleich unternehmerischer Nachhaltigkeitsstrategien. Unv. Projektbericht April 2018.
72 Vgl. als Überblick Silke Helfrich (Hg.), Commons. Für eine neue Politik jenseits von Staat und Markt. München: oekom 2012.
73 Gemeingüter, deren Nutzungsmöglichkeiten begrenzt sind, sind von solchen zu unterscheiden, die unbegrenzt genutzt werden können. Das ist der Unterschied zwischen einer Wiese und einem Wikipedia-Eintrag, man nennt das »rivalisierende« bzw. »nicht-rivalisierende Güter«.
74 Süddeutsche Zeitung, 8./9. 9. 2018, S. 24.
75 Mariana Mazzucato, Das Kapital des Staates. München: Kunstmann 2014.
76 Jürgen Osterhammel, Die Verwandlung der Welt. Eine Geschichte des 19. Jahrhunderts. München: Beck 2009, S. 937.
77 https://www.tagesspiegel.de/weltspiegel/sonntag/ex-puma-chef-

jochenzeitz-ich-will-nicht-der-freak-sein-der-in-afrika-eine-ranch-hat/12956818.html.
78 Siehe hierzu www.futurzwei.org sowie die drei FUTURZWEI-Zukunftsalmanache. Eine gute Übersicht gibt auch Uwe Schneidewind, Die große Transformation. Frankfurt/M.: Fischer 2018.
79 Frank Olin Wright, Reale Utopien. Wege aus dem Kapitalismus. Berlin: Suhrkamp 2017.
80 Hans Diefenbacher et al., Zwischen den Arbeitswelten. Der Übergang in die Postwachstumsgesellschaft. Frankfurt/M.: Fischer 2016.
81 Rob Hopkins, Einfach Jetzt Machen. Wie wir unsere Zukunft selbst in die Hand nehmen. München: oekom 2014.
82 Benjamin Barber, If Mayors Ruled the World: Dysfunctional Nations, Rising Cities. Yale: University Press 2014.
83 Jean Claude Bolay et al. (Hg.), Learning from the Slums for the Development of Emerging Cities. München & New York: Springer 2016.
84 Frankfurter Allgemeine Zeitung, 19.9.2018, S. N2.
85 https://www.detail.de/artikel/abgehoben-wohnhaus-am-dantebad-in-muenchen-30313/.
86 Es gab ja diesen kurzen Moment des Aufblitzens von Vernunft, als im Kontext des Dieselskandals erwogen wurde, den öffentlichen Nahverkehr kostenlos zu machen, um Individualverkehr und damit Feinstaubemissionen zu reduzieren. Als man damit fertig war, sich die Augen zu reiben, um sicherzugehen, dass man nicht träumte, war der Vorschlag schon wieder vom Tisch.
87 Richard David Precht, Jäger, Hirten, Kritiker. Eine Utopie für die digitale Gesellschaft. München: Goldmann 2018.
88 Zit. nach Bernd Sommer & Harald Welzer, Transformationsdesign. Wege in eine zukunftsfähige Moderne. München: oekom 2014, S. 201.
89 Schulformen des Gelingens finden sich im Archiv der Zukunft http://www.archiv-der-zukunft.de/.
90 Will Steffen et al., Trajectories of the Earth System in the Anthropocene. https://doi.org/10.1073/pnas.1810141115. In einem Kommentar zu dem Überblicksartikel auf der Seite des Potsdamer Instituts für Klimafolgenforschung erklärt Steffen: »Unsere

Arbeit weist darauf hin, dass eine vom Menschen verursachte Erwärmung von 2 Grad Celsius andere Prozesse des Erdsystems anstoßen könnte (oft als Rückkoppelungen bezeichnet). Diese wiederum könnten die Erwärmung weiter vorantreiben – selbst wenn wir aufhörten, Treibhausgase auszustoßen.« Man fragt sich wirklich, was die Autoren mit solchen Mitteilungen erreichen wollen, außer auch noch die Gutwilligsten zu entmutigen.

91 Max Horkheimer & Theodor W. Adorno, Dialektik der Aufklärung. Frankfurt/M.: Fischer 1973.
92 Steven Pinker, Aufklärung jetzt. Für Vernunft, Wissenschaft, Humanismus und Fortschritt. Eine Verteidigung. Frankfurt/M.: Fischer 2018, S. 170.
93 Josef H. Reichholf, Stabile Ungleichgewichte. Die Ökologie der Zukunft. Frankfurt/M.: Suhrkamp 2008, S. 99 ff.
94 Ebd.
95 PBL Netherlands Environmental Assessment Agency, Global climate action of cities, regions and businesses, Report no. 3356, 30. 8. 2018.
96 Forum für Verantwortung, Wälder für die Welt. Waldlösungen im Klimaschutz. Unv. Projektskizze, 2018.
97 Frankfurter Allgemeine Zeitung, 14. 9. 2018, S. 15.
98 Pinker, Aufklärung jetzt (wie Anm. 91), S. 171.

Danksagung

»Es ist asozial, immer nur die eigenen Songs zu spielen«, pflegt Sven Regener von Element of Crime zu sagen. Das finde ich auch, und deshalb kommen in diesem Buch einige Gastbeiträge vor, worüber ich sehr glücklich bin und wofür ich mich sehr herzlich bedanke: bei Christoph Süß; Magali Mohr & Gemina Picht; Mark Twain; Julian Grah, Nicole Hasenkamp, Vera Herzmann, Theresa Pham & Andreas Schwendener; Frank Graef, Charlotte Hoffmann & Maxim Keller! Für Recherchen bedanke ich mich bei Friedrich Melzer und Nicholas Czichi-Welzer, für das Foto mit dem Lego-Jungen bei Dana Giesecke, für die Graphik auf S. 99 bei La Loma, für einen neuen Realismusbegriff bei Milo Rau, für die wie immer tolle Zusammenarbeit mit dem S. Fischer Verlag bei Jörg Bong, Heidi Borhau, Anja Lindenberg, Alexander Roesler und Nina Sillem. Es ist immer wieder eine Freude, mit Euch zu arbeiten!

Bildnachweis

S. 27: ullstein bild - Sven Simon
S. 33: picture alliance/United Archives
S. 39: picture alliance/imageBROKER
S. 80: Dana Giesecke, futurzwei.org
S. 85: ullstein bild - Westend61/Deyan Georgiev
S. 87: John Moore/getty images
S. 99: La Loma, Berlin
S. 121: ART Collection/Alamy Stock Foto
S. 126: Raumbildverlag Otto Schönstein/DHM, Berlin
S. 152: Mario Tama/Getty Images
S. 169: Screenshot/ZDF Neo
S. 184: Roman Signer, Haus mit Raketen, 2013.
   Foto: Tomasz Rogowiec
S. 187: akg-images/Sputnik
S. 248: Stefan Müller-Naumann, München
S. 287: Matt Cardy/Getty Images
S. 291: Peng!-Kollektiv
S. 292: ullstein bild - snapshot-photography/F.Boillot
S. 293: Getty Images/Pool

Register

#meetoo-Debatte 18
20. Jahrhundert 151
Abfall 25, 244, 277, 282
Abgasemissionen 248, 249
Agenda 2010 123
agora 252
AIDA Perla 103
Aida-Kreuzfahrt 66
AirBnB 115
Alexa 43
Alice-Salomon-Fachhochschule 176
Alkoholsucht 23
Alliierte 36
Allmende 133, 224, 252
Almwirtschaft 48
Altruismus 96
Amazon 59, 205, 216
Amery, Jean 200
Amnesty International 68, 104
Anamnese 114
Andernach 246
Angola 203
Anthropozän 48, 276, 277
Apple 205
Arbeitsgesellschaft 127

Arbeislosenquote 117
Arbeitslosigkeit 17, 127, 200, 281
Arbeit, tote 171
Arbeiterbewegung 76, 126, 266
Arbeiterklasse 107
Arbeitnehmerrechte 128
Arbeitsgesellschaft 108, 125, 127
Arbeitshäuser 122
Arbeitskosten 232
Arbeitskraft 115, 125, 220, 285
Arbeitsmigration 204
Arbeitsplatzverlust 117
Arbeitsschutz 76
Arbeitsteilung 107
Arbeitszeit 118, 121, 126, 207, 209, 234, 257, 263, 265, 266, 268, 275, 285
Arbeitszeitverkürzung 261, 265, 267
Arendt, Hannah 35
Aristoteles 54
Armenien 170
Armut 21
Artensterben 44
Ästhetik 55, 58
Ästhetik, politische 284

Asylpolitik 53
Aternativlosigkeit 28
Atomenergie 172, 186
Atomisierung 211, 250
Atomrakete 91
Audi 139
Audi Q7 66
Aufklärung 89, 93, 100, 189, 277, 286, 290
Aufsteiger, soziale 258
Ausbeutung 15, 58, 115, 124,
Außenminister 23
Autobahnen 57
Autoindustrie 140, 175, 253, 267
Autokratie 44, 129, 197
Autonomie 48, 89, 90 ff. 212, 259, 263, 271

Bagdad 139
Bahrdt, Hans-Paul 97
Bangladesh 154
Barbarei 35
Baukindergeld 175
Bauman, Zygmunt 34
Begegnungsqualität 191
Beisel, Lutz 75 f.
Belgien 32
Bentley-SUV 96
Berlin 13, 24, 81, 135, 143, 189, 191, 288
Berlin-Mitte 43
Bezos, Jeff 216 ff., 272
Bewegung, soziale 30
Bhutan 243
Big Data 227, 249
Bildtelefon 143
Bildungsaufstieg 258
Bildungsungleichheit 39
BILD-Zeitung 103 ff.

Binswanger, Michael 102
Biosphäre 25, 277
BIP 243
Bloch, Ernst 59, 66
BMW 144
BND 172
Böckenförde, Ernst-Wolfgang 38
Bodenverlust 135
Bodenvorratspolitik 252
Böhmermann, Jan 169, 215
Bonn Challenge 281
Boston Harbor 279
Brand, Ulrich 25
Brecht, Bertolt 196
Brin, Sergej 228
Bruttoinlandsglück 243
Bruttoinlandsprodukt 16
Buchta, Rocco 14 ff., 22, 24
Bukavu 288
Bullshit-Jobs 181 f., 202
Bundeswehr 75
Bürgergenossenschaften 242
Bürgerinitiative 23
Bürgerrechtsbewegung 30, 76
Bürgersteig 148
Burn-out 141

Carnegie, Dale 228
Carsharing 143 f., 146
Chakrabarty, Dipesh 124
Chatwin, Bruce 155
Chesapeake Bay 279
Chicago Charles 279
China 57, 145
Chinesen 74
Climate Action Summit 280
Cloud 272
CO_2-Diagramme 294
CO_2-Emissionen 72, 147, 153

Commerzbank 227
Commons 223 ff.
Coop Himmelb(l)au 57
Corporate Social Responsibility 134

Dahrendorf, Ralf 40, 129
Dampfmaschine 84
Däne 202
Dänemark 150
Daseinsvorsorge 171, 178
Demokratie 35, 36 f., 40, 53, 92, 101, 124, 129, 133, 168, 196 ff., 199, 224, 250, 253, 297
Denkmalpflege 276
Desaster 74
Destruktivität 47, 139
Deutsche Bank 140, 227
Deutsche Telekom 246
Deutschland 29, 32, 34, 214
Diagnose 114
Diamond, Jared 219
Diefenbacher, Hans 243
Digitalisierung 108, 109, 116, 118, 162, 173 f., 253, 255, 268 ff., 273, 285, 297
Digitalwirtschaft 42, 43, 57, 109, 216, 218, 263, 284
Diktator 104
Diktatur 19, 23, 133
Diktatur der Gegenwart 68
Disruption 139, 215, 229
Distanzierungsschub 161
Diversität 205
Döpfner, Mathias 218
Dritte Welt 104
Drogenkarriere 22
Dschihad 54

Ego-Shooter 140
Ehrenamt 38, 207, 209, 211
Eigenarbeit 219, 247, 266
Eigentumsrecht 131
Eisenbahn 84
Elias, Norbert 97, 131, 163
Elser, Georg 90
Emissionen 19, 25, 72, 146, 199, 215, 239
Emissionsstatistik 72
Empathie 141, 207, 211
Energieeffizienz 82
Engagement, soziales 96
England 34
Entfremdung 263
Entführung 20
Entrepreneurship 215
Entrümpelung 237
Entscheidungsträger 27
Entwicklungshilfe 214
Entwicklungspartnerschaft 214
Entwicklungsumgebungen 274
Entzivilisierungsschub 35, 206
Epochenwechsel 48
Erbbaurecht 226
Erbschaftssteuer 256
Erdogan, Recip 35
Erdsystem 25
Ereigniskaskaden 277
Eriesee 279
Ernährungssicherheit 213
Erziehungswissenschaften 274
Escher, M.C. 50
EU 92
Eugenik 272
Europa 36
Europäische Zentralbank 57
Existenzangst 259
Experiment 28, 63, 70, 73

Externalisierung 126
Externalisierungsgesellschaft 100, 102
Externalisierungsgesellschaftsbewohner 105
EZB-Chef 139
EZB-Gebäude 68

Fabrikglocke 122
Fabriksystem 122, 124
Fahrstuhleffekt 36
failed states 104
Faulheit 120
FDP-Politiker 16
Feinstaubemission 19
Felber, Christian 166, 222 f.
Fettleibigkeit 101
Feuerwehr, freiwillige 38
Fiat 500 86
Filterblase 181, 208 f.
Finanzgerichtshof 212, 285
Finanzkrise 36, 203
Finanztransaktionssteuer 256
Flächenbedarf 249
Flächenverbrauch 145
Flair 113, 145
Flucht 204
Flüchtling 23, 30, 103, 105, 196, 204
Flüchtlingshilfe 196
Flüchtlingspolitik 53
Fluchtursachen bekämpfen 105
Food-Bringdienst 144
Forsthoff, Ernst 171
Fortschritt 25, 31, 76, 83, 174, 213, 285
Fraenkel, Ernst 133
Frankfurt 57
Frankreich 32, 34

Franziskus, Papst 86 ff.
Frauenbewegung 30, 76
free rider 224, 225
Freiheit 23, 25, 26, 37 f., 78, 83, 88 f., 97 f., 142, 197, 199, 268, 272 f.,
Freiheitskriege 84
Freiheitsspielräume 90
Freundlichkeit 160 ff.
Frieden 21, 22, 36, 133, 212
Fromm, Erich 35
Furtwängler, Maria 116
Fußabdruck 99
Future Earth 214
FUTURZWEI 44, 75, 242

Gartenkünstler 67
Gefängnis 123
Gegenmenschlichkeit 105
Gegenschlag 91
Gehorsamsbereitschaft 65
Gehorsamsexperiment 63 ff., 157
Gemeinschaftsgarten 243
Gelsenkirchen 165
Gemeineigentum 133
Gemeingüter 134, 171, 215, 223 f., 303
Gemeinwesen 85, 88 f., 133
Gemeinwohl 35, 45, 88 f., 132 f., 215, 220 ff., 260
Gemeinwohlbilanz 222
Gemeinwohlökonomie 134, 221 ff., 242
Generativität 67, 68
Genfer Konventionen 213
Genossenschaften 215, 226 ff., 242
Genozid-Konvention 213
Georgien 170

Gerechtigkeit 89, 96, 130, 131, 133
Gerechtigkeit, soziale 18
Gerechtigkeitsempfinden 130
Gerechtigkeits-Koeffizient 265
Geschlechterdifferenzen 176
Gesellschaft, offene 36, 37f.
Gesichtserkennung 151
Gesundheitsamt 168
Gesundheitsniveau 262
Gesundheitsverhalten 114
Gewalt, sexuelle 20
Gewaltdelikt 18
Gewaltenteilung 186
Gewaltherrschaft 95
Gewaltkriminalität 17
Gewaltmonopol 18, 131, 206, 212
Gewaltniveau 131, 162
Gewaltrate 18
Gewaltregime 22
Gewaltregulierung 131, 132
Gewaltschöpfungskette 290
Gewerkschaften 38, 39, 126
Ghana 106
Gini-Index 214
Global Governance of Mayors 280
Global Player 237
Globalisierung 48, 127, 153, 161, 199, 237, 299
Glücksforschung 16, 102, 106
Goffman, Erving 94
Google 143, 205, 216
Gösebrecht, Gerhard 267
Graeber, David 181
Graef, Frank 231, 231
green economy 82
Greenpeace 68

Grenzen, planetare 42, 276, 278
Grenzpolitik 200
Grenzstein 150
Groebner, Valentin 150
Großkapital 23
Grundeinkommen, bedingungsloses 208, 254ff., 285
Grundeinkommen, solidarisches 123
Grundgesetz 184, 212
Grünen, die 18
Gülen-Bewegung 20

Haffner, Sebastian 35
Hamburg 237
Hannover 190f.
Harari, Yuval Noah 18, 24, 54, 269
Hardin, Gerrit 224
Hartz IV 198, 256, 291
Hartz-Gesetze 123
Hauptschulabbrecher 46
Haushaltsunfall 19
Herkunftsunterschiede 258
Heterotopie 188, 189ff., 219
Hexen 54
High-Line 170
Hilfswerk, technisches 168
Hippie-Bewegung 286
Hiß, Christian 240f.
Höcke, Björn 292
Hoffmann, Charlotte 231, 232
Hoheitszeichen 150
Höhlenmalereien 51
Holocaust 19, 34, 178, 272, 292
Holzer, Jenny 101
homo oeconomicus 159
Hopkins, Rob 244
Höß, Rudolf 123

Humanisierung der Arbeitswelt 261
Humanität 30
Hunger 87, 100, 104, 236
Hungersnöte 28
Hurrikan 29
Hudson 279
Hyperkonsum 41, 69, 284
Hyperkonsumkultur 137, 219
Hyperkonsumgesellschaft 81, 101, 145, 262 ff.
Hypothese 70

Ibrahimovic, Zlatan 258
Identität 117
Identitätspolitik 176, 178, 179
IKEA 109
Illich, Ivan 83, 148
Imperativ, kategorischer 25
Imperialismus 196
Imperium 55
Inder 74
Index menschlicher Entwicklung 243
Indien 154
Individualverkehr 253
Industrialisierung 120, 122, 124, 148, 219
Industrie 4.0 18
Industriegesellschaft 254
Infrastrukturen 170 ff.
Initiative Offene Gesellschaft 250
Inklusion 179
Insekten 277
Insektensterben 29
Institutionen 166 ff.
Intelligenz, künstliche 148, 218, 269 f., 271
Intelligenz, soziale 243, 250, 273

Internalisierung 229 ff.
Internetwirtschaft 228
IPCC 294
iPhone 20, 87, 148, 158, 234
Irak 154

Jackson, Tim 166
Jesus 54
Jobcenter 46
Judo 40

Kabul 139
Kaeser, Joe 27
Kahrs, Johannes 294
Kalifornien 29
Kambodscha 231
Kamprad, Ingvar 109
Kant, Immanuel 93, 263
Kanzlerkandidat 23
Kapital 55
Kapitalertragssteuer 256
Kapitalgeber 241
Kapitalismus 28, 29, 55, 74, 83, 107, 120, 126, 129, 215, 221
Kapitalismus, aufgeklärter 129, 215, 219
Kapitalismuskritik 108
Kapstadt 29
Karibik 60
Katastrophen 95
Keller, Maxim 231, 232
Kempen 103
Kenia 201
Kennedy, Robert 243
Keynes, John Maynard 238, 267
Kindbett 20
Kinderhospiz 61, 68
Kindersterblichkeit 20, 28
Kirchen 38

Klassengegensätze 107
Klima 25, 84
Klimaabkommen 212
Klimaforschung 277
Klimakonferenz 71
Klimapolitik 280
Klimaproblem 74
Klimaschutz 128, 214, 281
Klimaschutzabkommen 76
Klimaschutzpolitik 72
Klimasystem 72, 224, 277, 278
Klimawandel 29, 44, 48, 71, 72, 95, 104, 185, 203, 273, 287, 299
Klimaziele 224
Kloster 119
Koalitionsvertrag 24
Kohlekraftwerke 215
Kollaps 28
Kolonialismus 126
Kolumbus, Christoph 180
Kombinatorik 78
Komfortexistenz 103
Komfortzone 105
Komsumverhalten 16
Kondratieff, Nikolai 187, 188, 219
Kondratieff-Zyklus 188
Konfliktmineralien 290
Kongo 104, 287 ff.
Kongo-Tribunal 288 ff.
Konsum, Ästhetik des 96
Konsumenten 219
Konsumgesellschaft 32
Konsumhölle 24
Konsumismus 42
Konsumkultur 162
Konsumstil 74
Konvivialismus 83

Konzentrationslager 172
Kooperativen 227
Kopatz, Michael 175
Kopenhagen 190, 191
Korea 154
Kostenreduzierung 232
Kraft durch Freude 125
Krieg 95, 131, 153
Kriegsdienstverweigerer 75
Kriegsrecht 131
Kriegsverbrechen 213
Kulturtechnik 98
Kybernetik 144

Laak, Dirk van 171, 172
Lamborghini 96
Landjugend 44
Landraub 288
Langenlois 225
Laptops 118
Latif, Mojib 72
Lebenserwartung 17, 20, 21, 254
Lebensqualität 262
Lebenssicherheit 70, 99, 100, 212
Lebensstandard 22, 34
Lebensstil 96
Lebensunterhalt 88
Lebensweise, imperiale 25
Lebenswelt 49, 50, 175, 262
Lebenszeit 263, 265
Lebenszufriedenheit 237
Lego 81 f., 84 ff.
Lernbereitschaften 274
Lerngeschichten 189
Lessenich, Stephan 25, 100
Liberalismus 37
Liefers, Jan-Josef 116

Limes 143, 150
Lindau 164
liquid democracy 224
Lissizky, El 55, 56f., 59
Logistikzentrum 144
Lohnersatzleistung 255, 260
Loske, Reinhard 175
Ludwig der XVI. 22
Luftfahrtgesellschaft 114
Luftfracht 144

Machtergreifung 77
Machtspeicher 172
Machtvorteil 34
Maidan 253
Maker Space 224
Malawi 107
Malewitsch, Kasimir 59
Mali 202, 214
Mallorca 87, 143
Manchester-Kapitalismus 82
Mark Brandenburg 150
Marker, Chris 156
Marktwirtschaft 55
Marktwirtschaft, soziale 36, 39, 41, 263
Marokko 154
Marquard, Odo 180
Marx, Karl 98, 100, 101, 106f., 115
Massaker 34
Massentierhaltung 104
Mauerfall 1989 154
Mazzucato, Mariana 227
Meacities 245
Mead, George Herbert 52
Meadows, Dennis 70
Megacities 100
Menschenfeinde 31, 153

Menschenrechte 87, 100, 104, 105, 106, 132, 184, 202, 212f., 222, 229
Menschenrechtsstandards 106
Menschenwürde 133
Menschheitsgeschichte 100
Merkel, Angela 23
Messner, Dirk 214
Metabolismus 9, 240
Mexiko 154, 200
Migranten 201
Migration 199ff., 204
Migros 226
Mikroaggressionen 179
Milgram, Stanley 63, 156
Mini-Cabrio 144
Mittelklasse 28
Mobilität 135, 143ff., 173
Mobilitätsaufwände 220
Mobilitätsstrategie 190
Moderne 31f.
Moderne, kapitalistische 31
Modernisierung 31
Mondlandung 41
Monsanto 106
Montag, blauer 122
Montana 91
Montessori-Schule Potsdam 275
Moralismus 294
Moskau 91
Mr Leary 33
Müllabfuhr 168
München 237, 247
Musk, Elon 27, 228, 272
Müßiggang 120
Myanmar 231
Mythen 52ff., 127, 221
Mythologie 148

NABU 14, 68
Nachhaltigkeit 88f., 124, 128, 129, 133f., 223, 229, 244
Nachhaltigkeitsziele 76
Nachkriegsepoche 41
Nachkriegsgesellschaft 125, 178
Nachkriegsmoderne 38, 42
Nachkriegszeit 15, 35, 36, 39
Nachwelt 66
Nagler, Florian 247f.
Nationalismus 206
Nationalsozialismus 196
Nationalstaat 131, 132, 150
Natur, erste 148
Natur, zweite 59, 148, 165, 171
Naturbeherrschung 93
Naturressourcen 24
Naturverhältnis 29, 40, 88, 101
Naturwesen 277, 280
Naturzerstörung 58
Neandertaler 270
Neoliberalismus 127, 178, 254
Neolithikum 153, 219
Netzfreizeit 268
Netzwerke, soziale 41, 81, 207f.
Neurowissenschaften 157
New York 165, 246
New York Declaration on Forests 281
Newton, Isaac 54
Niederlande 198
Nigeria 201, 203
NSA 172
NSDAP 125
Nullwachstum 127
Nutzenmaximierung 96

Occupy 108, 188
Odysseus 180

Öffentlichkeit 244
Ökobewegung 76
Ökodiktatur 74
Ökodörfer 242
Ökologiebewegung 16, 30, 42, 58
Ökonomie-Mythen 227
Ökonomik, plurale 166
Oktoberrevolution 55
Online-Bestellung 144, 252
Orban, Victor 35, 205
Organisationsvorteil 34
Ortszeit 164
Ostrom, Elinor 166, 225
Ötzi 158
Outsourcing 237
Overkill 91

Paech, Niko 166
Pakistan 154
Parknow 144
Parrhasios 51
Parship 60
Parteien 38
Pass 151, 152
Peking 145
Pendlerpauschale 175
Peng!-Kollektiv 291f.
Petrow, Stanislaw 90f.
Pfadwechsel 70, 74, 243, 259, 263, 284
Pflegearbeit 261
Phantasielosigkeit 49
Philippinen 82
Pinker, Steven 18f.
PKK 20
Plattformkapitalismus 109, 224
Plattformökonomie 115
Poesie, konkrete 177
Pogrom 34

Popper, Karl 37f.
Postbank 69
Postwachstum 158, 166, 171
Potomac 279
Precht, Richard David 256
Presley, Elvis 55
Privatheit 92, 250
Produktivität 114, 126, 208, 266
Produktivkraft 62, 66, 107, 130, 142, 185
Prosumenten 219
Psychiatrie 95
Psychogenese 94
Psychopathen 95
Puget Sound 279
Pulse of Europe 81
PUMA 230f.
Putin, Wladimir 35
Pygmalion 51

Quantensprung 78
Quantentheorie 78

Randow, Gero von 41
Rassismus 272
Rationalisierungsgewinne 267
Rau, Milo 287ff.
Raworth, Kate 127, 278
readiness for communication 158
Realismus 59ff.
Realismus, globaler 288f.
Realismus, sozialistischer 56
Reallabore 214, 242
Rechtssicherheit 133
Rechtsstaat 20, 21, 130
Rechtsstaatlichkeit 124, 133, 186
Referenzrahmen 95, 97, 98, 102
Regierungsprogramm 24
Regionalwährungen 167, 225

Regionalwert AGs 240ff.
Reichholf, Josef 279
Reichsarbeitsdienst 123
Renaturierung 281
Rentenalter 210
Renteneintritt 210
Repair-Café 242
Resilienz 294
Restauratoren 276
Restaurierung 281
Reversibilität 83
Revolten 95
Revolution 77
Revolution, industrielle 84, 117, 124
Revolution, modulare 186, 188, 192, 223
Revolution, neolithische 153, 270
Revolutionskunst 55
Rezession 127
Rhein 279
Rimini-Protokoll 292
Roboterisierung 267
Robotik 26
Rockefeller, John D. 228
Rohrpostnetz 170
Rohstoffe 26
Rohstoffverbrauch 147
Rollenanforderungen 95
Rollenmodell 96
Rollenwechsel 95
Rote Khmer 77
Rotes Kreuz 38
Roth, Philipp 178
Rufbus-System 190, 253
Ruhrgebiet 47
Russland 82

Saatbanken 225
Samariter, guter 136
San Francisco 280
Sandberg, Sheryl 228
Sanktionsdrohung 256
Satellitenbeobachtung 91
Säuberungen, ethnische 151
Saudi-Arabien 154
Sawyer, Tom 109
Schadstoffeinsatz 240
Schengenraum 152, 155
Schichtarbeit 262
Schichten, bildungsferne 198
Schicksalsgläubigkeit 32
Schiffsfracht 144
Schlafmangel 141
Scholl, Geschwister 90
Schor, Juliet 166, 266
Schrott 25
Schulpflicht 126
Schulreformbewegung 37
Schweden 29
Schweiz 197 f., 240
Schwellenländer 28
SDGx 294
Seehofer, Horst 205
Seenotretter 142
Seine 279
Sekundärtugenden 255
Selbstbilder 93
Selbstmordattentat 55
Selbstwirksamkeit 68, 182, 211
Sen, Amartya 213
Shakarian, Hajastan 170
Share Economy 135
Shell 291
Sicherheit 25
Silicon Valley 27, 108, 165, 216, 227

Singapur 165
Sinn 89
Sinnstiftung 117
Sklaverei 82
Slat, Boyan 282
Sloterdijk, Peter 35
Slums 245
Small-world-Experiment 156
smart cities 93, 138, 246, 247
smart home 93, 138
smart meters 172
Smartphone 53, 59, 82, 101, 104, 118, 156, 270
social credit system 97
Sofortismus 41
Solidarität 133, 136 ff., 142, 206 ff., 210, 211, 212, 214, 215, 220, 264, 276
solidarisches Landwirtschaften 241, 242
Sorgearbeit 261
Sowjetkommunismus 36
Sowjets 172
Sozialdemokratie 117, 122, 265
Sozialstaat 126
Sozialstaatlichkeit 129
Sozialwohnungen 135
Soziogenese 94
Soziotop 140
Space-Age 286
SPD 123
Speziallager 172
Spießerhorizont 57
Springer-Verlag 216
Staat, freiheitlicher 38
Staatlichkeit 19, 124, 128, 130
Staatsangehörigkeit 152
Staatsbürgerrechte 205
Staatsbürgerschaft 150, 152

Staatskonsum 264
Staatsstreich 77
Staatsverschuldung 39
Stadt, analoge 191, 244
Stadt, autofreie 191, 253
Stadt, autogerechte 191
Stadtgeländewagen 69
Stalinismus 56, 188
Stammesgesellschaft 92, 93
Standardzeiten 164 f.
Starkregen 29
Start Ups 215
Statusgewinn 69
Stauskonsum 69
Stellvertreterkrieg 22
Sterbebett 67
Steuergesetze 128
Steuerrecht 131
Steuersystem 127, 256
Stoffumsatz 26
Stoffwechsel 9, 25, 98
Strafgerichtshof 212, 285, 288
Strukturwandel 117
Stütze 260
Suburbansisierung 145
Südkreuz 143
Suffizienz 294
Sustainable Development Goals 29, 213
Sustainable Solutions Network 214
Sydney 165
Synchronisierung 122, 164 f.
Syrien 154
Systemabschaltung 268
Systemstörung 28, 262

Tahir 253
Takahashi, Koshke 50 f.
Taksim 253
Tauschbörse 167
Täuschung, optische 50 f.
tazFUTURZWEI 215
Technikentwicklung 41
teilauto 144
Teilhabe 25
terre des hommes 75
Terroranschlag 19
Terrorgefahr 19
Terrorismus 19
Terrorismusprävention 149
Terroropfer 19
Thatcher, Margaret 178
The Ocean Cleanup 282
Themse 279
Thiel, Peter 27
Thomas, William I. 52
tipping point 277
Tornado 29
Transformation, Große 78, 186
Transition-Town-Bewegung 242, 243, 244, 246 f.
Traumkreuzfahrt 103
Treibhausgasemissionen 215
Trevarthen, Colwyn 158
Trigger-Warnungen 179, 301
Trump, Donald 35, 44, 102, 128, 154, 205
Trump, Melania 102
Tugendhaftigkeit 120
Türkei 82, 154
Twain, Mark 13
Tyler, Anne 33

Uber 115
Überflussgesellschaft 103
Übergewicht 49
Überlebenssicherung 98

Überreiztheit 141
Überwachung 58, 250
Überwachungsanlagen 154
Umverteilung 71
Umweltbilanz 99
Umweltfolgekosten 230
Umweltgerichtshof 169, 212, 285
Umweltrecht 131
Umweltschutzauflagen 128
Umweltstandards 231
UNCHR 29
Ungarn 154
Ungerechtigkeit 30, 47, 74, 130
Ungleichheit 128, 213, 237, 245, 246
Universalismus 105, 178
Unterernährung 49, 101
Untergangskitsch 278
Untergangspropheten 283
Unverpackt-Läden 242
Urban Gardening 242, 243
Urteilsfähigkeit 98
Urteilskraft 91
USA 154
Utopie 31

Venezuela 82
Venture Capital 228
Verantwortungsgefühl 68
Vereinzelung 211
Verfallssymptom 30
Verkehrskollaps 144
Verkehrsunfall 19
Vernichtungskrieg 53
Vernunft 32
Verpflichtung, soziale 63
Verschrottungsprämien 175
Verstädterung 32
Versuchsleiter 65, 70

Versuchspersonen 64 ff.
Vertreibung 34, 288
Vietnamkrieg
Virginia 164
Vogonen, die 23
Völkermord 19, 151, 213
Völkerrecht 131, 212
Volkswagen AG 22, 139, 140, 267
Volvo 139

Wachstum 43, 70, 126, 127, 128
Wachstumsdogma 71
Wachstumsimperativ 60
Wachstumsökonomie 166
Wachstumsraten 39
Wachstumswirtschaft 69
Wahlrecht 186
Waldbrand 29
Waldlösung 281
Wasserknappheit 29
Watt, James 84
Weber, Max 120
Weltbeschreibung 52
Weltbevölkerung 108
Weltbild 71
Weltgemeinschaft 71, 214, 277
Weltgesellschaft 33
Weltkrieg 19
Weltkrieg, Erster 34, 151
Weltkrieg, Zweiter 21, 212
Weltuntergang 276
Weltverbrauch 147, 227
Weltvermögen 108
Weltwirtschaftskrise 127
Weltzukunftskonferenz 214
Wertschöpfung 290
Wertschöpfungsketten 239, 241, 265

Westjordanland 154
Westsahara 154
Wettbewerb 96, 138, 154
Wettbewerbsgesellschaft 96, 108, 212
Wettbewerbskultur 208
Whatsapp 60
Widerstand 286
Wiedervereinigung 36
Wikipedia 224, 225
Wilde, Oscar 31
Wintersturm 29
Win-win 142
Wirklichkeitsgymnastik 73
Wirtschaftswissenschaften 274
Wirtschaft, fossile 124
Wirtschaftsethik 239
Wirtschaftsflüchtling 202
Wirtschaftskrise 127
Wirtschaftswachstum 16, 39, 54, 106, 127, 266, 298
Wirtschaftswissenschaftler 16
Wirtschaftswunder 15, 124
Wissen, Markus 25
Wissensgesellschaft 24, 71
Wittgenstein, Ludwig 52
Wochenarbeitszeit 108
Wohlfahrtsindex 243
Wohlstand 25
Wolfsburg 143

Wright, Erik Olin 242
Wunschenergien 83
Wunscherfüllung 60
Wunschhorizont 16
WWF 14

Yes-Men 292
Youtube 21

Zalando 60
Zeit 163 ff.
Zeitempfinden 163
Zeitz, Jochen 230 f., 240
Zeitzonen 164
Zentrum für politische Schönheit 292
Zeuxis 51
Zivilisationsprozess 132
Zivilisierung 17
Zivilisierungsniveau 131, 163, 198
Zonen, rote 58
Zuchthaus 123
Zukunftsbilder 55, 28, 88, 185, 284 ff.
Zukunftsverhinderung 44
Zukunftsvisionen 48
Zustandsveränderung 78
Zwangsarbeiter 22
Zypern 154